Ein Beitrag zur Konjunkturtheorie
offener Volkswirtschaften

Europäische Hochschulschriften
Publications Universitaires Européennes
European University Studies

Reihe V
Volks- und Betriebswirtschaft

Série V Series V
Sciences économiques, gestion d'entreprise
Economics and Management

Bd./Vol. 2404

PETER LANG
Frankfurt am Main · Berlin · Bern · New York · Paris · Wien

Bernhard Fippel

Ein Beitrag zur Konjunkturtheorie offener Volkswirtschaften

PETER LANG
Europäischer Verlag der Wissenschaften

Die Deutsche Bibliothek - CIP-Einheitsaufnahme

Fippel, Bernhard:

Ein Beitrag zur Konjunkturtheorie offener Volkswirtschaften / Bernhard Fippel. - Frankfurt am Main ; Berlin ; Bern ; New York ; Paris ; Wien : Lang, 1999
(Europäische Hochschulschriften : Reihe 5, Volks- und Betriebswirtschaft ; Bd. 2404)
Zugl.: Heidelberg, Univ., Diss., 1998
ISBN 3-631-34495-3

D 16
ISSN 0531-7339
ISBN 3-631-34495-3

Vorwort

Die Auswirkungen einer zunehmenden Verflechtung der Weltwirtschaft zählen zu den meistdiskutierten Themen der letzten Jahre. Dies beschränkt sich nicht nur auf den wissenschaftlichen Disput. Die 'Globalisierung der Märkte' hat seit langem Eingang in die Medien gefunden, wobei die vermeintlich negativen Folgen eindeutig im Vordergrund stehen. Die positiven Auswirkungen einer Internationalisierung der Weltwirtschaft werden in der öffentlichen Diskussion weit weniger beachtet.

Konzentriert man sich auf die rein ökonomischen Gesichtspunkte, so sind die langfristig positiven Auswirkungen der Globalisierung im hier verwendeten Sinne eines zunehmenden internationalen Handels unumstritten. Aber auch für die mittlere Frist können aus einer zunehmenden Öffnung der nationalen Märkte Vorteile entstehen.

Um dieses Thema zu behandeln, werden in dieser Arbeit drei eigene dynamische Modelle offener Volkswirtschaften entwickelt und unter dem Aspekt der Auswirkungen eines zunehmenden Außenhandels analysiert. Hierbei liegt der Schwerpunkt auf den mittelfristigen, konjunkturellen Phänomenen.

Da diese Modelle trotz ihrer vermeintlichen Einfachheit nicht mehr analytisch lösbar sind, muß auf einen numerischen Ansatz zurückgegriffen werden. Hierzu werden einige statistische Methoden verwendet, die zumindest für die vorgestellte Problemstellung ungebräuchlich sind. Daher wird neben den sachlichen auch auf die methodischen Aspekte vertiefend eingegangen.

Angesichts der Tatsache, daß diese Arbeit an der Schnittstelle zwischen Außenwirtschafts- und Konjunkturtheorie, Statistik und Systemsimulation angesiedelt ist, danke ich meinem Doktorvater Herrn Prof. Dr. Otwin Becker, der mir eine fundierte Unterstützung auf all diesen Gebieten garantierte und jederzeit für meine zahlreichen Fragen zur Verfügung stand.

Auch die vielen Diskussionen mit meinen Kollegen am Alfred Weber-Institut der Ruprecht-Karls-Universität Heidelberg, insbesondere Herrn Dr. Thomas Nestler und Herrn Dipl.-Math. Gerhard Sessler, haben maßgeblich zum Gelingen dieser Arbeit beigetragen.

Für die Anfertigung des Koreferats und viele wertvolle Hinweise danke ich Herrn Prof. Dr. Roland Fahrion.

Heidelberg, im September 1998 — Bernhard Fippel

Abbildungsverzeichnis

Tabellenverzeichnis

1 Problemstellung

1.1 Vorbemerkungen

Seit einigen Jahren erscheint in der Presse das Gespenst der Globalisierung der Weltwirtschaft. Nahezu als Synonym verwendet, findet das negativ besetzte Schlagwort der Globalisierungsfalle immer öfter den Weg in die Boulevardzeitungen, aber auch seriöse Wirtschaftskommentatoren neigen leicht dazu, sich den ökonomischen Tatsachen zu verschließen und eher publikumswirksame Meinungen zu vertreten. Dabei werden die positiven Aspekte der Globalisierung in der öffentlichen Diskussion weitgehend vernachlässigt.

Unter Globalisierung soll im folgenden eine zunehmende Verflechtung der Weltwirtschaft verstanden werden.[1] Die Analyse konzentriert sich auf den güterwirtschaftlichen Sektor im Sinne eines Anstiegs des Außenhandelsvolumens.

In der wirtschaftswissenschaftlichen Literatur werden die langfristigen Effekte internationaler Arbeitsteilung seit langem diskutiert. Hier sollen jedoch in erster Linie die mittelfristigen Auswirkungen angesprochen werden. Es stellt sich die Frage, wie die konjunkturelle Entwicklung und die Stabilität offener Volkswirtschaften durch verstärkte Handelsbeziehungen und eine zunehmende Marktöffnung beeinflußt werden.

Es ist nicht von vornherein abzuschätzen, ob die Vorteile, die für eine Volkswirtschaft auf die lange Frist durch verstärkte Handelsbeziehungen auftreten können, auch auf die kurze und mittlere Frist Gültigkeit haben. Die Furcht vor möglicherweise mittelfristig auftretenden Nachteilen kann dazu führen, daß Entscheidungsträger in Politik und Wirtschaft zu Handelsbeschränkungen und Abschottungen gegenüber dem Ausland neigen, um eine vorübergehende Verbesserung der gesamtwirtschaftlichen Situation zu erreichen.

So werden protektionistische Maßnahmen gerne als Schutz der einheimischen Industrie und somit als beschäftigungsförderndes Instrument gepriesen, obwohl deren nicht nur langfristig, sondern auch schon mittelfristig auftretenden Nachteile bekannt sind (vgl. Haase 1996). Daher erscheint es konsequent, den mittelfristigen Auswirkungen internationaler Handelsbeziehungen, also dem konjunkturellen Phänomen, verstärktes Interesse entgegenzubringen.

1.2 Zielsetzung

Zur Behandlung dieses Komplexes werden in der Volkswirtschaftslehre sowohl von seiten der Außenwirtschaftstheorie[2] als auch von seiten der Konjunkturtheo-

---

[1] Vgl. zu den unterschiedlichen Aspekten der Globalisierung Biskup (1996b).

[2] Die Außenwirtschaftstheorie teilt sich in Außenhandelstheorie und Internationale Währungstheorie auf. Im folgenden wird der umfassende Begriff der Außenwirtschaftstheorie verwendet, auch wenn die meisten Fragen sich eher auf das Teilgebiet der Internationalen Währungstheorie beziehen.

rie zumeist mathematische Modelle diskutiert, mit denen die Phänomene der Internationalisierung des Systems der Weltwirtschaft analysiert werden.

Ein wichtiger Aspekt ist die Komplexität der zugrundeliegenden Systeme. So nehmen Modelle offener Volkswirtschaften leicht einen Umfang an, der eine analytische Betrachtung, d.h. eine parametrische Lösung, nicht nur erschwert, sondern sogar oft unmöglich macht. Es bleibt daher nur der Weg einer numerischen Analyse dieser Modelle. Hierzu benötigt man allerdings einen Computer, da solch umfangreiche Modelle per Hand oder Taschenrechner nicht bewältigt werden können. Daher ist es nicht verwunderlich, daß die ersten Modelle dieser Bauart erst zu Beginn der sechziger Jahre auftraten[3] und mit der zunehmenden Verbreitung der Computer in den letzten zwei Jahrzehnten einen Boom bei Simulationsstudien auslösten.

Dies führte auch zum Aufkommen von spezieller Simulationssoftware. Es handelt sich dabei um reduzierte Programmiersprachen, die speziell für dynamische Simulationen mit entsprechender tabellarischer und grafischer Ausgabe der Zeitpfade entwickelt wurden. Hierzu zählen unter vielen anderen die Programmpakete Professional DYNAMO und dessen Weiterentwicklungen POWERSIM und STELLA. Diese Hilfsmittel zur dynamischen Simulation einfacher Systeme werden in Kapitel 4 anhand eines Zwei- und eines Mehr-Regionen-Modells eingeführt und eingehender erläutert. Es wird sich herausstellen, daß eine Analyse dynamischer Systeme, die sich allein auf diese Simulationstools stützt, wissenschaftlichen Ansprüchen nicht genügt.

Die Verfügbarkeit leistungsstarker Computer erlaubt die numerische Behandlung großer Modelle. Umfassende ökonometrische Modelle mit z.T. mehreren hundert Gleichungen sind seit langem in der Lage, bestimmte stilisierte Fakten einzelner Volkswirtschaften für konkrete Zeitabschnitte abzubilden. Diese Modelle, die von allen Forschungsinstituten entwickelt und verwendet werden, haben allerdings ein Ausmaß erreicht, das sowohl eine analytische Lösung als auch die Bestimmung der Wirkungsverknüpfungen zwischen den Elementen des Systems nahezu unmöglich macht. Die Analyse der Wirkungsverknüpfungen stellt jedoch einen wichtigen Teil der ökonomischen Forschung dar. Daher haben Modelle, die sich auf wenige Gleichungen beschränken und somit die Realität in hohem Ausmaß abstrahieren, auch weiterhin ihre Berechtigung. Allerdings werden auch diese Modelle, besonders im Falle der Abbildung offener Volkswirtschaften, nicht in jedem Fall eine analytische Lösung zulassen.

Aus Ermangelung einer parametrischen Lösung oder zur Interpretationshilfe bei umfangreichen Lösungen wird oft auf numerische Zahlenbeispiele zurückgegriffen. Die reine Reduktion eines mathematischen Modells auf einige wenige Zahlenwerte sowie die oftmals extreme Länge des Prognosezeitraums sind jedoch mit Vorsicht zu betrachten. Man denke hierbei beispielsweise an die Szenarien des Club of Rome bezüglich des Energievorrats der Erde oder der Bevölkerungsent-

[3] Eines der ersten umfangreichen Modelle, das mit Hilfe eines Computers analysiert wurde, stammt von Johansen (1960).

wicklung. Die pessimistischen Prognosen einer deutlichen Verknappung der Energiereserven sowie eines extremen Anstiegs der Weltbevölkerung haben sich bislang nicht bestätigt.

Um das Problem eines einzelnen numerischen Datensatzes zu umgehen, werden in der vorliegenden Arbeit Simulationsstudien mit Hilfe der Monte-Carlo-Methode durchgeführt, in denen eine Vielzahl von möglichen Parameterkonstellationen erzeugt und anschließend ausgewertet wird. Das Ziel ist nicht die Abbildung eines realen Systems in einem festgelegten Zeitraum, sondern die Generierung vieler theoretisch denkbarer Systemzustände sowie die Suche nach deren Gesetzmäßigkeiten.

1.3 Vorgehensweise und Abgrenzung

Nachdem in diesem einführenden Kapitel die Problemstellung dargestellt wird, gibt das folgende dogmengeschichtliche Kapitel 2 einen Überblick über den Stand der Forschung auf dem Gebiet der Konjunkturtheorie offener Volkswirtschaften. Hierbei wird kurz auf empirische Forschungsergebnisse eingegangen, ohne dieses Thema vertiefen zu wollen.

Die Auswirkungen verstärkter internationaler (Handels-)Beziehungen auf das Konjunkturverhalten einer Volkswirtschaft können auf vielfältige Weise analysiert werden. In der vorliegenden Arbeit kann jedoch nur eine reduzierte Auswahl an Modellen offener Volkswirtschaften vorgestellt werden.

In der Außenwirtschaftstheorie stehen sich zwei Grundtypen von Modellen gegenüber: das Modell eines kleinen Landes und ein Zwei-Länder-Modell. Diese Einteilung, die eine von vielen möglichen darstellt, soll übernommen werden, wobei zusätzlich der Unterschied zwischen einer realen und monetären Betrachtungsweise sowie zwischen fixen und flexiblen Wechselkursen herausgearbeitet wird. Sowohl das Modell des kleinen Landes in Kapitel 3 als auch die Gruppe der (Mehr-)Regionen-Modelle in Kapitel 4 sind in realen Größen modelliert. Die Endogenisierung der Preisniveaus im In- und Ausland erfolgt in Kapitel 5 anhand eines Zwei-Länder-Modells. Um den Hauptaspekt der mittelfristigen Auswirkungen der Globalisierung stärker betonen zu können, wird auf eine Mikrofundierung der makroökonomischen Verhaltensgleichungen verzichtet. Weiterhin konzentriert sich die Analyse auf lineare Modelle mit diskreter Zeitführung.

In Kapitel 3 wird ein Modell einer kleinen offenen Volkswirtschaft mit Güter- und Kapitalmarkt, das in seiner komparativ-statischen Form Eingang in viele Lehrbücher gefunden hat, in einer dynamischen Form präsentiert. Da dieses Modell ebenso wie die weiteren betrachteten Modelle trotz seiner vermeintlichen Einfachheit eine analytische Lösung nicht mehr zuläßt, wird auf das Instrument der numerischen Simulation zurückgegriffen. Die Ermittlung der mittel- und langfristigen Auswirkungen eines zunehmenden Außenhandels im Falle eines kleinen Landes erfolgt anhand eines Ansatzes zur Lösung komplexer linearer Modelle, der die Vorteile der numerischen Simulation mit einem statistischen Analyseinstrumentarium kombiniert.

In den weiteren Kapiteln sollen die zuvor exogen gesetzten Variablen sukzessive endogenisiert werden. In Kapitel 4 werden sowohl das Ausland als auch die Staatsnachfrage endogenisiert. Um die Unterschiede zum Modell des kleinen Landes mit exogenem Ausland herausarbeiten zu können, werden vorerst fixe Wechselkurse unterstellt. Da Ausgleichsmechanismen zwischen In- und Ausland vernachlässigt werden, wird in diesem Kapitel in Anlehnung an die Literatur von 'Regionen' statt von 'Ländern' gesprochen.

Der in Kapitel 3 vorgestellte Ansatz wird im vierten Kapitel ferner dazu verwendet, um den Aspekt einer antizyklischen Fiskalpolitik zur Stabilisierung der Wirtschaft in einer stationären und in einer wachsenden Volkswirtschaft zu beleuchten. Als Erweiterung wird ein Mehr-Regionen-Modell vorgestellt, das für den Drei-Regionen-Fall simuliert und ausgewertet wird. Zusätzlich zu den sachlichen Aspekten können anhand dieser Beispiele die Vorzüge, aber auch die Grenzen moderner Simulationssprachen verdeutlicht werden.

Das Modell mit zwei Regionen dient als Übergang zu einem Zwei-Länder-Modell in Kapitel 5. Zwei-Länder-Modelle stellen neben den Modellen eines kleinen Landes die zweite wichtige Modellklasse dar. In der Literatur werden aufgrund der Komplexität dieser Modelle meist vereinfachende Annahmen getroffen, die eine analytische Lösung ermöglichen. Der dadurch entstehende Informationsverlust kann durch Simulationsstudien umgangen werden. Die in Kapitel 3 vorgestellte Methode erlaubt nicht nur die Analyse der üblicherweise analysierten symmetrischen, sondern darüber hinaus auch der asymmetrischen Modellversionen. Die beiden Modellversionen werden in Kapitel 5 einander gegenübergestellt.

Die Arbeit wird durch zwei Anhänge ergänzt. Anhang A ist ein Überblick zu dynamischen linearen Systemen. Nach einem einführenden Abschnitt, der die mathematischen Grundlagen dieses Gebietes unter besonderer Berücksichtigung der Stabilitätsaspekte beleuchtet, werden unterschiedliche Methoden zur Bestimmung der Stabilität vorgestellt. Einige Herleitungen, die im Hauptteil dieser Arbeit benötigt werden, sowie die Ableitung einer bestimmten Form eines linearen Gleichungssystems für ein konkretes Beispiel schließen diesen Anhang.

Für den mit der Systemtheorie weniger vertrauten Leser sei auf den Anhang B verwiesen, der eine Einführung in den interdisziplinären Ansatz der Systemtheorie darstellt. Einige grundlegende Begriffsdefinitionen und deren Abgrenzungen sowie eine kurze Beschreibung der im Hauptteil verwendeten Simulationstechniken werden in diesem Anhang vorgestellt.

Die verwendeten statistischen Tests zur Auswertung der Simulationsstudien zählen zum Standardinstrumentarium der deskriptiven Statistik. Es wird bewußt eine Auswahl einfacher Methoden vorgezogen, obwohl eine Vielzahl an weiteren Tests auf die vorgestellten Problemstellungen angewendet werden könnte. Die Auswahl liegt in der Tatsache begründet, daß Computersimulationen mit einem äußerst großen Stichprobenumfang durchgeführt werden, der aufwendige Techniken - die für kleine Stichproben beispielsweise zur Varianzreduktion obligatorisch sind - unnötig macht.[4]

Weiterhin ist die statistische Analyse solch großer Datenreihen mit Standardsoftware oft nicht möglich. Daher erfolgen die Auswertungen zum großen Teil mit selbst erstellten Computerprogrammen.

Als wichtigstes Ergebnis dieser Arbeit wird sich bei allen betrachteten Modellen herausstellen, daß eine Destabilisierung der inländischen Wirtschaft durch eine Ausweitung des internationalen Handels nicht stattfindet. Für die wichtige Gruppe der Zwei-Länder-Modelle ist darüber hinaus sogar eine Stabilisierung der Weltwirtschaft durch die Internationalisierung des Handels erkennbar. Die Angst vor einer Globalisierungsfalle ist im betrachteten Kontext nicht haltbar. Es darf aber nicht übersehen werden, daß die vorgestellten Modelle eine starke Reduktion der komplexen Wirklichkeit darstellen und wichtige Märkte wie der Arbeitsmarkt[5] außer acht gelassen sowie monetäre Aspekte nur am Rande untersucht werden.

Weitere Modellbausteine können jedoch beliebig in die vorgestellten Gleichungssysteme implementiert und die resultierenden (oder alternative) Modelle mit dem vorgestellten Instrumentarium untersucht werden. Dies könnte dazu führen, weitere Erkenntnisse bezüglich der Folgen einer Ausweitung des Welthandels zu erhalten und gegebenenfalls die These unterstützen, daß eine zunehmende Internationalisierung nicht zu einer Destabilisierung führt.

---

[4] Vgl. die Argumentation von Hammersley/Handcomb (1964, S.21-22) sowie Fishman (1996, S.1-2). Eine Auswahl an Varianzreduktionstechniken findet man bei Rubinstein (1981, S.122-157) sowie bei Bratley (1987, S.44-76).

[5] Vgl. zur Einbeziehung des Arbeitsmarkts in Konjunkturmodelle Ferri/Greenberg (1989).

2 Historischer Abriß und Literaturüberblick

2.1 Konjunkturtheorie offener Volkswirtschaften

Obwohl die empirische Konjunkturforschung schon seit ihren Anfängen den internationalen Aspekt des Konjunkturphänomens berücksichtigt, hinkte die Theoriebildung der empirischen Analyse lange Zeit hinterher. In der Literatur herrscht Einigkeit über den Vorwurf, daß die Konjunkturtheorie das Gebiet der offenen Volkswirtschaften lange Zeit vernachlässigt hat (Stockman 1986, S.23-24). Erst seit Beginn der achtziger Jahre wurde mit dem Aufkommen der Applied General Equilibrium Models (Numerische Gleichgewichtsmodelle)[6] damit begonnen, dieses Gebiet auch aus theoretischer Sicht stärker zu betonen.

Eine grobe Einteilung der Ursachen für die Vernachlässigung des Auslandseinflusses auf die Konjunktur kann zum einen in historische Gründe, zum anderen in Komplexitätsgründe vorgenommen werden:

Unter Konjunkturforschern - insbesondere den Konjunkturtheoretikern - herrschte lange Zeit die Auffassung, daß eine Einbeziehung von Außenwirtschaftsbeziehungen keinen Erkenntniszuwachs brächte. Selbst in neueren Lehrbüchern der Konjunkturtheorie wird behauptet, daß „... eine Öffnung nationaler Volkswirtschaften keine zusätzlichen theoretischen Erkenntnisse für die dynamischen Eigenschaften erbringen, die über die aus der Analyse der binnenwirtschaftlichen Interdependenzen gewonnenen hinausgingen" (Assenmacher 1991, S.281). Oder aber: „Die Schwingungseigenschaften einer offenen Volkswirtschaft sind grundsätzlich die gleichen wie die einer geschlossenen Volkswirtschaft" (Heubes 1991, S.118).

Zu den historischen Gründen zählt auch die 'Aufgabenteilung' innerhalb der verschiedenen Forschungsgebiete der Volkswirtschaftslehre. Konjunkturtheorie und Außenwirtschaftstheorie waren über lange Zeit zwei getrennte Forschungsbereiche mit unterschiedlichen Zielsetzungen und Analysemethoden. So zeigten die Vertreter der Konjunkturtheorie wie oben beschrieben oft nur geringes Interesse an der Einbeziehung des Auslands, die Außenwirtschaftslehre hingegen war tendenziell eher auf die komparativ-statische Analyse fixiert, mit deren Hilfe das definitionsgemäß dynamische Problem der Konjunktur nicht analysiert werden kann. Dynamische Ansätze in der Außenwirtschaftstheorie der siebziger Jahre sind nur als kurzfristige Anpassungsprozesse an ein neues Gleichgewicht und nicht mittelfristig wie die Konjunkturtheorie ausgelegt, so auch das wegweisende Modell von Dornbusch (1976) oder Erweiterungen davon wie beispielsweise von Turnovsky (1986).

Inzwischen existiert jedoch eine Flut von Veröffentlichungen zum Thema 'exchange rate dynamics', so beispielsweise Pentecost (1993) oder Obstfeld/Rogoff (1995). Zum Teil werden aber auch komparativ-statische als dynamische Modelle

[6] Zu einer Übersicht zu Applied General Equilibrium Models und den vielfältigen Bezeichnungen für dieses Gebiets vgl. Fehr/Wiegard (1996).

bezeichnet (Tobin/De Macedo 1980), obwohl es sich eher um 'backward-looking dynamics' (Turnovsky 1986, S.156) handelt. Obwohl die kurzfristige dynamische Analyse offener Volkswirtschaften in der Internationalen Währungstheorie weit ausgebaut ist, wird das Problem des mittelfristigen dynamischen Schwingungsverhaltens einer Volkswirtschaft weiterhin der Konjunkturtheorie geschlossener Volkswirtschaften überlassen.

Als zweiten Punkt muß man berücksichtigen, daß Modelle offener Volkswirtschaften sehr schnell nicht mehr oder kaum noch analytisch lösbar werden. Für ein Konjunkturmodell eines kleinen Landes, bei dem das Inland um Beziehungen zu einem exogen modellierten Ausland erweitert werden soll, müssen allein für den Gütermarkt zumindest Import- und Exportfunktionen modelliert werden, für weitere Märkte entsprechend zusätzliche Beziehungen. In einem Zwei-Länder-Modell (beide Länder endogen) kommt es mindestens zu einer Verdopplung der Anzahl der Gleichungen bzw. Variablen, wobei hierbei noch nicht einmal sämtliche Transmissionskanäle zwischen den beiden Ländern berücksichtigt sind. Es kommt folglich zu einer Steigerung der Komplexität des Modells - eine Aufgabe, bei der herkömmliche analytische Methoden oft zum Scheitern verurteilt sind.

Als Ausweg sind vereinfachende Annahmen üblich. So wird die Differenzenmethode von Aoki (1981) in der Literatur der letzten Jahre häufig verwendet (Turnovsky 1986, S.139). Sie erlaubt die analytische Behandlung von Zwei-Länder-Modellen unter Symmetrieannahmen, d.h. beide Länder haben eine analoge Gleichungsstruktur sowie identische Parameter. Das bedeutet allerdings eine Reduzierung der Aussagekraft der Modelle, so daß diese Annahme nur als 'first approximation' (Turnovsky 1986, S.139) dienen sollte. Mit der folgenden Aussage von Turnovsky (1986, S.139) sollte man sich also nicht zufrieden geben: "...there is no *a priori* reason for, say, the United States and Europe to differ in terms of their aggregate behaviour in any systematic way."[7]

Das Problem der Vernachlässigung von Auslandseinflüssen auf die Konjunkturforschung ist nicht unbekannt. So erkennt schon Morgenstern (1927, S.261): „Das Objekt der Konjunkturforschung kennt keine nationalen Grenzen, es handelt sich vielmehr um ein international-weltwirtschaftliches Problem." Die Kritik reicht bis in die späten achtziger Jahre mit Stockman (1986):[8] "Most research on models of business cycles has been concentrated on closed economies." Nach Matz (1986, S.31) trifft auch heute noch zu, daß „die theoretische Analyse des internationalen Konjunkturzusammenhangs noch nicht genügend vorangetrieben

---

7 Hervorhebungen im Original.

8 Das Zitat von Stockman (1986, S.23-24) lautet im Zusammenhang: "Most research on models of business cycles has been concentrated on closed economies. Open-economy versions of those models have been developed primarily for discussions of policy implications. However, much more can be learned about business cycles by applying these models to open economies in order to develop and test implications about the cyclical comovements of 'international' variables such as the current account of the balance of payments, relative prices of non-traded and traded goods, the terms of trade, and exchange rates. By examining open-economy models of business cycles, we can learn more not only about open economies but about business fluctuations in relatively closed economies."

ist". Selbst Kromphard (1989, S.200-201), der behauptet, „... die Aufgabe, die Konjunkturentwicklung zu erklären, [wird] nur räumlich verlagert, indem nun die Konjunkturentwicklung im Ausland erklärungsbedürftig wird", erkennt in seinen weiteren Ausführungen Handlungsbedarf: „Dessenungeachtet stellen der internationale Konjunkturzusammenhang und die Transmission von Konjunkturbewegungen auch ein theoretisches Problem dar, das analysiert werden muß." Auch Assenmacher (1991, S.281) stellt zu diesem Thema fest: „Innerhalb der Konjunkturtheorie wurde diesem Aspekt nur zögerlich nachgegangen."

Frühe Ausnahmen bilden Vartia (1970), der mit einem Mehr-Länder-Modell das Hickssche Konjunkturmodell erweitert, Bender (1977), der die Übertragung konjunktureller Impulse bei flexiblen Wechselkursen untersucht, Zwintz (1983) mit einem Zwei-Regionen-Modell, das wiederum auf dem Hicksschen Grundmodell aufbaut, Stockman (1986), der in einem Artikel zwei Konjunkturmodelle offener Volkswirtschaften entwickelt, danach Vosgerau (1988) mit einem Mehr-Länder-Modell und wirtschaftspolitischer Zielsetzung, und als letzter in dieser vorläufigen Auswahl Wohltmann (1993), der die Auswirkung ausländischer Preisschocks bei importierten Rohstoffen untersucht.

Diesen Beiträgen gemeinsam ist der Versuch, komplexe (meist rein makroökonomisch orientierte) Konjunkturmodelle offener Volkswirtschaften *analytisch* zu lösen. Dies gelingt oft nur für Sonderfälle, so daß die Allgemeingültigkeit vieler Modelle wieder eingeschränkt wird, oder man benötigt einen mathematischen Aufwand, der den eigentlichen ökonomischen Inhalt in den Hintergrund drängt.

2.2 Exkurs: Internationale empirische Konjunkturforschung

Im Gegensatz zur theoretischen Aufbereitung begann die empirische Untersuchung des internationalen Konjunkturzusammenhangs schon in den zwanziger Jahren mit einer Veröffentlichung des National Bureau of Economic Research (NBER) von Thorp (1926), welche die empirische Basis für nahezu die gesamte Konjunkturforschung der ersten Hälfte des Jahrhunderts bildete. Morgenstern (1927, 1959) nahm beispielsweise die NBER-Studie als Grundlage für seine umfassenden Arbeiten über die internationalen Konjunkturzyklen. Auch Haberler (1955, S.288-430) widmete den „internationalen Aspekten der Konjunkturzyklen" ein Kapitel in seinem Standardwerk „Prosperität und Depression". Aber erst mit Majer/Wagner (1974) erschien ein oft zitiertes Standardwerk über den internationalen Konjunkturzusammenhang.

Der Schwerpunkt bei diesen älteren Beiträgen liegt neben der Ermittlung von aussagekräftigen Konjunkturindikatoren und der Suche nach Transmissionsmechanismen in der Frage, welche Länder einen Gleichlauf (bzw. Vor- oder Nachlauf) ihrer Konjunkturentwicklung aufweisen. Die Existenz eines solchen Musters ist unbestritten, wenn auch Morgenstern (1959, S.24) anmerkt: "... given a sufficiently large number of countries, it is not surprising to find several countries in the same phase of the cycle."

Über längere Zeit stabile Konstellationen gleichlaufender Konjunkturen, die auch heute Bestand haben, sind vor allem durch die historischen (Handels-)Beziehungen bestimmt, wobei die Frage nach der stabilisierenden oder destabilisierenden Wirkung des Außenhandels aus den zur Verfügung stehenden Daten nicht geklärt werden konnte (vgl. Majer/Wagner 1974, S.40). Die meisten europäischen Länder untereinander bzw. die USA und Kanada sind Beispiele für eine hohe Übereinstimmung der Bewegungsrichtung des Sozialprodukts und anderer makroökonomischer Variablen. Hierzu zählt insbesondere die Zinsentwicklung. Seit Mitte der siebziger Jahre hat sich dieser Trend des Gleichlaufs der Konjunktur noch verstärkt (vgl. Vosgerau 1988, S.134).

Mit Lucas (1977) wurde zum ersten Mal ein Einverständnis über die sogenannten 'stilisierten Fakten der Konjunkturbewegung' erzielt, wenn auch die Vorgehensweise seit den NBER-Studien bekannt war.[9] Im Mittelpunkt dieser Analyse steht die Frage nach vor-, gleich- und nachlaufenden Indikatoren, deren Lage zum Referenzzyklus (meist das Bruttoinlandsprodukt) über mehrere Konjunkturzyklen weitgehend konstant ist. Durch Ramsers (1984b, S.8-9) erweiterte Liste der stilisierten Fakten setzt sich dieses Vorgehen endgültig durch. In immer kürzeren Abständen erscheinen Beiträge zu den stilized facts verschiedener Länder. So z.B. Schebeck/Tichy (1984) über Österreich, Gerlach (1988) mit einem Vergleich mehrerer OECD-Länder, Baxter (1991) zu stilized facts der USA, Brandner/Neusser (1992) mit einer Beschreibung stilisierter Fakten in Deutschland, Backus/Kehoe (1992), Christodoulakis/Dimelis/Kollintzas (1995), Backus/Kehoe/Kydland (1995) und als neueste Arbeiten auf diesem Gebiet Woitek (1997) und Zimmermann (1997) mit jeweils einem Vergleich mehrerer OECD-Länder. Die Liste ließe sich beliebig erweitern.

Wenn auch die Einschätzung Lucas', "business cycles are all alike" (Lucas 1977, S.10), in dieser Schärfe nicht haltbar ist, zeigt sich doch eine gewisse Ähnlichkeit der Konjunkturzyklen unterschiedlicher Volkswirtschaften (vgl. Zimmermann 1997). Auf nationale Unterschiede der Konjunkturzyklen gehen Schebeck/Tichy (1984, S.217-221) ein.

Zu den wichtigsten, statistisch gesicherten und für die meisten OECD-Länder einheitlichen Ergebnissen bezüglich des internationalen Konjunkturzusammenhangs zählt die antizyklische Bewegung der Handelsbilanz (Backus/Kehoe 1992, S.864-866). Weiterhin schwanken Ex- und Importe zwei- bis dreimal so stark wie das Bruttoinlandsprodukt (Tichy 1994, S.91). Nach Maussner (1994, S.18-19) schwanken die Exporte geringer als die Importe, was zu einer antizyklischen Konjunkturbewegung der Handelsbilanz führt. Zimmermann (1997, S.324) stellt für die meisten OECD-Länder einen nur geringen Zusammenhang zwischen den Exporten und dem Bruttoinlandsprodukt fest. Als wichtiges stilized fact verlaufen

---

9 Eine Liste der stilisierten Fakten findet man in Schebeck/Tichy (1984, S.207) oder Tichy (1994, S.6-11).

für die meisten Staaten die terms of trade als Kehrwert des realen Wechselkurses antizyklisch.[10]

In bezug auf die Größe einer Volkswirtschaft erkennt man, daß beispielsweise die USA eine relativ autarke Konjunkturbewegung aufweisen. Die Staaten der EU hingegen haben einen ungleich höheren Konjunkturzusammenhang (Schebeck/ Tichy 1984, S.217-221).

2.3 Weltmodelle und system dynamics-Ansatz

Der interdisziplinäre Ansatz der Systemtheorie (vgl. Anhang B) wurde in den sechziger Jahren von Forrester für die unternehmensinterne Planung und Organisation angewendet. Den betriebswirtschaftlichen Ansatz dieser 'industrial dynamics' (Forrester 1961) erweiterte er selbst mit 'urban dynamics' (Forrester 1968b) zuerst auf Stadtentwicklungsplanung und schließlich auf 'world dynamics' (Forrester 1971a)[11], wobei sich für diese Art umfassender dynamischer Systemanalysen der Begriff 'system dynamics' durchgesetzt hat.

Die Weltmodelle[12] von Forrester, insbesondere 'World3', bilden die Grundlage für die sicherlich meistbeachtete Schrift auf dem Gebiet der Anwendung der Systemtheorie für ökonomische Problemstellungen: "The limits of growth" von Meadows/Randers/Behrens (1972), eine MIT-Studie für den Club of Rome, entfachte eine weltweite Diskussion über globale Entwicklungstendenzen und mögliche Wachstumsbeschränkungen. Die Veröffentlichungen des Club of Rome erregten weltweit Aufsehen, vor allem durch ihre wachstumspessimistischen Langzeitprognosen. Hervorzuheben ist der zweite Bericht des MIT an den Club of Rome von Pestel/Mesarovic (1974), der das zugrundeliegende Weltmodell von Forrester verfeinerte und präzisierte. In letzter Zeit ist auf die 'neuen Grenzen des Wachstums' von Meadows/Meadows/Randers (1993) hinzuweisen.

Es darf aber nicht übersehen werden, daß sich selbst umfangreiche Modelle mit ihren Vorhersagen zur Weltentwicklung als wenig treffsicher erwiesen haben. Prognosen wie die von Lehmann (1975) oder Pestel et al. (1978) über mehrere Jahrzehnte haben eine geringe Datensicherheit in bezug auf die Systemgrößen, die Verhaltensparameter und somit auf das Systemverhalten.

Wenn auch einige Beiträge von Bossel/Strobel (1978) oder Bossel (1992) noch in der Tradition der 'Grenzen des Wachstums' liegen, hat sich ein Teil der system dynamics-Diskussion vom Thema der langfristig ausgelegten Prognosen entfernt und dienen u.a. der Beschreibung der (mittelfristigen) Konjunkturanalyse. Als

---

[10] Vgl. Backus/Kehoe/Kydland (1994) sowie Mendoza (1995). Zu den selben Ergebnissen bezüglich der terms of trade gelangt auch Zimmermann (1997, S.322).

[11] Die deutsche Version dieses Buches, Forrester (1971b), enthält eine ausführliche Erläuterung sämtlicher DYNAMO-Gleichungen des Weltmodells und ist als Übersicht zum system dynamics-Ansatz und dessen Implementierung in die Simulationssprache DYNAMO empfehlenswert. Auf DYNAMO und seine Weiterentwicklungen wird im vierten Kapitel eingegangen.

[12] Einen Überblick über seine Weltmodelle findet man bei Forrester (1975).

Beispiel sei auf die zahlreichen makroökonomischen Modelle von Hirschhäuser (1981), Sommer (1981) oder Ruth/Hannon (1997a) verwiesen.

Der system dynamics-Ansatz gilt insbesondere wegen den mittlerweile widerlegten (älteren) Prognosen des Club of Rome bei vielen Wissenschaftlern als überholt.[13] Dem ist entgegenzusetzen, daß zum einen Vorhersagen über längere Zeiträume inzwischen vorsichtiger formuliert werden, zum anderen sich weiterhin eine Anzahl von Zeitschriften schwerpunktmäßig mit diesem Thema befaßt, so z.B. 'System dynamics review. The journal of the system dynamics society', 'Dynamica' sowie 'System dynamics newsletter'. Nicht nur für ökonomische, sondern insbesondere auch für ökologische Systeme sind in letzter Zeit viele Veröffentlichungen unter Verwendung des system dynamics-Ansatzes erschienen. Exemplarisch für eine neue Generation von Anwendern der Systemtheorie seien die Autoren Ruth und Hannon genannt, die in ihren Abhandlungen einen guten Einblick in den system dynamics-Ansatzes geben und eine Vielzahl von Modellen aus den Bereichen Ökonomie, Ökologie und Biologie vorstellen (Hannon/Ruth 1994, Ruth/Hannon 1997a, 1997b). Auf aktuelle und mittlerweile weit verbreitete Simulationssoftware, die auf dem system dynamics-Ansatz aufbaut und eine grafisch unterstützte Programmierung ermöglicht, wird am Beispiel mehrerer ökonomischer Modelle in Kapitel 4 eingegangen.

2.4 Simulation im Rahmen der Numerischen Gleichgewichtsmodelle

Seit Beginn der achtziger Jahre findet in der Konjunkturforschung mit dem Aufkommen der Applied General Equilibrium Models oder Numerische Gleichgewichtsmodelle eine Annäherung zwischen Theorie und Empirie statt, die bis heute anhält. Mit Hilfe ökonometrischer Schätzungen und Kalibrierungstechniken unter Verwendung leistungsfähiger Computer und moderner Lösungsalgorithmen können einzelne Phänomene real existierender Volkswirtschaften numerisch nachgebildet werden.

Die neuere makroökonomische Theorie, zu deren Kennzeichen fast durchgehend die Mikrofundierung der Makrotheorie zählt, unterteilt sich zum einen in die New Classical Macroeconomics (NCM), zu denen die Real-Business-Cycle-Modelle zählen, und in die New Keynesian Macroeconomics (NKM).[14] Zu den Standardmodellen der RBC-Theorie zählen insbesondere die Beiträge von Plosser (1989), Long/Plosser (1991) und Kydland/Prescott (1982). Einen guten Überblick findet man bei Stadler (1994). Zur NKM-Theorie sei auf die Beiträge von Gordon (1990) und Ramser (1984a) sowie speziell für offene Volkswirtschaften auf Neary (1990) verwiesen.

---

[13] Vgl. die frühe kritische Analyse zu den Weltmodellen von Meadows und Forrester bei Hugger (1974). Einen kurzgefaßten und kritischen Überblick zu Forresters Weltmodell und dem system dynamics-Ansatz bietet Rauch (1985, S.120-146).

[14] Vgl. zur Einteilung der neueren makroökonomischen Theorie Dore (1993).

Ob zu diesen Modellgruppen aber ausschließlich mikrofundierte Modelle zählen oder ob schon die Verwendung von Zahlenwerten ein Modell zu einem Numerischen Gleichgewichtsmodell macht, ist in der Literatur umstritten.[15]

Die Liste der Veröffentlichungen zum Thema Numerische Gleichgewichtsmodelle ist in den letzten Jahren so umfangreich geworden, daß an dieser Stelle auf einige Übersichtsartikel verwiesen wird. Hierzu zählen aus neuerer Sicht Fehr/Wiegard (1996) bzw. Klepper et al. (1994). Eine sehr umfangreiche und fundierte Darstellung enthält das Buch von Shoven/Whalley (1992). Für eine Übersicht zu den Anfängen dieses Forschungsgebiets lohnen sich die Beiträge von Borges (1986) und Shoven/Whalley (1984).

Mit Hilfe neuerer numerischer Lösungsalgorithmen ist es seit Beginn der achtziger Jahre möglich, auch kompliziertere Modelle zu lösen. Da Konjunkturmodelle offener Volkswirtschaften aus den zuvor genannten Gründen sicherlich als kompliziert zu bezeichnen sind und daher dieses Gebiet bislang vernachlässigt wurde, ist die Flut von Veröffentlichungen zu diesem Thema nicht verwunderlich. Allein in Borges (1986, S.40-41) finden sich Verweise auf 21 Modelle dieser Bauart. Weitere Literaturhinweise zu älteren Numerischen Gleichgewichtsmodellen unter Einbeziehung des Auslands gibt Shoven (1983, S.402).

Auf eine Auswahl Numerischer Gleichgewichtsmodelle unter Einbeziehung des Außenhandels soll aber hier nicht verzichtet werden: So (in zeitlicher Reihenfolge) z.B. Weber (1981) mit einem NCM-Modell einer kleinen offenen Volkswirtschaft, Kimbrough (1983) mit einem NCM-Modell einer offenen Volkswirtschaft mit managed floating. Ein Zwei-Länder-RBC-Modell stellen Cantor/Mark (1988) vor. Weiterhin Mendoza (1991), der mit einem RBC-Modell einer kleinen offenen Volkswirtschaft die kanadischen Handelsbilanzstatistiken gut wiedergibt, Danthine/Donaldson (1993), die US-Daten zu einem Vergleich von drei RBC-Modellen offener Volkswirtschaften heranziehen, Backus/Kehoe/Kydland (1994), welche die Standardabweichung, Autokorrelationen und Kreuzkorrelationen von mehreren Ländern mit denen eines stochastischen Zwei-Länder-Modells nachvollziehen oder Stockman/Tesar (1995), die ein Zwei-Länder/Zwei-Sektoren-RBC-Modell mit Daten der G-7-Länder vergleichen. Weitere Modelle findet man bei Shoven/Whalley (1992, S.197-229), die zwei 'global trade models' und ein einfaches 'single-country trade model' erläutern, bei Gavin (1991), der ein dynamisches Handelsmodell darstellt, oder Bettendorf (1994) mit einem weiteren Modell einer kleinen offenen Volkswirtschaft sowie Correia/Neves/Rebelo (1995) ebenfalls mit einem Kleinen-Land-Modell. Ein neuerer Beitrag von Lucke (1997) vergleicht stilized facts nach der NBER-Methode von Burns and Mitchell (1946) mit zwei RBC-Modellen. Eine der neuesten Veröffentlichungen auf dem Gebiet der RBC-Theorie ist eine Untersuchung der Auswirkungen von Schocks alternativer Herkunft auf die Volkswirtschaft sowie der Einfluß des Außenhandels auf die Beschäftigung von Becker/Fippel (1998).

---

[15] So bezeichnen Fehr/Wiegard (1996, S.297) auch die numerischen Beispiele von Ricardo, Mill u.a. als frühe Numerische Gleichgewichtsmodelle.

2.5 Zusammenfassung und Ausblick

Unter dem Stichwort der Applied General Equilibrium Models oder Numerische Gleichgewichtsmodelle hat sich die numerische Simulation komplexer, analytisch kaum noch zu bewältigender Modelle zu einer in der Konjunkturforschung fest etablierten Vorgehensweise entwickelt.

Die bislang vermißte Einbeziehung des Auslands in Konjunkturmodelle gehört somit seit Anfang der achtziger Jahre der Vergangenheit an. Der Vorwurf der Vernachlässigung offener Volkswirtschaften im Bereich der Konjunkturtheorie scheint somit auf den ersten Blick nicht mehr haltbar zu sein.

Der Vorwurf trifft allerdings auf reine Makromodelle weiterhin zu, da diese zugunsten der mikrofundierten Makroökonomie und der mikroökonomischen Totalmodelle ins Hintertreffen geraten sind.[16] Bei der mikrofundierten Makroökonomie werden makroökonomische Funktionen durch die Optimierungskalküle der Individuen hergeleitet. Die mikroökonomischen Totalmodelle basieren auf dem Verhalten der individuellen Optimierung der Marktteilnehmer.

Mit Zwintz (1983) oder Wolter/Kuhbier/Buscher (1990) existieren noch einige wenige makroökonomische Modelle ohne Mikrofundierung, die zum Teil (noch) analytisch lösbar sind. Die analytischen Lösungen solch komplizierter Modelle haben aber eine derart geringe Aussagekraft, daß die Aussagen erst mit Hilfe numerischer Szenarien erkennbar werden.

Die entscheidende Kritik ist aber die folgende: Numerische Gleichgewichtsmodelle werden zwar mit eleganten, numerischen Methoden gelöst; die Ergebnisse der Simulation haben aber durch die Verwendung eines festen Parametersatzes keine Allgemeingültigkeit. Geringfügige Änderungen der Parameter können die Aussagen des Modells leicht in ihr Gegenteil verkehren. Als Beispiel für mögliche Auswirkungen kleiner Parameteränderungen siehe Fullerton/Lyon (1986). Mit Hilfe von Sensitivitätsanalysen kann zwar versucht werden, diesen Nachteil zu umgehen, es handelt sich dabei allerdings um Ausnahmen (vgl. Canova 1995). Weiterhin bleibt selbst dann, wenn Sensitivitätsanalysen durchgeführt werden, die simultane Änderung mehrerer exogener Größen unberücksichtigt (vgl. Abschnitt B 2.1). Abgesehen von diesen Einwänden gibt es aus dem Bereich der Ökonometrie ernstzunehmende Kritik an der Methode der Kalibrierung und bezüglich der Datenauswahl von seiten der Statistik (vgl. Fehr/Wiegard 1996, S.332). So wird keine vollständige Strukturschätzung wie in der Ökonometrie durchgeführt, sondern plausibel gehaltene Verhaltensannahmen in Gleichungsform umgesetzt und deren Parametersatz im Rahmen der Kalibrierung so lange variiert, bis das Modell in der Lage ist, der Realität nahekommende Zeitpfade zu generieren. Weiterhin werden aus unterschiedlichen Quellen, deren Datenmaterial nicht immer übereinstimmen muß, Parameterwerte entnommen oder berechnet (vgl. auch Abschnitt B 1.3).

---

[16] Einen (kritischen) Überblick über die Mikrofundierung der Makroökonomie anhand mehrerer Modelle offener Volkswirtschaften findet man bei Turnovsky (1993).

Die Klasse der Numerischen Gleichgewichtsmodelle versucht über Kalibrierungstechniken eine möglichst gute Nachbildung einzelner Zeitreihen real existierender Volkswirtschaften zu erreichen. Dies dient dem Ziel, zusätzliche Erkenntnisse über das zugrundeliegende System zu erhalten sowie Prognosen über die voraussichtliche Entwicklung makroökonomischer Größen zu erstellen. Dies entspricht in der Terminologie der Systemtheorie einem Szenario, in dem aus dem möglichen Parameterraum eine einzelne konkrete Parameterkonstellation simuliert wird. Im Gegensatz hierzu steht die Systemsimulation, die keine konkreten Systeme, sondern eine Vielzahl an möglichen Systemen abbilden will.

Die Untersuchung nicht einzelner Szenarien, sondern einer Vielzahl von Simulationsläufen sowie die statistische Auswertung der Simulationsergebnisse ist nach Auffassung des Autors ein Versäumnis der derzeitigen Konjunkturforschung. Daher wird in dieser Arbeit ein Vorschlag zur systematischen, numerischen Simulation und statistischen Auswertung von Konjunkturmodellen offener Volkswirtschaften vorgestellt. Die Methode wird exemplarisch für den Fall linearer, makroökonomischer Modelle ohne Mikrofundierung mit diskreter Zeitführung durchgeführt, um die Sicht auf das Wesentliche nicht zu verlieren.

3 Ein einfaches dynamisches Modell einer kleinen offenen Volkswirtschaft (dynamisches Mundell-Fleming-Modell)

Das Mundell-Fleming-Modell (MFM) wurde lange Zeit als 'work horse' (Frenkel/Razin 1987, S.568) der Außenwirtschaftstheorie bezeichnet. Obwohl es zu den älteren Ansätzen der Theorie offener Volkswirtschaften zählt, ist die zugrundeliegende IS/LM-Analyse immer noch oder seit dem Aufkommen der New Keynesian Macroeconomics erneut 'alive and kicking' (Barens/Caspari 1994, S.7), so daß weiterhin eine große Anzahl von Veröffentlichungen in der Tradition des Mundell-Fleming-Modells steht.[17]

Einer der Gründe für die weite Verbreitung dürfte die einfache Modellstruktur sein, die eine analytische und selbst eine grafische Lösung im Rahmen des IS/LM/ZZ-Diagramms zuläßt. Erweiterungen des mathematisch recht anspruchslosen Grundmodells führen allerdings rasch an die Grenzen der analytischen Lösbarkeit. Um dennoch Aussagen zu erhalten, werden in der Literatur üblicherweise vereinfachende Annahmen getroffen. Die Modelle werden in diesem Fall analytisch lösbar, die Ergebnisse haben allerdings nur einen beschränkten Gültigkeitsbereich.

In diesem Kapitel soll ein alternativer numerischer Ansatz zur Behandlung solcher Modelle anhand einer eigenen erweiterten dynamischen Version des Mundell-Fleming-Modells vorgestellt werden. Dieser Ansatz erlaubt die Analyse komplexer dynamischer linearer Modelle, ohne einschränkende Annahmen treffen zu müssen.

3.1 Modellbeschreibung

Es handelt sich beim Mundell-Fleming-Modell um eine Erweiterung des Keynesianischen Modells auf offene Volkswirtschaften (Mundell 1963, Fleming 1962). Anhand des Güter- und Geldmarkts werden üblicherweise die Wirkungen von Geld- und Fiskalpolitik eines kleinen Landes bei wahlweise fixen oder flexiblen Wechselkursen untersucht. Die Betrachtung erfolgt hier für ein reales Modell, die Preisniveaus im In- und Ausland sind somit konstant und werden auf Eins normiert. Der reale Wechselkurs als Kehrwert der terms of trade entspricht daher dem nominalen Wechselkurs.

Bei der vorliegenden Modellklasse wird ein kleines Land dem großen Ausland (oder auch 'Rest der Welt') gegenübergestellt. Das Ausland hat zwar Auswirkungen auf das Inland; dieses ist jedoch nicht in der Lage, seinerseits die makroökonomischen Größen des Auslands zu beeinflussen. Das Ausland stellt somit im

[17] Zu einer Übersicht zur Modellklasse der Mundell-Fleming-Modelle siehe Frenkel/Razin (1987).

Gesamtsystem eine exogene Größe dar. In den Kapiteln 4 und 5 wird diese Annahme aufgehoben und das Ausland endogenisiert.[18]

Das dynamische Modell besteht aus den folgenden Gleichungen:

(3-1) $Y_t = C_t + I_t + H_t + G_0^{aut}$

(3-2) $C_t = cY_{t-1}$, $0 < c < 1$

(3-3) $I_t = \nu \cdot (Y_{t-1} - Y_{t-2}) + \gamma \cdot (r_{t-1}^* - r_{t-1}) I_0^{aut} + I_0^{aut}$, $\nu, \gamma > 0$

(3-4) $H_t = h_e e_t + h_{Y^*} Y_{t-1}^* + h_Y Y_{t-1}$, $h_e, h_{Y*} > 0,\ h_Y < 0$

(3-5) $e_t = \lambda \cdot \bar{e}_t + (1 - \lambda) \cdot e_{t-1}$, $0 < \lambda < 1$

(3-6) $L_t = l_r r_t + l_y Y_t + L_0^{aut}$, $l_Y > 0,\ l_r < 0$

(3-7) $B_t = B_{t-1} + Z_{t-1}$

(3-8) $r_t = r_t^* + \delta \cdot (B_t - L_t)$, $\delta > 0$

(3-9) $K_t = \kappa (r_t - r_t^*)$, $\kappa > 0$

(3-10) $Z_t = H_t + K_t$

Das Modell enthält:[19]

- endogene Variablen $Y, C, I, H, e, L, B, r, K, Z, \bar{e}$
- exogene Größen G_0^{aut}, r^*, I_0^{aut}, Y^*, L_0^{aut}
- Parameter c, ν, γ, h_e, h_{Y*}, h_Y, λ, l_r, l_Y, δ, κ

Das Modell ist eine dynamische Erweiterung des komparativ-statischen Mundell-Fleming-Modells für eine kleine offene Volkswirtschaft. Beim vorliegenden Modell wird der Gütermarkt wie im keynesianischen Konjunkturmodell von Hicks (1950) mit Multiplikator-Akzelerator-Prinzip modelliert.[20] Weiterhin wird eine Zinsabhängigkeit der Investitionsnachfrage unterstellt. Als zusätzliche Erweiterung werden flexible Wechselkurse unterstellt, deren Anpassungszeit an das neue Gleichgewicht variiert werden kann.

---

[18] Für eine Beschreibung des komparativ-statischen Grundmodells sei auf Williamson (1983, S.217-224) verwiesen.

[19] Aus systemtheoretischer Sicht besteht ein System aus Elementen und Relationen (vgl. auch Anhang B). Relationen kennzeichnen die Wirkungsverknüpfungen zwischen den an den Elementen gemessenen Systemgrößen. Systemgrößen, die von keiner anderen Größe beeinflußt werden, werden als exogene Größen bezeichnet, die anderen als endogene Variablen. Der gleichgewichtige Wechselkurs $\bar{e}$ ist eine durch das System prädeterminierte Größe und somit eine Funktion exogener Größen. Da andere Elemente des Systems auf den gleichgewichtigen Wechselkurs Einfluß nehmen, wird er den endogenen Variablen zugeordnet.

[20] Modelle dieser Bauart findet man bei Gandolfo (1996).

Nach Gleichung (3-1) setzt sich das inländische Einkommen Y zusammen aus den Nachfragekomponenten Konsum C, Nettoinvestitionen I, dem Handelsbilanzüberschuß H und den autonomen Staatsausgaben G_0^{aut}.

Der Konsum hängt nach Gleichung (3-2) vom Einkommen der Vorperiode ab (Multiplikatorprinzip), die Investitionen nach Gleichung (3-3) vom Zuwachs des Einkommens in der Vorperiode (Akzeleratorprinzip).[21] Um eine Verbindung zum Geldmarkt zu schaffen, sei eine Zinsabhängigkeit der Investitionsnachfrage unterstellt. Übersteigen die inländischen Zinsen r das exogene Zinsniveau im Ausland r^*, dämpft dies die Investitionsnachfrage, vergleichsweise niedrige Zinsen kurbeln die Nachfrage nach Investitionsgütern an. Im Gleichgewicht entspricht der inländische Zins dem Auslandszinssatz.

Für den Handelsbilanzüberschuß H als zusätzliche Nachfragekomponente einer offenen Volkswirtschaft wird in Gleichung (3-4) unterstellt, daß er linear vom Wechselkurs e, dem inländischen Einkommen Y und dem ausländischen Einkommen Y^* abhängt. Eine Abwertung sowie eine Einkommenssteigerung im Ausland erhöhen den Handelsbilanzüberschuß,[22] Einkommenssteigerungen im Inland wirken aufgrund der steigenden Importe negativ auf die Handelsbilanz.

In Gleichung (3-5) sei als Erweiterung zum komparativ-statischen Mundell-Fleming-Modell, das entweder für fixe oder flexible Wechselkurse modelliert werden kann, eine langfristige Anpassung des Wechselkurses an sein langfristiges Gleichgewicht $\bar{e}$ unterstellt, das durch eine ausgeglichene Handelsbilanz definiert ist.[23] Somit sind sowohl der Wechselkurs als auch die inländische Geldmenge und der Zahlungsbilanzüberschuß endogen. Die Anpassungsgeschwindigkeit λ kann zwischen 0 und 1 variieren. Für $\lambda = 1$ weist das Modell flexible Wechselkurse auf, für $\lambda = 0$ gelten fixe Wechselkurse.[24] Bei Werten zwischen 0 und 1 handelt es sich um eine geometrisch abnehmende Verzögerung an das neue Gleichgewicht.[25]

Gleichung (3-6) beschreibt die Nachfrage nach inländischem Geld L, die positiv vom inländischen Einkommen und negativ vom inländischen Zins abhängt. Die Zentralbank richtet ihre Geldmarktinterventionen nach Gleichung (3-7) an der Höhe des Zahlungsbilanzüberschusses Z aus. Der Überschuß an Devisen (Zahlungsbilanzüberschuß Z) erhöht in vollem Umfang das Geldangebot B.

---

21 Das Multiplikator-Akzelerator-Prinzip zählt nach Auffassung von Blanchard (1981) auch heute noch zu den wichtigsten Determinanten der konjunkturellen Entwicklung.

22 Somit wird die Marshall-Lerner-Bedingung vorausgesetzt, die (vereinfacht) besagt, daß eine Abwertung der Inlandswährung die Handelsbilanz verbessert, wenn die Summe der Beträge der Elastizitäten von Export- und Importnachfrage größer Eins ist. Da in einem realen Modell wechselkursinduzierte Preiseffekte nicht auftreten, ist eine Normalreaktion der Handelsbilanz immer gegeben (vgl. Willms 1995, S.43-45).

23 Zu einer ähnlichen Vorgehensweise siehe Sachs (1990, S.67).

24 Der Fall fixer Wechselkurse wird hier nicht weiter betrachtet.

25 Der Beweis wird im Abschnitt A 3.2 dargestellt.

Nach Gleichung (3-8) führt ein Überschußangebot auf dem Geldmarkt zu einem Inlandszins, der über dem Auslandszinsniveau liegt, ein Nachfrageüberschuß senkt den Zins unter dieses Niveau. Zu einem Kapitalimport K kommt es in Gleichung (3-9) bei einer positiven Zinsdifferenz, da in diesem Fall eine Anlage in inländischen Wertpapieren eine höhere Rendite als im Ausland erbringt ($\kappa > 0$). Der Zahlungsbilanzüberschuß entspricht nach Gleichung (3-10) der Summe der Bilanzüberschüsse von Handels- und Kapitalbilanz.

Das dynamische Modell weist unterschiedliche Arten von Lagstrukturen (Verzögerungsformen) auf. So handelt es sich in Gleichung (3-5) um eine geometrische Verzögerung des Wechselkurses an sein neues Gleichgewicht. Die Parametermasse wird mit geometrisch abnehmendem Gewicht auf unendlich viele Perioden verteilt (der Beweis wird im Abschnitt A 3.2 geführt). Gleichung (3-2) hingegen geht von einer einfachen Verzögerung der Konsumausgaben vom Einkommen um eine Periode aus. Die Art der Anpassung und somit die Lagstruktur kann im Rahmen eines Simulationsmodells problemlos variiert werden. Übliche Varianten der Lagverteilung findet man bei Gandolfo (1996, S.98-100) sowie bei Kenkel (1974, S.209-240).

3.2 Bestimmung der Parameterintervalle

3.2.1 Parameterquader

Um das Modell numerisch lösen zu können, benötigt man Zahlenwerte für jeden der Parameter. Wie schon angedeutet, sollen nicht einzelne Parameterkonstellationen, sondern Punktewolken analysiert werden, um statt Punktaussagen allgemeingültigere Ergebnisse zu erhalten (vgl. Kapitel 1). Somit benötigt man für jeden Parameter ein Parameterintervall, aus dem im Rahmen einer Monte-Carlo-Simulation gleichverteilte Zufallsrealisationen gezogen werden. Die Menge aller möglichen Parameterkonstellationen aus den gewählten Intervallen nennt man den (mehrdimensionalen) Parameterquader.

Die Festlegung der Größe und Lage der Parameterintervalle (und somit die Bestimmung des Parameterquaders) hängt von der Zielsetzung ab (vgl. hierzu die ausführlicheren Erläuterungen im Abschnitt B 2). Für Stabilitätsuntersuchungen ist ein relativ weit gefaßter Parameterquader sinnvoll, damit die Ergebnisse eine möglichst hohe Allgemeingültigkeit erreichen. Dieser große Bereich kann je nach Forderung über die Resultate der Untersuchung eingegrenzt werden. Dies kann die vollständige Reduktion des Parameterquaders auf einen einzelnen Punkt im Rahmen einer Kalibrierung des Modells sein, um bestimmte stilisierte Fakten konkreter Volkswirtschaften nachzubilden. Eine schwächere Eingrenzung des Parameterquaders wird durch die Forderung nach zulässigen (meist positiven) und interpretierbaren (z.B. positive Zinssätzen) Zeitpfaden der endogenen Variablen erreicht. Weiterhin ist für die realitätsnahe Modellierung die Forderung nach Parameterintervallen naheliegend, welche die in der Realität beobachteten oder vermuteten Parameter umfassen. Weitere Restriktionen (z.B. Summe aus Spar- und Konsumquote gleich Eins) können den Parameterquader zusätzlich einengen.

Als Vorinformationen können sowohl ökonometrische Punktschätzungen herangezogen werden, um die ein ausreichend großes Intervall gelegt wird, als auch beim Fehlen solcher Informationen Plausibilitätsüberlegungen über den ungefähren Bereich angestellt werden, in dem der tatsächliche Parameter vermutet wird.

Zusätzlich geht man von vorgegebenen Lösungsintervallen für die endogenen Größen aus und schließt von diesen auf die Parameterintervalle zurück.

Unzulässige Lösungen können auch direkt im Simulationslauf eliminiert werden. Falls ihre Anzahl jedoch zu groß wird, kann im Rahmen einer Voruntersuchung der Parameterquader soweit einschränkt werden, daß unzulässige Lösungen während eines Simulationslaufs nur noch in Einzelfällen auftreten. Dies vermeidet unnötige Rechenzeit.

Das erweiterte dynamische Mundell-Fleming-Modell des Gleichungssystems (3-1) bis (3-10) beinhaltet 10 Parameter, für die numerische Intervalle festgelegt werden müssen. Die exogenen Größen, die Anfangswerte der endogenen Variablen sowie Parameter, die nur in Kombination mit exogenen Größen auftreten, sind bei linearen Modellen für das Systemverhalten bedeutungslos (vgl. Anhang A). Im vorliegenden Modell zählt hierzu der Parameter der Abhängigkeit der Handelsbilanz vom exogen vorgegebenen ausländischen Einkommen, der nur in Verbindung mit dem exogenen Einkommen des Auslands auftritt und auf $h_{Y*} = 0.02$ fixiert wird. Für die weiteren Simulationstudien werden die exogene Größe der autonomen Geldnachfragekomponente mit $L_0^{aut} = 400$, die autonomen Investitionen mit $I_0^{aut} = 100$, die exogene Staatsnachfrage mit $G_0^{aut} = 50$, der Weltzinssatz mit $r^* = 0.05$ und das exogene Einkommen des großen Auslands mit $Y^* = 1500$ angenommen.

Tabelle 3-1: Parameterquader des Mundell-Fleming-Modells

Parameter	Intervall
c	0.3 ; 0.9
ν	0 ; 2
γ	0 ; 4
δ	0.00 ; 0.05
λ	0 ; 1
h_e	50 ; 300
h_Y	-0.7 ; -0.2
l_r	-3000 ; -2500
l_Y	0 ; 1
κ	400 ; 500

Die einzelnen Parameterintervalle von Tabelle 3-1 werden relativ groß gewählt (z.B. Konsumquote zwischen 0.3 und 0.9). Dies dient dem in den folgenden Untersuchungen angestrebten Ziel, möglichst allgemeingültige Aussagen über den Einfluß der einzelnen Parameter auf die Stabilität des Mundell-Fleming-Modells einer kleinen offenen Volkswirtschaft zu erhalten.

Es muß noch einmal betont werden, daß weder ökonometrische Punktschätzungen eingesetzt noch Kalibrierungstechniken[26] verwendet werden. Der 'wahre' Wert der einzelnen Parameter spielt bei der vorliegenden Methode nur eine untergeordnete Rolle, die Einengung des Parameterquaders auf eine konkrete Parameterkonstellation wäre für den Analysezweck sogar kontraproduktiv.

Die Verwendung von Parameterbereichen statt festgelegter Parameterwerte hat drei Vorteile. Erstens gelten die Ergebnisse der Analyse nicht nur für einzelne Parameterkonstellationen oder nur unter vereinfachenden Annahmen, zweitens entfällt eine Sensitivitätsanalyse, da die Ergebnisse nicht nur für Parameterpunkte, sondern für Parameterbereiche statistische Gültigkeit haben. Als drittes erhält man Aussagen bezüglich der Einflußrichtung einzelner Parameter und sogar von Parameterkombinationen, wie noch gezeigt wird.

3.2.2 Normierung des Parameterquaders

Das Modell kann unter Verwendung einzelner Parameterkonstellationen aus dem Parameterquader simuliert werden. So erhält man die Gleichgewichtswerte und Zeitpfade der Variablen, wobei jede Simulation mit einer anderen Parameterkonstellation durchgeführt (und analysiert) wird.

Die Parameter weisen allerdings zum Teil stark voneinander abweichende Größenordnungen auf. Um beispielsweise die Differenzen der Parameter vergleichbar zu machen (und grafisch darzustellen), ist eine Normierung des Parameterquaders sinnvoll, wie in den folgenden Abschnitten noch deutlich werden wird. Für einige Analysen werden daher alle Parameter auf das Intervall [0 ; 1] normiert.

3.3 Komparativ-statische Analyse

3.3.1 Der stationäre steady state-Pfad

Eine Herleitung der stationären Gleichgewichtswerte (steady state-Werte) des linearen Differenzengleichungssystems (3-1) bis (3-10) ist auf analytischem Weg

---

[26] Zu einer Beschreibung von Kalibrierungstechniken und weiteren Techniken zur numerischen Bestimmung von Parametern siehe Canova (1995) und die dort angegebene Literatur. Eine kurze Einführung in dieses Themengebiet findet man im Abschnitt B 1.3.

(noch) möglich. Für die allgemeine Lösung des dynamischen Modells muß man hierauf jedoch verzichten.[27]

Im langfristigen Gleichgewicht muß der Inlandszins des kleinen Landes dem des großen Auslands entsprechen (vollkommene Kapitalmobilität), damit es zu keinen dauerhaften Kapitalbewegungen zwischen den Ländern kommt. Da ein Gleichgewicht auf dem Geldmarkt nur erreicht wird, wenn die Zentralbank ihre Interventionen eingestellt hat, folgt nach Gleichung (3-7) die Forderung nach einer ausgeglichenen Zahlungsbilanz ($Z = 0$). In Verbindung mit der ausgeglichenen Kapitalbilanz in Gleichung (3-9) aufgrund der identischen Zinssätze führt Gleichung (3-10) zu der Bedingung, daß im Gleichgewicht der Saldo der Handelsbilanz 0 sein muß. Löst man unter Berücksichtigung dieser Bedingung Gleichung (3-4) nach dem Wechselkurs auf, erhält man den gleichgewichtigen Wechselkurs.

Zusammengefaßt nehmen die endogenen Variablen im Gleichgewicht die folgenden Werte an:[28]

$$Y = \frac{I_0^{aut} + G_0^{aut}}{1-c}$$

$$C = cY = c\frac{I_0^{aut} + G_0^{aut}}{1-c}$$

$$I = I_0^{aut}$$

$$H = K = Z = 0$$

$$e = -\frac{1}{h_e}\left(h_{Y^*}Y^* + h_Y Y\right) = -\frac{1}{h_e}\left(h_{Y^*}Y^* + h_Y\frac{I_0^{aut} + G_0^{aut}}{1-c}\right)$$

$$B = L = l_r r + l_y Y + L_0^{aut} = l_r r^* + l_y\frac{I_0^{aut} + G_0^{aut}}{1-c} + L_0^{aut}$$

$$r = r^*$$

Langfristig gesehen hat demnach ein exogener Schock in Form einer Einkommensänderung im Ausland keine Auswirkung auf die inländischen Variablen mit Ausnahme des Wechselkurses, da dieser den exogenen Einkommensschock auf die lange Frist absorbiert. Ausländische Zinserhöhungen wirken sich hingegen auf den inländischen Zinssatz und die inländische Geldmenge aus. Dies entspricht den Ergebnissen des komparativ-statischen Grundmodells für flexible Wechselkurse.

---

[27] Prinzipiell ist die analytische Lösung jedes linearen dynamischen Modells möglich. Bei Modellen der vorliegenden Größenordnung stoßen selbst Mathematikprogramme wie MAPLE oder MATHEMATIKA an ihre Grenzen.

[28] Variablen ohne Zeitindex bezeichnen Gleichgewichtswerte.

Von Interesse für die komparativ-statische Analyse sind nur die je nach Parameterkonstellation variierenden endogenen Variablen. Hierzu gehören das Einkommen, der Konsum, der Wechselkurs sowie Geldangebot und -nachfrage.

Zur numerischen Bestimmung der mittleren Gleichgewichtswerte des Modells wird im Rahmen einer Monte-Carlo-Simulation eine zufällige Stichprobe aus dem Parameterquader vom Umfang 1 Mio. gezogen.[29] Für jede Parameterkonstellation werden die Gleichgewichtswerte der endogenen Variablen berechnet. Aus diesen Gleichgewichtswerten werden jeweils Mittelwert, Standardabweichung, Minimum und Maximum bestimmt:[30]

Tabelle 3-2: Gleichgewichtswerte des Mundell-Fleming-Modells

Variable	Mittelwert	Standard-abweichung	Minimum	Maximum
Y	486.722	291.340	214.286	1499.982
C	336.627	291.377	64.286	1349.981
e	1.354	1.461	0.045	18.906
B, L	505.769	219.069	250.269	1763.958

Für die spätere Stabilitätsuntersuchung spielt die Höhe der Gleichgewichtswerte keine Rolle. Für die komparativ-statische Analyse aber erkennt man, daß alle berechneten steady state-Werte positiv sind und somit einem Mindestanspruch genügen. Die Forderung an die Höhe der Gleichgewichtswerte kann jedoch verschärft werden, indem bestimmte Lösungsintervalle gefordert werden. Für die dynamischen Simulationen im Abschnitt 3.4, in denen die Zeitpfade der endogenen Variablen bestimmt werden, stellen die berechneten Gleichgewichtswerte aus Tabelle 3-2 mögliche Anfangswerte dar.

---

29 Als eine Alternative zu einer zufälligen Stichprobe aus dem 10-dimensionalen, gleichverteilten Parameterquader könnte auch eine systematische Parametervariation mit äquidistanten Abständen durchgeführt werden. Wenn pro Parameter k Gitterpunkte analysiert werden, so führt dies bei 10 Parametern zu k^{10} Gitterpunkten. Vergleicht man eine Monte-Carlo-Simulation mit dem Stichprobenumfang von 1 Mio. mit einer systematischen Parametervariation, so führt dies bei 10 Parametern wegen $k^{10} = 1$ Mio. zu einer vergleichbaren Anzahl an Gitterpunkten bei einer systematischen Parametervariation von $k = 3.98$. Trotz des großen Stichprobenumfangs ist die Anzahl von knapp 4 Punkten pro Parameterintervall nicht sehr groß und der Abstand der analysierten Punkte somit nicht unbedeutend. Dies zeigt, daß ein höherer Stichprobenumfang wünschenswert wäre. Die Forderung nach 6 Punkten pro Intervall führt bei einem 10-dimensionalen Parameterquader zu einem Parametergitter mit $6^{10} \cong 60$ Mio. Punkten. Die Umsetzung scheitert jedoch an der benötigten Rechenzeit (vgl. hierzu auch Abschnitt 5.5).

30 Die restlichen Variablen nehmen die exogen vorgegebenen Gleichgewichtswerte an: $I = 100$, $r = 0.05$, $H = K = Z = 0$.

3.3.2 Komparativ-statische Analyse der Multiplikatoren und Elastizitäten

Welche Auswirkungen hat - langfristig gesehen - eine Erhöhung einer exogenen Größe auf die Gleichgewichtswerte der endogenen Variablen des Modells? Zur Beantwortung dieser Frage bezieht man die absolute Änderung der endogenen Gleichgewichtswerte auf die absolute Änderung der exogenen Größen. Unter diesen Multiplikatoren Δ haben der Investitions- und der Staatsausgabenmultiplikator besondere wirtschaftspolitische Bedeutung.[31] Für die Frage der internationalen Konjunkturübertragung im vorliegenden Fall eines kleinen Landes mit exogen modelliertem Ausland betrachtet man die Auswirkungen einer Änderung der beiden exogenen Größen des ausländischen Einkommens und des Weltzinsniveaus auf die Gleichgewichtswerte der makroökonomischen Variablen des Inlands.

Bei der Elastizitätenberechnung setzt man statt der absoluten die relativen Änderungen der endogenen Gleichgewichtswerte und der exogenen Größen ins Verhältnis. Eine einprozentige Erhöhung der exogenen Größe hat eine prozentuale Änderung des Gleichgewichtswertes der endogenen Variable in Höhe der Elastizität η zur Folge.

Die Multiplikatoren können zum einen mit Hilfe der Cramer-Regel analytisch, aber auch grafisch aus einem Systemdiagramm hergeleitet werden. Hierzu wird das Gleichungssystem (3-1) bis (3-10) auf dem stationären Gleichgewichtspfad verwendet. Dieses lineare Gleichungssystem wird teilweise reduziert (die Gleichgewichtswerte der Variablen $Z = K = H = 0$ werden eliminiert). Jeder Gleichung wird eine Variable zugeordnet. Nach diesen Variablen aufgelöst, ergibt sich die folgende Zuordnung:[32]

(3-11) $Y = C + I + G_0^{aut}$

(3-12) $C = cY$

(3-13) $I = I_0^{aut}$

(3-14) $e = -\frac{h_{Y^*}}{h_e} Y^* - \frac{h_Y}{h_e} Y$

(3-15) $L = l_r r + l_y Y + L_0^{aut}$

(3-16) $B = L$

(3-17) $r = r^*$

---

31 Zur Bedeutung der Multiplikatorrechnung in der keynesianischen Theorie siehe Dalziel (1996).

32 Alternativ könnte Y Gleichung (12) sowie C Gleichung (11) zugeordnet werden. Die restlichen Zuordnungen sind eindeutig. Zur Vorgehensweise bei der Herleitung von Multiplikatoren aus einem Systemdiagramm siehe Abschnitt B 3.

Auf dieser Zuordnung basiert das Systemdiagramm aus Abbildung 3-1:

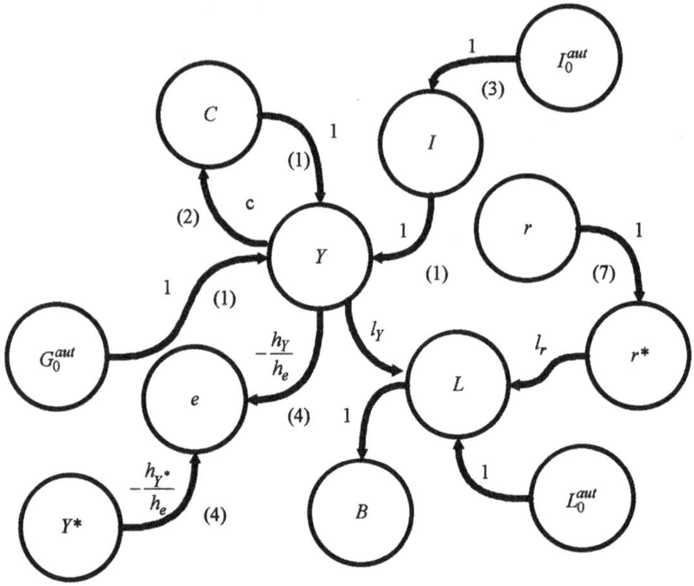

Abbildung 3-1: Systemdiagramm des Mundell-Fleming-Modells im steady state

Die Bestimmung eines Multiplikators aus dem Systemdiagramm von einer exogenen Größe x auf eine endogene Variable y erfolgt über die Formel (vgl. Abschnitt B 3.3:

$$\frac{dy}{dx} = \frac{\text{Summe der ersten Ankünfte}}{1 - \text{Summe der Rückkopplungsfaktoren}}$$

Da nur ein einziger Rückkopplungsfaktor über den Pfad $Y \to C \to Y$ auftritt, können die Multiplikatoren leicht berechnet werden.

Als exemplarisches Beispiel für die Vorgehensweise wird die Wirkung der autonomen Investitionen auf das Geldangebot untersucht. Weitere Beispiele und eine ausführliche Übersicht zur Reduktion von Systemdiagrammen findet man im Abschnitt B 3.

Es existiert nur ein direkter Weg (direkte Ankunft) von der exogenen Größe der autonomen Investitionen I_0^{aut} zum endogenen Geldangebot B:

$$I_0^{aut} \to Y \to L \to B$$

Die Wirkungen (Koeffizienten über den Pfeilen) müssen für die Bestimmung der direkten Wirkung aufmultipliziert werden:

$$\text{Summe der direkten Ankünfte} = 1 \cdot 1 \cdot l_Y \cdot 1 = l_Y$$

Die Rückkopplung des Einkommens Y auf sich selbst,

$$\text{Summe der Rückkopplungsfaktoren} = c \cdot 1 = c \quad ,$$

muß im Nenner berücksichtigt werden. Somit folgt für den gesuchten Multiplikator:

$$\frac{dB}{dI_0^{aut}} = \frac{\text{Summe der ersten Ankünfte von } I_0^{aut} \text{ auf } B}{1 - \text{Summe der Rückkopplungsfaktoren}} = \frac{l_Y}{1-c}$$

Die restlichen Multiplikatoren, auf die in den folgenden Abschnitten eingegangen wird, können analog hergeleitet werden.

3.3.2.1 Investitions- und Staatsausgabenmultiplikator

Die exogene Investitionsnachfrage und die ebenfalls exogenen Staatsausgaben haben in diesem Modell nahezu identische Wirkungen. Sie haben den selben Einfluß auf das gleichgewichtige Einkommen, den Konsum, die Geldmenge und den Wechselkurs. Die Investitionen bleiben allerdings von einer Erhöhung der Staatsausgaben unbeeinflußt. Weiterhin wird der Zins nur vom ausländischen Zinssatz bestimmt.

Obwohl die Multiplikatoren sowie die Elastizitäten analytisch hergeleitet werden können, soll doch die numerische Lösung angegeben werden. Bei komplizierteren Systemen ist die vorgeschlagene Vorgehensweise oft die einzige Möglichkeit, die Multiplikatoren sowie die Elastizitäten zu bestimmen.

Aus dem Parameterquader werden im Rahmen einer Monte-Carlo-Simulation unabhängige Realisationen gezogen. Jede Parameterkonstellation wird auf Stabilität geprüft (vgl. Abschnitt 3.4). Für die weitere Vorgehensweise werden nur stabile Punkte berücksichtigt, da im Falle der Instabilität das neue Gleichgewicht nie erreicht würde und somit diese Parameterpunkte unrealistische Konstellationen darstellen (vgl. die Erläuterungen hierzu im Abschnitt A 1.7). Für jeden Parametersatz wird ausgehend von beliebigen Anfangswerten nach einer warm-up-Phase (vgl. Abschnitt 3.5.2.1) der Gleichgewichtswert der interessierenden endogenen Größe gemessen. Eine einmalige, dauerhafte Erhöhung der exogenen Größe um eine Einheit führt zu einem neuen Gleichgewichtswert der endogenen Variablen, der nach dem Abklingen eventueller Schwingungen bestimmt wird. Setzt man die absolute Änderung der endogenen Variablen zur absoluten Änderung der exogenen Größe ins Verhältnis, so erhält man den gesuchten Multiplikator. Zur Bestimmung der Elastizitäten wird die exogene Größe um einen Prozentpunkt erhöht und die prozentuale Änderung des Gleichgewichtswerts der endogenen Variable berechnet.

Tabelle 3-3 faßt die Ergebnisse eines Simulationslaufs mit dem Stichprobenumfang von 1 Mio. zusammen, d.h. die oben genannten Schritte werden für unabhängige Parameterkonstellationen 1 Mio. mal wiederholt. Dabei werden jeweils Mittelwert, Standardabweichung σ, Minimum und Maximum der Multiplikatoren Δ und Elastizitäten η ausgegeben:

Tabelle 3-3: Multiplikatoren und Elastizitäten bezüglich Staatsausgaben bzw. Investitionen

	$\overline{\Delta}$	$\sigma(\Delta)$	Δ^{min}	Δ^{max}	$\overline{\eta}$	$\sigma(\eta)$	η^{min}	η^{max}
Y	3.244	1.944	1.429	10.000	0.667	0.000	0.667	0.667
C	2.241	1.940	0.429	9.000	0.667	0.000	0.667	0.667
I[33]	1.000	0.000	1.000	1.000	1.000	0.000	1.000	1.000
e	0.016	0.010	0.005	0.069	0.774	0.054	0.686	0.926
B	1.622	1.461	0.000	9.980	0.270	0.131	0.000	0.570
L	1.622	1.461	0.000	9.980	0.270	0.131	0.000	0.570

Der Einfluß der einzelnen Parameter auf die Multiplikatoren kann ebenfalls im Rahmen einer Simulationsstudie numerisch bestimmt werden. Hierzu wendet man die Verfahren an, die im folgenden bei der Stabilitätsuntersuchung des Systems im Abschnitt 3.4.2 vorgestellt werden. Auf diese Vorgehensweise kann hier jedoch verzichtet werden, da die Multiplikatoren analytisch bzw. aus dem Systemdiagramm bestimmt werden können.

Im folgenden sollen die einzelnen Multiplikatoren parametrisch hergeleitet und analysiert werden:

a) $$\frac{dY}{dI_0^{aut}} = \frac{dY}{dG_0^{aut}} = \frac{1}{1-c} > 1 \qquad \forall c < 1$$

Steigen die exogenen Investitionen oder die autonomen Staatsausgaben um eine Einheit, so erhöht sich unter Berücksichtigung des betrachteten Parameterquaders das gleichgewichtige Einkommen um durchschnittlich 3.244 Einheiten. Der geringste Anstieg des Multiplikators bei einer Simulation mit 1 Mio. Durchläufen beträgt 1.429, der maximale Anstieg 10 Einheiten. Von Bedeutung für die Verifizierung der Simulationsstudie ist die Tatsache, daß der Multiplikator über den gesamten betrachteten Parameterquader ausschließlich positive Werte annimmt. Negative Werte würden der analytischen Lösung widersprechen. Weiterhin steigt das gleichgewichtige Einkommen selbst im ungünstigsten Fall stärker als die autonomen Investitionen oder die Staatsausgaben. Im Durchschnitt führt eine Erhö-

[33] Die Werte haben nur für eine Erhöhung der autonomen Investitionen Gültigkeit. Die Investitionen sind von einer autonomen Staatsausgabenerhöhung unabhängig.

hung der Staatsausgaben oder der autonomen Investitionen zu einem Anstieg von über drei Einkommenseinheiten.

b) $$\frac{dC}{dI_0^{aut}} = \frac{dC}{dG_0^{aut}} = \frac{c}{1-c} = c \cdot \frac{dY}{dI_0^{aut}} = \frac{1}{1-c} - 1 = \frac{dY}{dI_0^{aut}} - 1 > 0$$

Der private Konsum nimmt für den zulässigen Parameterbereich ebenfalls zu, jedoch in geringerem Maße als das Einkommen. Der Anstieg kann auch unterproportional sein. Der Simulationslauf ergibt einen minimalen Multiplikator von 0.429.

Eine einprozentige Erhöhung der autonomen Investitions- oder Staatsnachfrage erhöht sowohl das gleichgewichtige Einkommen als auch den Konsum um ca. 2/3%. Die Höhe der Elastizität ist unabhängig von der gewählten Parameterkonstellation und somit eine Konstante innerhalb des Modells, die nur von den exogenen Größen der autonomen Investitionen und der Staatsausgaben abhängt. Dies kann aufgrund der einfachen Struktur des Modells auch analytisch nachgewiesen werden:

$$\eta_{Y,I_0^{aut}} = \frac{dY \cdot I_0^{aut}}{dI_0^{aut} \cdot Y_0} = \frac{I_0^{aut}}{(1-c)\frac{I_0^{aut} + G_0^{aut}}{1-c}} = \left(1 + \frac{G_0^{aut}}{I_0^{aut}}\right)^{-1}$$

$$\eta_{Y,G_0^{aut}} = \frac{dY \cdot G_0^{aut}}{dI_0^{aut} \cdot Y_0} = \frac{G_0^{aut}}{(1-c)\frac{I_0^{aut} + G_0^{aut}}{1-c}} = \left(1 + \frac{I_0^{aut}}{G_0^{aut}}\right)^{-1}$$

c) $$\frac{dI}{dI_0^{aut}} = 1, \quad \frac{dI}{dG_0^{aut}} = 0$$

Die Investitionen steigen langfristig um den Betrag der autonomen Investitionen. Von den Staatsausgaben sind die Investitionen unabhängig. Die Investitionstätigkeit kann somit langfristig nur durch erhöhte autonome Investitionen gestärkt werden.

d) $$\frac{de}{dI_0^{aut}} = \frac{de}{dG_0^{aut}} = -\frac{h_Y}{h_e(1-c)} > 0$$

Eine Erhöhung der autonomen Investitionen bedeutet einen zusätzlichen Nachfrageschub. Aufgrund des gestiegenen Einkommens erhöht sich auch die Nachfrage nach Importen. Dies führt zu einer Abwertung der inländischen Währung, der Wechselkurs steigt. Eine Aufwertung tritt in keinem der 1 Mio. Simulationsläufe auf. Die absolute Erhöhung scheint mit Werten zwischen 0.005 und 0.069 vergleichsweise gering zu sein. Im Durchschnitt steigt der Wechselkurs nur um 0.016 Einheiten.

Die vermeintlich geringe Wirkung auf den Wechselkurs relativiert eine Betrachtung der Elastizität. Diese liegt zwischen 0.686% und 0.926%, im Durchschnitt bei 0.774%. Eine einprozentige Erhöhung einer der beiden autonomen Nachfragekomponenten führt somit zu einer nicht unerheblichen Abwertung um ungefähr 3/4%.

e) $$\frac{dB}{dI_0^{aut}} = \frac{dB}{dG_0^{aut}} = \frac{dL}{dI_0^{aut}} = \frac{dL}{dG_0^{aut}} = \frac{l_Y}{1-c} \geq 0$$

Das Geldangebot wird zwar im dynamischen Verlauf durch die Zahlungsbilanz bestimmt, im langfristigen Gleichgewicht jedoch ist diese ausgeglichen. Das Geldangebot entspricht im Gleichgewicht der Geldnachfrage. Diese steigt durch das zusätzliche Einkommen. Die Erhöhung der Geldmenge im Inland muß allerdings nicht zwangsläufig eintreten. Der minimale Multiplikator beträgt 0 für den Fall völlig einkommensunabhängiger Geldnachfrage ($l_Y = 0$). In diesem Fall hat eine Erhöhung der autonomen Investitionen bzw. der Staatsausgaben keine (langfristige) Wirkung auf die Geldmenge.

Die Betrachtungsweise der Wirkung einer einprozentigen autonomen Investitions- bzw. Staatsausgabensteigerung deckt eine 0.27-prozentige Erhöhung der Geldmenge auf. Die relative Änderung beträgt zwischen 0% und 0.57%.

3.3.2.2 Multiplikatoren und Elastizitäten bezüglich des Auslandseinkommens

Bei der internationalen Konjunkturübertragung liegt das vorrangige Interesse in der Frage, welche Auswirkungen eine Änderung der ausländischen Konjunktur, gemessen am ausländischen Einkommen, auf die inländische Konjunkturentwicklung hat. Vor einer dynamischen Betrachtungsweise müssen die langfristigen Auswirkungen dieser exogenen Schocks untersucht werden.

f) $$\frac{de}{dY^*} = -\frac{h_{Y^*}}{h_e} < 0$$

Das vorliegende Mundell-Fleming-Modell mit flexiblen Wechselkursen bestätigt die Ergebnisse der komparativ-statischen Modelle seiner Klasse. Wie schon im Mundell-Fleming-Grundmodell mit flexiblen Wechselkursen absorbiert der Wechselkurs exogene Einkommensschocks aus dem Ausland. Aufgrund der (numerischen) Größe des Auslands ist eine Wirkung der Erhöhung von dessen Einkommen um eine Einheit auf den Wechselkurs kaum feststellbar, aber immer mit negativem Vorzeichen.

Tabelle 3-4: Multiplikatoren und Elastizitäten bezüglich einer Erhöhung des ausländischen Einkommens

	$\bar{\Delta}$	$\sigma(\Delta)$	Δ^{min}	Δ^{max}	$\bar{\eta}$	$\sigma(\eta)$	η^{min}	η^{max}
e	-0.00016	0.00002	-0.00020	-0.00013	-0.161	0.082	-0.388	-0.029

Die Elastizitätenberechnung zeigt eine Aufwertung der inländischen Währung zwischen 0.029% und 0.388%. Im Durchschnitt führt der ausländische Einkommensschock über die gestiegene Exportnachfrage zu einer Aufwertung in Höhe von 0.161%.

3.3.2.3 Multiplikatoren und Elastizitäten bezüglich des ausländischen Zinses

Im Rahmen des Mundell-Fleming-Modells existieren zwei Transmissionsmechanismen der Konjunkturübertragung: die Handelsbilanz sowie die Kapitalbilanz. Eine Einkommenserhöhung im Ausland führt zu Auswirkungen in der Handelsbilanz und darauf folgend zu Wechselkursanpassungen, Änderungen des Zinsniveaus im Ausland führen zu Kapitalbewegungen zwischen den beiden Ländern.

Ausgehend von einer Gleichgewichtssituation führt eine Zinserhöhung im Ausland zu einer negativen Zinsdifferenz ($r - r^* < 0$) und somit zu einem Kapitalexport, da ausländische Wertpapiere einen höheren Ertrag als inländische abwerfen. Dies bewirkt einen Abwertungsdruck auf die inländische Währung. Die inländische Zentralbank muß den Kapitalexport über eine Verringerung der Geldmenge stoppen. Durch die Verknappung der inländischen Geldversorgung steigt der inländische Zins.

g) $$\frac{dr}{dr^*} = 1$$

Ein langfristiges Gleichgewicht ist dann erreicht, wenn die Zinsdifferenz aufgehoben ist. Der inländische Zins entspricht im neuen Gleichgewicht dem exogenen Auslandszins, der Multiplikator und die Elastizität nehmen den Wert 1 an.

h) $$\frac{dB}{dr^*} = \frac{dL}{dr^*} = l_r < 0$$

Die exogene Erhöhung des ausländischen Zinssatzes um einen Prozentpunkt (z.B. von 5% auf 6%) führt zu einer Senkung der Geldmenge um 25 bis 30, im Durchschnitt um 27.498 Einheiten. Eine einprozentige Änderung (z.B. von 5% auf 5.05%) verringert die Geldmenge um 0.071% bis zu 0.599%. Die durchschnittliche Verringerung beträgt 0.312%.

Tabelle 3-5: Multiplikatoren und Elastizitäten bezüglich des Auslandszinssatzes

	$\bar{\Delta}$	$\sigma(\Delta)$	Δ^{min}	Δ^{max}	$\bar{\eta}$	$\sigma(\eta)$	η^{min}	η^{max}
r	1.000	0.000	1.000	1.000	1.000	0.000	1.000	1.000
B	-27.498	1.443	-30.000	-25.000	-0.312	0.105	-0.599	-0.071
L	-27.498	1.443	-30.000	-25.000	-0.312	0.105	-0.599	-0.071

3.3.3 Zusammenfassung der komparativ-statischen Ergebnisse

Zusammenfassend kann man feststellen, daß die komparativ-statische Analyse des erweiterten dynamischen Mundell-Fleming-Modells die Ergebnisse des komparativ-statischen Grundmodells bestätigt.

Eine dauerhafte Einkommenserhöhung kann ausschließlich mit einer autonomen Nachfrageerhöhung aus dem Inland erreicht werden. Dies führt jedoch auch zu einer Abwertung der Inlandswährung sowie zu einem Anstieg der Geldmenge im Inland. Ein exogener Einkommensimpuls aus dem Ausland wird langfristig durch den Wechselkurs absorbiert. Das exogene Weltzinsniveau ist aufgrund der vollkommenen Kapitalmobilität für die Zinsentwicklung im Inland maßgeblich. Steigende Zinsen im Ausland führen über einen Zinsanstieg im Inland jedoch zu einer verminderten Geldnachfrage und somit auf die lange Frist zu einer sinkenden Geldmenge. Eine steigende autonome Geldnachfrage im Inland hat langfristig gesehen keine bedeutenden Auswirkungen auf das Systemverhalten. Das Geldangebot folgt der Geldnachfrage, was jedoch aufgrund der realen Betrachtung des Modells keine Auswirkungen auf das Preisniveau zur Folge hat.

Eine Zusammenstellung der Ergebnisse zeigt Tabelle 3-6:

Tabelle 3-6: Zusammenfassung der komparativ-statischen Ergebnisse

			Y	C	I	e	B	L	r
I_0^{aut}	↑	⇒	↑	↑	1	↑	↑	↑	0
G_0^{aut}	↑	⇒	↑	↑	0	↑	↑	↑	0
Y^*	↑	⇒	0	0	0	↓	0	0	0
r^*	↑	⇒	0	0	0	0	↓	↓	1
L_0^{aut}	↑	⇒	0	0	0	0	↑	↑	0

(Erläuterung: ↑ ≙ positiver Einfluß , ↓ ≙ negativer Einfluß, 0 ≙ kein Einfluß, 1 ≙ positiver Einfluß mit einem Multiplikator von 1)

3.4 Die Stabilität eines kleinen Landes

3.4.1 Vorgehensweise

Den folgenden Berechnungen liegt wiederum eine Monte-Carlo-Simulation mit einem Stichprobenumfang von 1 Mio. zugrunde. Diese Größenordnung führt zu stabilen Ergebnisse in dem Sinne, daß weitere Simulationsläufe mit abweichenden Zufallszahlen (neuem seed) bei dieser Höhe des verwendeten Stichprobenumfangs zu vernachlässigbaren Abweichungen führen. Dies wurde für alle Simulationsstudien dieser Arbeit durch die 'Methode der unabhängigen Laufwiederholungen'[34] bestätigt. Ausführliche Erläuterungen zu diesem Themenbereich findet man bei Fishman (1996, S.13-144).

Die Parameter unterliegen im jeweiligen vorgegebenen Intervall einer stetigen Gleichverteilung. Jeder Simulationslauf wird mit einer neuen zufälligen Parameterkombination aus dem Parameterquader durchgeführt, auf Stabilität geprüft und die Parameterkombination der jeweiligen Teilmenge (stabil bzw. instabil) zugeordnet.

Die Idee der Auswertung besteht darin, die beiden Teilmengen mit Hilfe statistischer Methoden zu vergleichen. Falls der Parameter keinen Einfluß auf die Stabilität des Modells hat, müßten beide Teilmengen eine identische Verteilung aufweisen. Sollten die beiden Verteilungen jedoch voneinander abweichen, so können die Abweichungen anhand geeigneter Maßzahlen interpretiert werden. So bekommt man Aussagen über den Einfluß der einzelnen Parameter auf das Stabilitätsverhalten des Modells.

Diese Vorgehensweise wird im folgenden ausführlich am Beispiel einer Stabilitätsüberprüfung vorgestellt. Die Aufteilung in zwei Teilmengen stabil/instabil kann aber ebenso für andere Unterscheidungen wie Schwingungen/monotoner Verlauf, große/kleine Amplitude, geringe/hohe Periodizität, kurze/lange Anpassungsdauer an das neue Gleichgewicht usw. verwendet werden.

Die Methode ist daher nicht nur auf Stabilitätsanalysen beschränkt, sondern kann für eine Vielzahl von Untersuchungszwecken eingesetzt werden.

3.4.2 Ein numerisches Verfahren zur Stabilitätsanalyse

Bei der Analyse dynamischer Modelle besitzt die Stabilitätsuntersuchung einen hohen Stellenwert. Da reale Systeme nicht dauerhaft instabil sein können, ohne ihre Systemintegrität zu verlieren, müssen instabile Fälle für weitere Untersuchungen wie das Schwingungsverhalten ausgeschlossen werden (vgl. die Erläuterungen im Anhang A). Stabilitätsuntersuchungen sind somit ein unverzichtbarer Bestandteil der Analyse dynamischer Systeme.

Im Anhang A wird auf die mathematischen Grundlagen und (Stabilitäts-)Eigenschaften dynamischer linearer Systeme, auf unterschiedliche Stabilitätsbegriffe (Abschnitt A 1.6) und auf verschiedene Methoden zur Trennung der stabilen bzw. instabilen Parameterkonstellationen (Abschnitt A 2) ausführlich eingegangen.

Falls sich das zu analysierende System auf eine Differenzengleichung bis zu zweiter oder dritter Ordnung reduzieren läßt, werden zur Bestimmung der Stabilitätseigenschaften oft die Schurschen Stabilitätsbedingungen verwendet. Es handelt sich dabei um ein Ungleichungssystem, dessen analytische Lösung mit zunehmender Modellkomplexität sehr schnell an seine Grenzen stößt. Eine Zusammenfassung des Gleichungssystems (3-1) bis (3-10) führt zu einer Differen-

[34] Einige Anmerkungen zu dieser Methode findet man bei Liebl (1995, S.170-176).

zengleichung vierter Ordnung (vgl. zur Bestimmung des Polynomgrads Abschnitt A 1.9). Die parametrische Darstellung der Schurschen Stabilitätsbedingungen ist zwar möglich, führt aber aufgrund der Komplexität des Systems zu keinem befriedigendem Ergebnis.

Prinzipiell ist die Überführung jedes linearen Differenzengleichungssystems in eine Differenzengleichung n-ter Ordnung möglich - jedoch nicht immer mit vertretbarem Aufwand. Daher ist die Umformung des Systems in die reduzierte Form[35]

$$y_t = A \cdot y_{t-1} + h_t$$

oder in die sog. Normalform (homogener Teil des Systems in der reduzierten Form)

$$y_t = A \cdot y_{t-1}$$

mit Verzögerungen ausschließlich erster Ordnung meist vorzuziehen (zur Begriffsabgrenzung siehe Abschnitt A 1.2). Das System ist dann stabil, wenn alle Eigenwerte der zugehörigen charakteristischen Matrix dem Betrag nach kleiner Eins sind.

Die parametrische Bestimmung der Eigenwerte des Systems (3-1) bis (3-10) ist mit vertretbarem Aufwand nicht möglich. Selbst wenn die Eigenwerte in parametrischer Form vorliegen, ist der Einfluß der einzelnen Parameter auf die Stabilität des Systems nicht zu erkennen. Als weit verbreiteter Ausweg werden daher oft vereinfachende Annahmen getroffen. Da dies aber den Aussagegehalt des zugrundeliegenden Systems reduziert, soll im folgenden ein auf dem Konzept der Monte-Carlo-Simulation basierender numerischer Lösungsweg vorgestellt werden, der ohne diese in der Literatur üblichen Vereinfachungen auskommt.[36]

3.4.2.1 Mittelwertvergleich

Eine naheliegende Methode, zwei Teilmengen einer Stichprobe (hier stabil bzw. instabil) zu unterscheiden, besteht in einem Vergleich ihrer Mittelwerte.

Falls für einen bestimmten Parameter die Mittelwerte der stabilen und instabilen Teilmenge übereinstimmen, scheint dieser Parameter im Durchschnitt aller Fälle keinen Einfluß auf die Stabilität des Modells zu haben.

Einen destabilisierenden Parameter erkennt man daran, daß der Mittelwert der instabilen Menge größer ist als der Mittelwert der stabilen Menge. Das bedeutet, daß mit steigendem Parameter die Stabilität des Modells tendenziell abnimmt. Übersteigt der Mittelwert der stabilen Menge den der instabilen Menge, so zählt der Parameter zu den stabilisierenden Parametern (vgl. Abschnitt B 2.4).

---

[35] Vgl. zu einer Abgrenzung der verwendeten Begriffe Abschnitt A 1.2.

[36] Die Methode erfolgt in Anlehnung an Becker (1982).

Die Prüfgröße (Hartung 1995, S.510-513) für den Test auf Abweichung zweier Mittelwerte bei unbekannten und ungleichen Varianzen[37]

$$t = \frac{\bar{x}_i - \bar{x}_s}{\sqrt{\frac{s_i^2}{n_i} + \frac{s_s^2}{n_s}}}$$

ist approximativ t-verteilt mit

$$\nu = \frac{\left(\frac{s_i^2}{n_i} + \frac{s_s^2}{n_s}\right)^2}{\left(\frac{s_i^2}{n_i}\right)^2 \Big/ (n_i - 1) + \left(\frac{s_s^2}{n_s}\right)^2 \Big/ (n_s - 1)}$$

Freiheitsgraden, wobei der Index i die instabile und s die stabile Teilmenge kennzeichnet. Überschreitet der Absolutwert der berechneten Größe den kritischen Wert der t-Verteilung $t_{\nu;\,1-\alpha/2}$, kann die Nullhypothese einer Übereinstimmung der beiden Mittelwerte mit einer vorgegebenen Irrtumswahrscheinlichkeit α abgelehnt werden.

Unterstellt man eine Irrtumswahrscheinlichkeit von (zweiseitig) 5%, so führt der Mittelwerttest zu drei statistisch signifikant destabilisierenden sowie zwei stabilisierenden Parametern ($t_{krit} = 1.960$):[38]

Tabelle 3-7: Mittelwertvergleich

Parameter	Mittelwert stabil	Mittelwert instabil	Mittelwert-differenz	berechneter t-Wert	statistisch signifikante Wirkung
c	0.5984	0.6017	0.0034	9.7029	destabilisierend
ν	0.4977	1.4887	0.9909	1674.3395	destabilisierend
γ	1.9907	2.0035	0.0128	5.5475	destabilisierend
δ	0.0252	0.0248	-0.0004	-13.8698	stabilisierend
λ	0.4995	0.4997	0.0002	0.2646	-
h_e	175.0054	175.0537	0.0484	0.3351	-
h_Y	-0.4502	-0.4497	0.0005	1.5674	-
l_r	-2750.1155	-2750.1431	-0.0276	-0.0974	-
l_Y	0.5021	0.4979	-0.0042	-7.2036	stabilisierend
κ	449.9886	449.9802	-0.0084	-0.1414	-

37 Bei diesem Test wird eine normalverteilte Grundgesamtheit unterstellt. Verschiedene strengere Tests für verteilungsfreie Lokationsvergleiche findet man bei Hartung (1995, S.513-524) sowie bei Sachs (1997, S.372-393).

38 Ein Signifikanzniveau von 1% (kritischer t-Wert = 2.326) führt zu den selben signifikanten Abweichungen.

Ein Vergleich der Mittelwertdifferenzen in Tabelle 3-7 erweist sich als schwierig, da die Größenordnungen stark divergieren. Daher kann eine Normierung auf ein einheitliches Intervall, z.B. ein [0 ; 1]-Intervall durchgeführt werden.[39] Die daraus folgenden normierten Differenzen (vgl. Tabelle 3-8) können besser miteinander verglichen werden.

Für die auf das Intervall [0 ; 1] normierten Parameter (Index *n*) nehmen die Mittelwerte sowie deren Differenzen folgende Werte an:

Tabelle 3-8: Normierte Differenzen

Parameter	Mittelwert stabil	Mittelwert instabil	Mittelwert-differenz	berechneter t-Wert	statistisch signifikante Wirkung
c^n	0.4973	0.5028	0.0055	9.7029	destabilisierend
v^n	0.2489	0.7444	0.4955	1674.3395	destabilisierend
γ^n	0.4977	0.5009	0.0032	5.5475	destabilisierend
δ^n	0.5040	0.4960	-0.0080	-13.8698	stabilisierend
λ^n	0.4995	0.4997	0.0002	0.2646	-
h_e^n	0.5000	0.5002	0.0002	0.3351	-
h_Y^n	0.4996	0.5006	0.0010	1.5674	-
l_r^n	0.4998	0.4997	-0.0001	-0.0974	-
l_Y^n	0.5021	0.4979	-0.0042	-7.2036	stabilisierend
κ^n	0.4999	0.4998	-0.0001	-0.1414	-

Das bei weitem höchste Signifikanzniveau weist die Mittelwertabweichung der beiden Teilmengen des Akzelerationskoeffizienten v auf. Der Mittelwert der instabilen Teilmenge des Akzelerationskoeffizienten übersteigt den Mittelwert der stabilen Teilmenge bei weitem. Dies bedeutet, daß der Akzelerationskoeffizient der Investitionsnachfrage v im statistischen Mittel destabilisierend wirkt.

Dieses Ergebnis deckt sich mit den Erkenntnissen des Standard-Hicks-Modells. Schreiben die Unternehmen bei ihren Investitionsüberlegungen die Entwicklung der gesamtwirtschaftlichen Nachfrage proportional fort, so führt dies zu Überschießungseffekten und somit zu einer Destabilisierung.[40]

Das nächsthöhere Signifikanzniveau weist die Anpassungsgeschwindigkeit auf dem Geldmarkt δ auf. Ein Geldmarktungleichgewicht wird im Fall einer hohen

[39] Die Prüfgrößen sind invariant gegenüber Lineartransformationen. In der Berechnung der Prüfgrößen werden somit die unterschiedlichen Größenordnungen berücksichtigt. Insofern dient die Normierung eher der Visualisierung der Ergebnisse.

[40] Diesen Hauptkritikpunkt am Hicks-Modell der Instabilität für größere Akzelerationskoeffizienten kann man durch die Annahme geometrisch verteilter Lags für die Einkommenszuwächse entkräften. Mit zunehmender Verteilung der Parametermasse auf frühere Perioden nimmt die Stabilität des Modells zu.

Anpassungsgeschwindigkeit auf dem Geldmarkt mit einer nur geringen Zeitverzögerung in eine Zinsänderung umgesetzt. Die auftretende stärkere Zinsdifferenz zum Ausland scheint entgegen der ersten Vermutung nicht destabilisierend, sondern stabilisierend auf das Modell zu wirken. Großzügig interpretiert ist die stabilisierende Wirkung der Anpassungsgeschwindigkeit auf dem Geldmarkt ein Plädoyer für einen gut organisierten Kapitalmarkt.

Ein weiterer destabilisierender Parameter ist die Konsumquote c. Einkommensänderungen wirken mit einer Zeitverzögerung von einer Periode auf den privaten Konsum. Dieser Einkommenszuwachs fließt in die Konsumnachfrage. Im Gegensatz dazu wirken Einkommensänderungen auf die Importnachfrage im Zeitablauf gedämpft, da die durch die erhöhte Importnachfrage bewirkte Aufwertung der Inlandswährung der Importnachfrage entgegenwirkt.

Die Einkommensabhängigkeit der Geldnachfrage l_Y wirkt stabilisierend auf das Modell. Einkommensänderungen haben mit steigender Einkommensabhängigkeit der Geldnachfrage einen großen 'spill-over' auf den Geldmarkt, was im Gesamtmodell eine stabilisierende Wirkung zur Folge hat. Interessanterweise hat die Zinsabhängigkeit der Geldnachfrage l_r keinen erkennbaren Einfluß auf das Stabilitätsverhalten des Modells.

Wie schon beim Akzelerationskoeffizienten gezeigt wurde, ist die Investitionsnachfrage das destabilisierende Moment des Modells. Nicht nur die Einkommensabhängigkeit der Investitionsnachfrage v, sondern auch die Zinsabhängigkeit γ ist ein destabilisierender Parameter.

Ein wichtiges Ergebnis ist die Unabhängigkeit des Stabilitätsverhaltens der Volkswirtschaft von sämtlichen Auslandsbeziehungen. Die Höhe der Anpassungsgeschwindigkeit des Wechselkurses an sein neues Gleichgewicht ist irrelevant. Die durchschnittliche Anpassungszeit, die durch den Kehrwert der Anpassungsgeschwindigkeit gegeben ist, spielt demnach keine Rolle. Auch die Abhängigkeit der Handelsbilanz von den Zinsen bzw. dem inländischen Einkommen hat keinen Einfluß auf die Stabilität des Inlands.

Dies hat eine große wirtschaftspolitische Bedeutung: Es impliziert die Unabhängigkeit der Stabilität einer kleinen offenen Volkswirtschaft der vorgestellten Modellklasse von Außenwirtschaftsbeziehungen!

Im Gegensatz zu einer Sensitivitätsanalyse werden bei der durchgeführten Monte-Carlo-Simulation nicht nur ein einzelner, sondern in jedem Lauf simultan sämtliche Parameter variiert. Es handelt sich aber dennoch bei den Ergebnissen des Mittelwertvergleichs um einen isolierten Einfluß einzelner Parameter auf das Stabilitätsverhalten des Modells. Aufgrund von Korrelationen mit anderen Parametern können zusätzlich vorhandene Einflüsse auf die Stabilität im Mittelwertvergleich überdeckt werden. Daher sollten die Parameter auf Korrelation untereinander überprüft werden. Die Analyse muß für die stabile Teilmenge durchgeführt werden, da es sich nur bei dieser um eine komplexe Menge handelt (Beweis siehe Abschnitt A 3.1).

3.4.2.2 Korrelationsanalyse

Eine Möglichkeit zur Beschreibung des Zusammenhangs zweier Merkmale ist der (Pearsonsche) Korrelationskoeffizient. Haben zwei Parameter (Merkmale) eine gleichgerichtete Wirkung auf die Stabilität (stabilisierend oder destabilisierend), so wird der Zusammenhang der beiden Parameter durch einen negativen Korrelationskoeffizienten dargestellt. Haben sie eine entgegengesetzte Wirkung, wird der Korrelationskoeffizient positiv. Hat mindestens einer der Parameter keine (kaum) Auswirkung auf die Stabilität, ist der Korrelationskoeffizient (nahe) 0 (vgl. Abschnitt B 2.4).

Im folgenden wird die Korrelationsmatrix der stabilen Fälle bestimmt. Der Grund liegt wie schon angemerkt darin, daß die stabile Teilmenge eine komplexe Menge im 10-dimensionalen Parameterquader bildet.

Tabelle 3-9: Korrelationstabelle der stabilen Teilmenge[41]

	c	ν	γ	δ	λ	h_e	h_Y	l_r	l_Y	κ
c	1.0000									
ν	-0.0184	1.0000								
γ	-0.0024	-0.0055	1.0000							
δ	0.0004	0.0009	0.0015	1.0000						
λ	-0.0008	0.0003	0.0004	0.0005	1.0000					
h_e	0.0013	0.0009	0.0008	-0.0012	-0.001	1.0000				
h_Y	-0.0006	-0.005	-0.0005	0.0007	0.0008	-0.0042	1.0000			
l_r	0.0010	-0.0010	0.001	0.0016	0.0000	0.0011	-0.0016	1.0000		
l_Y	0.0014	0.0124	0.0073	0.0019	-0.0014	0.0012	0.0022	0.0022	1.0000	
κ	0.0057	0.0027	0.0020	0.0041	0.0011	0.0066	-0.0041	-0.0273	0.0051	1.0000

Die signifikanten t-Werte (Tabelle 3-10) und die dazugehörigen Korrelationskoeffizienten (Tabelle 3-9) sind jeweils dunkel unterlegt.

Die Prüfgröße für den Test auf Abweichung der Korrelationskoeffizienten von 0 lautet (Hartung 1995, S.547)

$$t = \frac{\operatorname{cor}(x_s, y_s)}{\sqrt{1-\operatorname{cor}(x_s, y_s)^2}} \sqrt{n_s - 2} \quad ,$$

wobei der Index s wiederum die stabile Teilmenge kennzeichnet.

[41] Da die Korrelationsmatrix symmetrisch ist, kann auf die Darstellung der oberen Dreiecksmatrix verzichtet werden.

Die Nullhypothese, daß der Korrelationskoeffizient den Wert 0 annimmt, wird mit einer vorgegebenen Irrtumswahrscheinlichkeit α abgelehnt, wenn der Betrag der berechneten Prüfgröße den des tabellierten t-Werts $t_{n_s-2;\,1-\alpha/2}$ überschreitet.

Tabelle 3-10: Matrix der berechneten t-Werte

	c	ν	γ	δ	λ	h_e	h_Y	l_r	l_Y	κ
c	-									
ν	-12.896	-								
γ	-1.662	-3.849	-							
δ	0.277	0.610	1.085	-						
λ	-0.573	0.177	0.309	0.374	-					
h_e	0.928	0.653	0.536	-0.837	-0.674	-				
h_Y	-0.429	-3.481	-0.339	0.501	0.576	-2.937	-			
l_r	0.724	-0.701	0.725	1.111	0.019	0.796	-1.098	-		
l_Y	0.982	8.695	5.119	1.369	-0.960	0.821	1.549	1.522	-	
κ	3.994	1.920	1.416	2.845	0.741	4.659	-2.845	-19.189	3.577	-

Bei einer Irrtumswahrscheinlichkeit α von 5% weichen 12 Korrelationskoeffizienten signifikant von 0 ab (kritischer t-Wert = 1.960).

Wie schon angemerkt, weisen negative Korrelationen auf eine gleichgerichtete Wirkung hin, positive Korrelationen bedeuten eine entgegengesetzte Wirkungsrichtung. Die negativen Korrelationen zwischen c und ν bzw. ν und γ sowie ν und h_Y weisen auf eine gleichgerichtete Wirkung der vier Parameter auf die Stabilität des Modells hin. Da der Akzelerationskoeffizient im Mittelwertvergleich als signifikant destabilisierender Parameter identifiziert wurde, gilt die destabilisierende Wirkung auch für die drei anderen Parameter. Für die Konsumquote c und die Zinsabhängigkeit der Investitionsnachfrage γ wurde die destabilisierende Wirkung schon im Mittelwerttest nachgewiesen. Die destabilisierende Wirkung der Einkommensabhängigkeit der Handelsbilanz ist ein zusätzliches Ergebnis.

Die positiven Korrelationskoeffizienten zwischen ν und l_Y bzw. γ und l_Y zeigen, daß die Einkommensabhängigkeit der Geldnachfrage l_Y ein stabilisierender Parameter ist. Dieser Effekt bestätigt ebenso den Mittelwertvergleich.

Die Anpassungsgeschwindigkeit des Wechselkurses λ hat interessanterweise keinerlei Einfluß auf das Stabilitätsverhalten des Modells. Es liegen auch keine signifikanten Korrelationen mit anderen Parametern vor.

Die Anpassungsgeschwindigkeit der Kapitalbilanz κ weist mit sechs von neun Parametern eine signifikante Korrelation auf. Davon steht die Hälfte im Widerspruch zu bisherigen Ergebnissen. So konnte δ, das Maß für die Umsetzung eines Geldmarktungleichgewichts in die Zinsanpassung, im Mittelwerttest als stabilisierende Größe ermittelt werden. Dieser Parameter weist einen signifikanten Korrelationskoeffizienten mit der Anpassungsgeschwindigkeit der Kapitalbilanz κ auf. Da der Zusammenhang positiv ist, müßte κ eine destabilisierende Wirkung haben. Dies widerspricht aber dem ebenfalls positiven Korrelationskoeffizienten mit der Konsumquote c.

Es bleibt festzuhalten, daß die Ergebnisse des Mittelwertvergleichs weitgehend bestätigt werden. Bezüglich eines Parameters (κ) treten jedoch Widersprüche auf. Somit ist die Korrelationsanalyse ein Instrument, das nicht unbedingt verläßliche Ergebnisse aufweist.

Reine Scheinkorrelationen zwischen zwei Merkmalen, die durch die jeweilige Korrelation der beiden Merkmale mit einem dritten Merkmal auftreten, können durch eine partielle Korrelationsanalyse ausgeschaltet werden (vgl. Hartung/Elpelt 1984, S.181-186). Die Beeinflussung einer Korrelation zweier Merkmale durch eine weitere Korrelation zweier anderer Merkmale verfälscht ebenfalls die einfache Korrelationsanalyse. Eine bi-partielle Korrelationsanalyse partialisiert diese Korrelationen voneinander (vgl. Hartung/Elpelt 1984, S.186-190).

Diese Methoden sind jedoch nur für eine geringe Anzahl an Merkmalen eine sinnvolle Ergänzung für die Korrelationsanalyse. Da das Ziel die Ermittlung des Stabilitätseinflusses der einzelnen Parameter unter Verwendung einfacher Analysetechniken ist, soll auf die genannten Methoden nicht eingegangen werden.

3.4.2.3 Histogrammdarstellung der einzelnen Parameter

Eine Histogrammdarstellung der relativen Häufigkeiten der stabilen bzw. instabilen Parameterbereiche ermöglicht einen schnellen visuellen Eindruck über den Einfluß des Parameters auf die Stabilität des Modells.

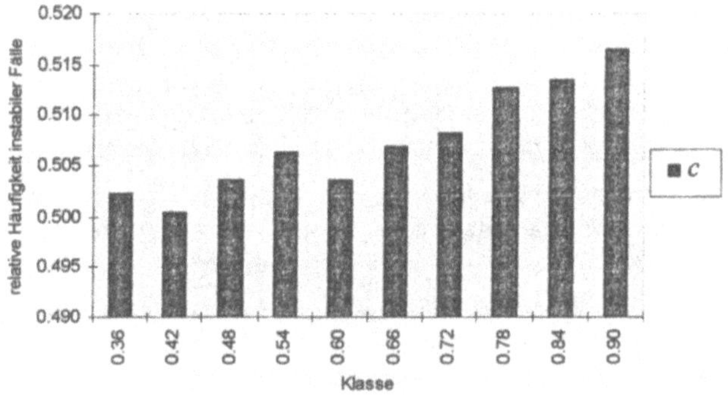

Abbildung 3-2: Konsumquote

Da die relativen Häufigkeiten der beiden Teilmengen sich in jeder Histogrammklasse zu 1 ergänzen, genügt die Darstellung einer Teilmenge. Im vorliegenden Fall wird die instabile Teilmenge analysiert. Die Intervalle werden einheitlich in 10 Klassen eingeteilt.

Eine Erhöhung des Konsumkoeffizienten *c* (vgl. Abbildung 3-2) scheint zu einem vermehrten Auftreten instabiler Fälle zu führen. Dieser 'visuelle Eindruck' wird im Mittelwertvergleich bestätigt.

Sehr eindrucksvoll zeigt das Histogramm des Akzelerationskoeffizienten v, daß Werte bis ungefähr 1 nur in seltenen Fällen stabil sind. Werte über 1 führen zu überwiegend instabilen Parameterkonstellationen.

Das Histogramm aus Abbildung 3-3 weist auch in diesem Modell einer offenen Volkswirtschaft auf die besondere Bedeutung des Akzelerationsprinzips für das Stabilitätsverhalten hin.

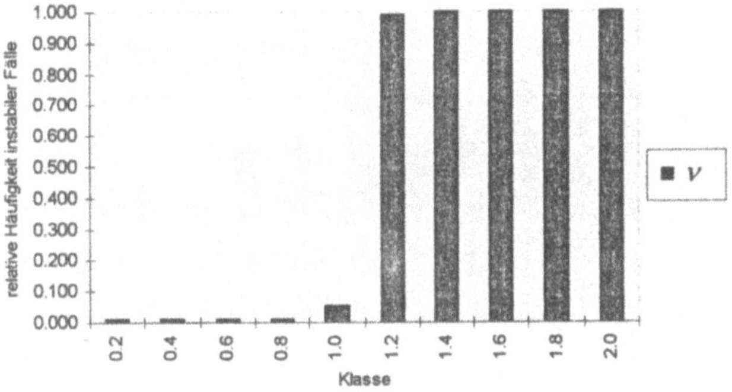

Abbildung 3-3: Akzelerationskoeffizient

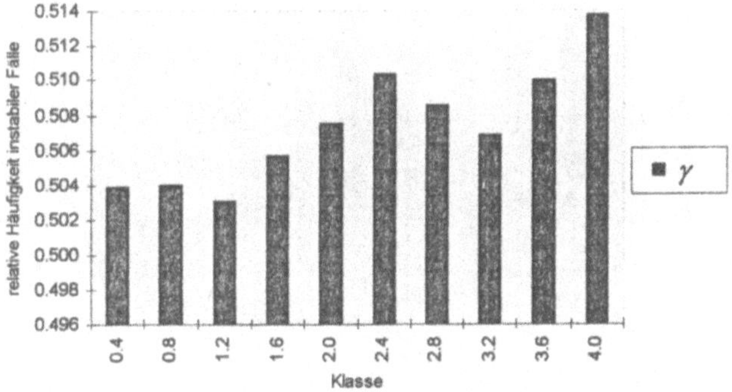

Abbildung 3-4: Zinsabhängigkeit der Investitionen

Eine stärkere Zinsabhängigkeit der Investitionen γ scheint im Durchschnitt (auch nach den Ergebnissen des Mittelwertvergleichs) ebenfalls zu einer Destabilisierung des Modells zu führen (vgl. Abbildung 3-4).

Die im Mittelwertvergleich erkannte signifikant stabilisierende Wirkung der Reaktionsgeschwindigkeit des Geldmarkts δ wird durch die Histogrammdarstellung präzisiert: Es gibt vergleichbar zum Akzelerationskoeffizienten - nur nicht so stark ausgeprägt - einen Schwellenwert, bei dessen Überschreitung sich der Einfluß des Parameters auf die Stabilität stark verändert. Eine Variation der Werte von δ zwischen 0.005 und der Obergrenze 0.05 ändert die Stabilität des Modells nicht. Sobald δ unter den (ungefähren) Wert 0.005 fällt, treten instabile Fälle signifikant häufiger auf.

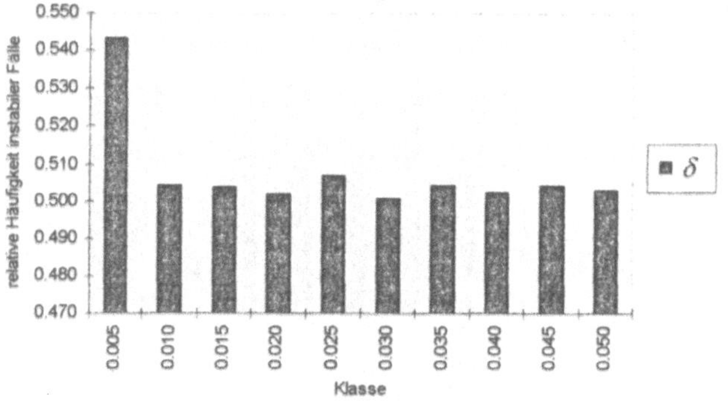

Abbildung 3-5: Reaktionsgeschwindigkeit auf dem Geldmarkt

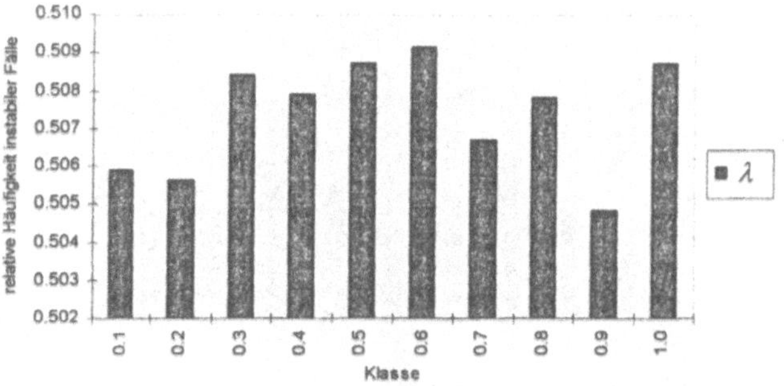

Abbildung 3-6: Anpassungsgeschwindigkeit des Wechselkurses

Die vier Parameter der Abbildungen 3-6 bis 3-9 haben keine eindeutige Einflußrichtung. Zumindest ist diese weder aus der Histogrammdarstellung noch aus dem Mittelwertvergleich zu entnehmen.

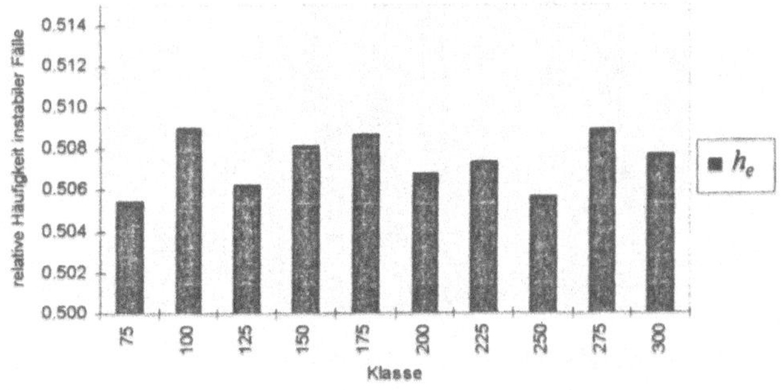

Abbildung 3-7: Wechselkursabhängigkeit der Handelsbilanz

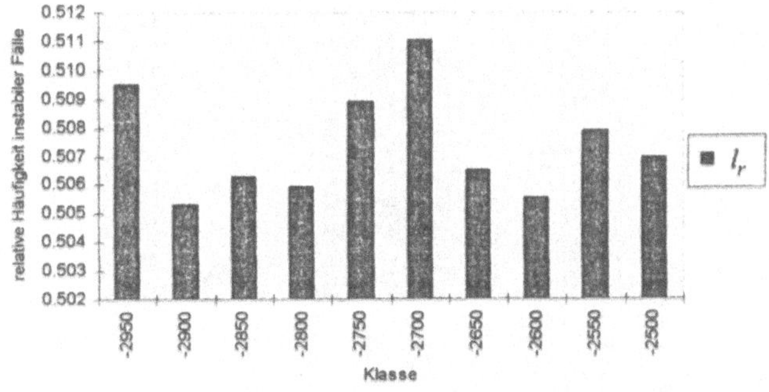

Abbildung 3-8: Zinsabhängigkeit der Geldnachfrage

Für die Einkommensabhängigkeit der Handelsbilanz h_Y könnte ein Wechsel der Einflußrichtung innerhalb des betrachteten Intervalls vorliegen. Ein steigender Parameterwert führt zuerst zu einer Häufung instabiler Fälle, am oberen Ende des Gesamtintervalls scheint der stabilisierende Einfluß zu überwiegen:

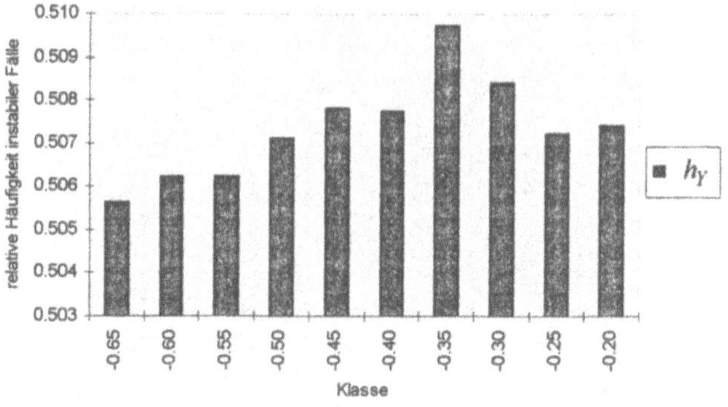

Abbildung 3-9: Einkommensabhängigkeit der Handelsbilanz

Die schon im Mittelwertvergleich als stabilisierender Parameter ermittelte Einkommensabhängigkeit der Geldnachfrage l_Y wird auch im Histogramm deutlich. Anders als bei ν oder δ nehmen die stabilen Falle jedoch ziemlich stetig zu. Es gibt keinen 'shift':

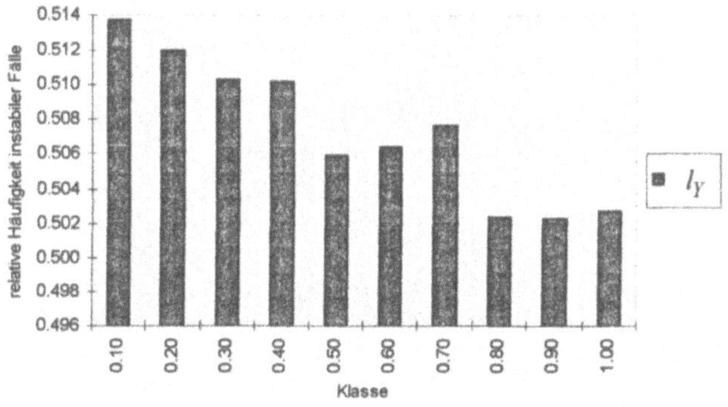

Abbildung 3-10: Einkommensabhängigkeit der Geldnachfrage

Die Reaktionsgeschwindigkeit der Kapitalbilanz auf Zinsdifferenzen κ weist über den Gesamtverlauf keinen eindeutigen stabilisierenden oder destabilisierenden Trend auf:

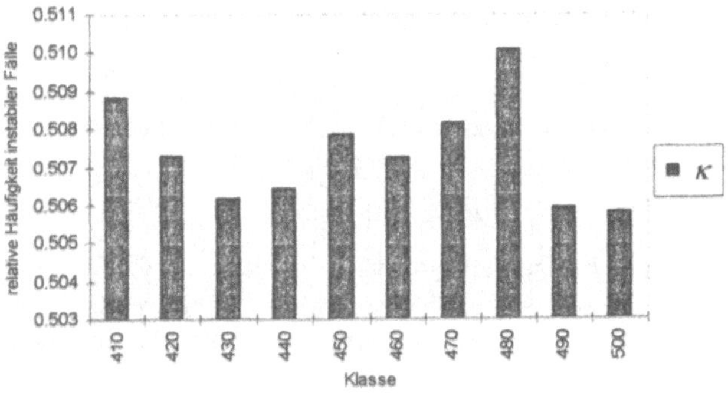

Abbildung 3-11: Reaktionsgeschwindigkeit der Kapitalbilanz

Zusammenfassend kann man festhalten, daß die Analyse der Histogramme die Ergebnisse des Mittelwerttests bestätigt. Darüber hinaus erkennt man, ob die Stabilitätseigenschaften ab bestimmten Parameterwerten umschlägt ('shift') oder eine mehr oder weniger stetige Änderung stattfindet. Für Parameter, die im Gesamtintervall ihren Stabilitätseinfluß umkehren, so evtl. h_Y (vgl. Abbildung 3-9), müßten die Teilintervalle gesondert analysiert werden.

3.4.2.4 Regressionsanalyse im Parameterraum

In vielen Systemen richtet sich das Interesse auf einen oder einige wenige Parameter. Der Grund liegt zum einen darin, daß einzelne Parameter oft entscheidenden Einfluß auf das Systemverhalten aufweisen. Weiterhin können sie eventuell durch eine entsprechende Wirtschaftspolitik beeinflußt werden, um bestimmte Ziele zu erreichen. Hierzu gehören Steuersätze, die direkt vom Staat festgelegt werden können, aber auch Anpassungsgeschwindigkeiten auf Märkten, die durch geeignete Infrastrukturmaßnahmen (z.B. Einführung einer Computerbörse) gesteigert werden können. In Modellen offener Volkswirtschaften liegt die Betonung zusätzlich auf den Parametern, welche die Beziehungen zum Ausland charakterisieren.

Mit Hilfe einer multiplen Regressionsanalyse kann man das System auf einen funktionalen Zusammenhang zwischen den Parametern hin untersuchen. Der als relevant erachtete Parameter soll als Funktion der anderen Parameter dargestellt werden. Im folgenden sei ein linearer Zusammenhang unterstellt (vgl. Hartung/Elpelt 1984, S.81-85).

Aufgrund ihrer Konvexitätseigenschaft wird die stabile Teilmenge analysiert. Eine vollständige Untersuchung für alle Parameter der stabilen Teilmenge mit $n = 492\,639$ Beobachtungen besteht aus 10 multiplen Regressionsanalysen. Dies führt zu 10 × 9 Regressoren, deren Abweichung von Null jeweils auf Signifikanz geprüft werden muß.

Der Akzelerationskoeffizient stellt den entscheidenden Parameter bezüglich der Stabilität des Modells dar. Im folgenden soll er als Regressand gewählt werden. In der stabilen Teilmenge läßt sich eine lineare Regressionsfunktion der Form

$$\text{(3-18)}\quad \nu=\alpha+\beta_1\cdot c+\beta_2\cdot\gamma+\beta_3\cdot\delta+\beta_4\cdot\lambda+\beta_5\cdot h_e+\beta_6\cdot h_Y+\beta_7\cdot l_r+\beta_8\cdot l_Y+\beta_9\cdot\kappa+\varepsilon$$

bestimmen, bei der die geschätzten Regressionskoeffizienten $\hat{\beta}$ der Regressoren, der geschätzte Achsenabschnitt $\hat{\alpha}$ sowie die berechneten Prüfgrößen in Tabelle 3-11 abgebildet sind (ε = Residuum). Die unterlegten Prüfgrößen sind auf dem 5%-Niveau signifikant.

Tabelle 3-11: Regressionsstatistik: Schätzung für Gleichung (3-18)

R	R^2	Standardfehler	n
0.02367	0.00056	0.28732	492 639

Parameter	Koeffizient	Standardfehler	t-Wert
Intercept	0.4899	0.0103	47.7515
c	-0.0306	0.0024	-12.9527
γ	-0.0014	0.0004	-3.9626
δ	0.0178	0.0286	0.6228
λ	0.0003	0.0014	0.2151
h_e	0.0000	0.0000	0.6157
h_Y	-0.0100	0.0028	-3.5306
l_r	0.0000	0.0000	-0.6598
l_Y	0.0124	0.0014	8.7503
κ	0.0000	0.0000	1.8925

Man erkennt einen signifikanten Einfluß der Konsumquote c, der Zinsabhängigkeit der Investitionen γ, der Einkommensabhängigkeit der Handelsbilanz h_Y sowie der Einkommensabhängigkeit der Geldnachfrage l_r auf den Akzelerationskoeffizienten ν.

Das multiple Bestimmtheitsmaß (entspricht dem Quadrat des multiplen Korrelationskoeffizienten) zeigt, welcher Teil der Varianz des Regressanden durch die unabhängigen Größen erklärt werden kann. Im vorliegenden Fall wird ein Wert von R^2 = 0.00056 erreicht. Eine Hypothese auf Abweichung des Bestimmtheitsmaßes von Null bei k = 9 Regressoren und n = 492 639 Beobachtungswerten wird über den F-Tests geprüft. Da die berechnete Prüfgröße

$$F=\frac{R^2(n-k-1)}{\left(1-R^2\right)k}=30.67$$

den tabellierten Wert $F_{k,n-1-k;\,1-\alpha}=1.88$ übersteigt, weicht das Bestimmtheitsmaß mit 5% Irrtumswahrscheinlichkeit signifikant von Null ab. Ein Bestimmtheitsmaß nahe Null besitzt jedoch einen nahezu vernachlässigbaren Erklärungswert.

Ein weiteres Beispiel sei aufgeführt: Die Zinsabhängigkeit der Investitionsnachfrage γ ist ein Parameter, der vom Staat mittels Investitionsanreizen beeinflußt werden kann. Als veränderbarer Parameter hat er somit wirtschaftspolitische Bedeutung. Eine Schätzung der linearen multiplen Regressionsfunktion

(3-19) $\gamma=\alpha+\beta_1\cdot c+\beta_2\cdot v+\beta_3\cdot\delta+\beta_4\cdot\lambda+\beta_5\cdot h_e+\beta_6\cdot h_Y+\beta_7\cdot l_r+\beta_8\cdot l_Y+\beta_9\cdot\kappa+\varepsilon$

führt in der stabilen Teilmenge zu einer signifikanten negativen Abhängigkeit der Zinsabhängigkeit der Investitionen vom Akzelerationskoeffizienten v (vgl. Tabelle 3-12).

Tabelle 3-12: Regressionsstatistik: Schätzung für Gleichung (3-19)

R	R^2	Standardfehler	n
0.00996	0.00010	1.1547	492 639

Parameter	Koeffizient	Standardfehler	t-Wert
Intercept	1.97753	0.04123	47.9619
c	-0.01687	0.00951	-1.7743
v	-0.02269	0.00573	-3.9626
δ	0.11978	0.11504	1.0412
λ	0.00163	0.00570	0.2866
h_e	0.00001	0.00002	0.5511
h_Y	-0.00427	0.01140	-.37490
l_r	0.00001	0.00001	0.7237
l_Y	0.02945	0.00570	5.1649
κ	0.00008	0.00006	1.4077

Falls das Ziel der Regierung eine Verringerung der Zinsabhängigkeit der Investitionen ist, könnte dies eventuell (den kausalen Zusammenhang vorausgesetzt) durch eine Verringerung des Akzelerationskoeffizienten erreicht werden. Eine reduzierte Abhängigkeit der Investitionen vom Einkommen führt somit zu der gewollten Absenkung der Zinsabhängigkeit der Investitionen.

Dieses Ergebnis ist allerdings eine ex post-Aussage und darf nicht als Kausalzusammenhang interpretiert werden.

Somit erfüllt die multiple Regressionsanalyse einen vergleichbaren Zweck wie die Korrelationsanalyse, nämlich die Aufdeckung des Zusammenhangs zweier Merkmale. Zusätzlich jedoch kann ein funktionaler Zusammenhang aufgestellt werden.

3.4.2.5 Diskriminanzanalyse

Eine einfache Entscheidungsregel für die Einordnung eines bekannten Parametersatzes in die stabile bzw. instabile Teilmenge erhält man durch die Diskriminanzanalyse. Eine Trennfunktion (Diskriminanzfunktion) soll eine möglichst fehlerfreie Zuordnung eines gewählten Parametersatzes zu einer der Teilmengen erlauben.

Für den Sonderfall von zwei Gruppen lautet die lineare Maximum-Likelihood-Diskriminanzfunktion (vgl. Hartung/Elpelt 1984, S.243)

$$d(x) = (\bar{x}_s - \bar{x}_i)^T \cdot S^{-1} \cdot x - \frac{1}{2}(\bar{x}_s - \bar{x}_i)^T \cdot S^{-1} \cdot (\bar{x}_s + \bar{x}_i),$$

wobei $\bar{x}_s$ und $\bar{x}_i$ die Mittelwertvektoren der beiden Gruppen (hier: stabil/instabil) darstellen. *S* ist die gemeinsame Kovarianzmatrix.

Sobald die Trennfunktion *d* positive Werte annimmt, wird der Parametersatz der stabilen Teilmenge zugeordnet (*s*), ansonsten der instabilen (*i*).

Für das vorliegende Beispiel ergibt sich die Diskriminanzfunktion als:

$$d(x) = \begin{pmatrix} -0.4479 \\ -11.3166 \\ -0.0313 \\ 7.7454 \\ 0.0004 \\ 0.0000 \\ -0.0925 \\ -0.0001 \\ 0.1793 \\ -0.000 \end{pmatrix}^T \cdot \begin{pmatrix} c \\ v \\ \gamma \\ \delta \\ \lambda \\ h_e \\ h_Y \\ l_r \\ l_Y \\ \kappa \end{pmatrix} + 11.2117$$

Eine bekannte Parameterkonstellation *x* kann mit einer gewissen Fehlerwahrscheinlichkeit (s.u.) in eine der beiden Mengen eingeteilt werden. Ein positives Diskriminanzmaß *d*(*x*) spricht für eine stabile, ein negatives für eine instabile Konstellation.

Eine Variante der linearen Diskriminanzfunktion stellen Lebart/Morineau/Fénelon (1984, S.78-84) vor. Danach wird die Einteilung im Zwei-Gruppen-Fall nicht nach dem Vorzeichen getroffen, sondern aus den absoluten Häufigkeiten der beiden Gruppen zwei Werte berechnet, wobei jeder Datensatz einen der beiden folgenden Werte annimmt:

$$\tilde{d}(x)=\begin{cases}\sqrt{n_i/n_s}\ , & \text{falls der Datensatz } x \text{ zur stabilen Klasse gehört}\\ -\sqrt{n_s/n_i}\ , & \text{falls der Datensatz } x \text{ zur instabilen Klasse gehört}\end{cases}$$

Für einen großen Stichprobenumfang $n = n_s + n_i$ und annähernd gleiche absolute Häufigkeiten der beiden Klassen $n_s \approx n_i$ nimmt die Diskriminanzfunktion einen der Werte -1 oder 1 an:

$$\tilde{d}(x)=\begin{cases}+1\ , & \text{falls stabil}\\ -1\ , & \text{falls instabil}\end{cases}$$

Ein Maß für die Treffsicherheit der Einteilung ist das sog. Trennmaß[42] (vgl. Hartung/Elpelt 1984, S.252):

$$T^2 = \frac{n_s \cdot n_i}{n(n-2)}(\bar{x}_s - \bar{x}_i)^T \cdot S^{-1} \cdot (\bar{x}_s - \bar{x}_i) \qquad \text{mit } n = n_s + n_i$$

Im vorliegenden Beispiel übersteigt bei Kenntnis von p = 10 Parametern (Merkmalen) das zugehörige Trennmaß in Höhe von T^2 = 1.402 aufgrund des hohen Stichprobenumfangs den kritischen Wert der F-Verteilung in Höhe von

$$\frac{p}{n-p-1}F_{p,n-p-1,1-\alpha} = \frac{10}{10^6-11}\cdot 2.538 \approx 0\ ,$$

so daß eine zum Signifikanzniveau α = 5% signifikante Trennung der beiden Teilmengen bei Stichprobenumfängen der verwendeten Größenordnung nahezu immer erreicht wird.

Diese üblicherweise durchgeführte Version der Diskriminanzanalyse geht von der Annahme einer multinormalen Ausgangsverteilung und gleicher Kovarianzmatrizen der beiden Teilmengen aus.

Ein Test auf Gleichheit der Kovarianzmatrizen (Hartung/Elpelt 1984, S.236-237) führt aber zu dem Ergebnis, daß bei einem Signifikanzniveau von 5% die Nullhypothese der Gleichheit der beiden Kovarianzmatrizen nicht bestätigt werden kann:

Für den entsprechenden Test mit p = 10 Merkmalen, k = 2 Stichproben und einer Irrtumswahrscheinlichkeit von α = 5% berechnet man aus den Kovarianzmatrizen S_s und S_i der beiden Teilmengen die gemeinsame Kovarianzmatrix S. Diese verwendet man für die approximativ χ^2-verteilte Prüfgröße

---

42 Zum Teil wird in der Literatur auch nach einem einfachen Verfahren vorgegangen (z.B. Hering 1987, S.209). Hierzu wird für eine Stichprobe die Anzahl der korrekten Zuordnungen zu einer der Gruppen zum Stichprobenumfang ins Verhältnis gesetzt. Zu weiteren Gütekriterien vgl. Marinell (1986, S.55-56 und S.88-89) und die dort angegebene Literatur (S.89).

$$\chi^2 = c\left[\left(\sum_{j=1}^{k} n_j - k\right)\cdot \ln(\det S) - \sum_{j=1}^{k}(n_j - 1)\cdot \ln(\det S_j)\right]$$

$$\text{mit } c = 1 - \frac{2p^2 + 3p - 1}{6(p+1)(k-1)}\left(\sum_{j=1}^{k}\frac{1}{n_j - 1} - 1 \Big/ \sum_{j=1}^{k}(n_j - 1)\right)$$

mit $p(p+1)(k-1)/2$ Freiheitsgraden.

Die berechnete Prüfgröße $\chi^2 = 7501046.32$ übersteigt den kritischen Wert $\chi^2_{p(p+1)(k-1)/2,1-\alpha} = 73.31$, so daß mit einer Irrtumswahrscheinlichkeit von 5% davon ausgegangen werden kann, daß die beiden Kovarianzmatrizen voneinander abweichen.

Wenn aber die Kovarianzmatrizen voneinander abweichen, muß die allgemeine Diskriminanzanalyse von Fisher (Goldstein/Dillon 1978, S.2-4) durchgeführt werden, die keine Anforderungen an die zugrundeliegende Verteilung stellt.

Verwendet man in der oben angeführten linearen Maximum-Likelihood-Distanzfunktion statt der gemeinsamen Kovarianzmatrix der Stichproben S die Abweichungsquadrat- und produktmatrix

$$W = W_s + W_i = n_s S_s + n_i S_i \quad ,$$

so erhält man die allgemeine lineare Fishersche Diskriminanzfunktion:[43]

$$d^*(x) = (\bar{x}_a - \bar{x}_b)^T \cdot W^{-1} \cdot x - \frac{1}{2}(\bar{x}_a - \bar{x}_b)^T \cdot W^{-1} \cdot (\bar{x}_a + \bar{x}_b)$$

Die Fishersche Distanzfunktion $d^*(x)$ für den vorliegenden Fall lautet:

$$d^*(x) = \begin{pmatrix} -4.47\cdot 10^{-7} \\ -1.13\cdot 10^{-5} \\ -3.12\cdot 10^{-8} \\ 7.75\cdot 10^{-6} \\ 4.36\cdot 10^{-10} \\ -8.49\cdot 10^{-12} \\ -9.25\cdot 10^{-8} \\ -5.23\cdot 10^{-11} \\ 1.79\cdot 10^{-7} \\ -2.41\cdot 10^{-10} \end{pmatrix}^T \cdot \begin{pmatrix} c \\ v \\ \gamma \\ \delta \\ \lambda \\ h_e \\ h_Y \\ l_r \\ l_Y \\ \kappa \end{pmatrix} - 2.24\cdot 10^{-5}$$

Das zugehörige Trennmaß (Hartung/Elpelt 1984, S.252) in Höhe von $T^2 = 1.4\cdot 10^{-6}$ liegt nahe bei 0 und somit nahe des kritischen Wertes von 0 (s.o.).

[43] Die Darstellung lehnt sich an Marinell (1986, S.54, Herleitung S.59-60) an.

Eine Trennung mittels der allgemeinen linearen Fisherschen Diskriminanzfunktion ist in diesem Fall fraglich.

Es bleibt festzuhalten, daß es sich bei der Diskriminanzanalyse um ein geeignetes Verfahren handelt, um einzelne Parametersätze einer der Teilmengen zuzuordnen. Im vorliegenden Fallbeispiel ist eine ausreichende Trennung mit einer linearen Diskriminanzfunktion möglich. Wenn aber berücksichtigt wird, daß die Kovarianzmatrizen der beiden Teilmengen signifikant voneinander abweichen und daher die allgemeine Fishersche Diskriminanzanalyse durchgeführt werden sollte, ist die Einteilung einer bekannten Parameterkonstellation in eine der beiden Teilmengen nur mit einer hohen Irrtumswahrscheinlichkeit möglich.

3.4.2.6 Informationsmaß

In der Diskriminanzanalyse findet mit Hilfe einer Trennfunktion eine Zuordnung einer bekannten Parameterkonstellation in eine der Teilmengen statt. Hierzu ist aber die Kenntnis eines gesamten Parametersatzes notwendig, d.h. im vorliegenden Fall müssen alle 10 Parameter bekannt sein.

In der empirischen Arbeit ist aber die Ermittlung bestimmter Parameter oft problematisch. Selbst die ungefähre Größenordnung von Parametern wie der 'Einfluß einer Zinsänderung im Ausland auf die Nachfrage nach inländischen Wertpapieren', die in Portfoliomodelle wie bei Tobin/De Macedo (1980) durchgehend benötigt werden, sind schwer zu ermitteln.

Die Frage drängt sich auf, ob es nicht möglich ist, auf einige Informationen bezüglich der Parameterwerte zu verzichten. Ist es tatsächlich notwendig, von 10 Parametern, die ein Modell beschreiben, alle numerisch erfassen zu müssen? So haben die bisherigen Analysen gezeigt, daß der Parameter der Zinsabhängigkeit der Geldnachfrage l_r keinen signifikanten Einfluß auf die Stabilität des Modells aufweist. Der Informationsverlust bei einem Verzicht auf die exakte Kenntnis dieses Parameters dürfte gering sein.

Kennt man alle Parameter, so kann man diese in die Modellgleichungen einsetzen und die Stabilität bestimmen. In diesem Fall hat man eine hundertprozentige Sicherheit bezüglich des Merkmals Stabilität. Das zugehörige Informationsmaß müßte den Wert 1 oder 100% annehmen. Kennt man hingegen keinen der Parameter, so hat man keinerlei Information und somit ein Maß von 0.

Wieviel Information aber erhält man durch die ausschließliche Kenntnis des Akzelerationskoeffizienten v, der nach allen bisherigen Analysen einen bedeutenden Einfluß besitzt?

Hierzu benötigt man ein Maß über die Informationsmenge, oder anders ausgedrückt, ein Maß über die 'Ordnung' des Modells. Daher kann man ein aus dem

Entropiemaß abgeleitetes Informationsmaß mit den oben geforderten Eigenschaften definieren.[44]

Für eine mögliche Variante eines Informationsmaßes[45] unterteilt man den Parameterquader in m Teilbereiche und bestimmt hierfür jeweils die relativen Häufigkeiten p_i der stabilen Fälle. Summiert man über alle Teilbereiche die Produkte der relativen Häufigkeiten mit ihrem Logarithmus, so erhält man nach einer Normierung mit der Anzahl der Teilbereiche, multipliziert mit dem Produkt aus der mittleren relativen Häufigkeit mit ihrem Logarithmus, das folgende Informationsmaß:

$$E(\alpha)=1-\frac{\sum_{i=1}^{m} p_i(\alpha)\cdot\ln p_i(\alpha)}{m\cdot\bar{p}\cdot\ln\bar{p}} \qquad \text{mit } \bar{p}=\frac{1}{n}\sum_{i=1}^{m} p_i(\alpha) \ ,$$

wobei α einen Parametervektor bzw. einen Vektor von Kombination mehrerer Parameter darstellt.

In einem ersten Schritt unterteilt man den Parameterquader beispielsweise in $m=10$ Teilbereiche für einen der Parameter. Die Einteilung in die Teilbereiche

$$c\in[0.3\ ;\ 0.36],\ [0.36\ ;\ 0.4],\ [0.4\ ;\ 0.46],\ \ldots,\ [0.89\ ;\ 0.9]$$

bedeutet, daß alle Parameterkonstellationen mit einer Konsumquote c zwischen 0.3 und 0.36 in den Teilbereich i = 1 eingestuft werden. Die zugehörige relative Häufigkeit p_1 ist das Verhältnis zwischen absoluter Häufigkeit der stabilen Parameterkonstellationen mit einer Konsumquote zwischen 0.3 und 0.36 und der gesamten absoluten Häufigkeit (stabil + instabil) von Parameterkonstellationen innerhalb dieses Intervalls.

Das Informationsmaß bei Kenntnis der Konsumquote lautet (in Prozent)

$$E(\alpha)=E(c)=(0.0074)$$

und zeigt somit ein nur geringes Maß an Information über die Stabilität bei Kenntnis allein der Konsumquote. Der Vektor der Entropiemaße für den Parametervektor $\alpha^T=(c,\nu,\gamma,\delta,\lambda,h_e,h_Y,l_r,l_Y,\kappa)$ lautet in prozentualer Notation:

[44] Entropiemaße werden üblicherweise so normiert, daß 1 für maximale Unordnung/Homogenität und 0 für maximale Ordnung/Inhomogenität gilt. Da es sich hier aber um ein Informationsmaß handelt, scheint die verwendete Definition sinnvoll.

[45] Dieses Informationsmaß wurde von Becker (1982) eingeführt.

$$E(\alpha)=E\begin{pmatrix} c \\ \nu \\ \gamma \\ \delta \\ \lambda \\ h_e \\ h_Y \\ l_r \\ l_Y \\ \kappa \end{pmatrix}=\begin{pmatrix} 0.0074 \\ 96.0988 \\ 0.0029 \\ 0.0426 \\ 0.0006 \\ 0.0005 \\ 0.0004 \\ 0.0009 \\ 0.0045 \\ 0.0005 \end{pmatrix}$$

Die Interpretation ist wie folgt: Die Kenntnis des Akzelerationskoeffizienten ist nahezu ausreichend, wenn es um Fragen der Stabilität des Modells geht. Ein Informationsmaß von 96% zeigt, daß fast die gesamte Informationsmenge bezüglich der Stabilität des Modells durch die Kenntnis dieses Parameters erreicht ist.

Der Vorteil ist offensichtlich: Die Ermittlung aller in einem Modell benötigten Parameter ist nicht notwendig, wenn man ein gewisses Maß an Unsicherheit auf sich nimmt. Denn allein durch die Kenntnis einiger weniger Parameter (hier sogar nur ein Parameter!) erreicht man eine Informationsmenge von nahezu 100%.

Wie man am nächstgrößeren Informationsmaß von 0.04% für den Reaktionskoeffizienten der Zinsanpassung δ sieht, erbringt die Kenntnis eines der anderen Parameter ohne Kenntnis des Akzelerationskoeffizienten ein vernachlässigbares Informationsmaß.

Die Einbeziehung eines weiteren Parameters zum Akzelerationskoeffizienten mit wiederum 10 Teilintervallen führt zu einem 10×10-Parametergitter mit $m = 10^2$ Teilbereichen. Die resultierenden Werte liegen definitionsgemäß über dem Informationsmaß für den Akzelerationskoeffizienten (man hat zusätzliche Informationen), der Anstieg an Information ist allerdings gering. Den höchsten Zuwachs erhält man durch die jeweils zusätzliche Kenntnis der Konsumquote c, der Reaktionsgeschwindigkeit auf dem Geldmarkt δ oder der Einkommensabhängigkeit der Geldnachfrage l_Y:

$$E(\alpha)=E\begin{pmatrix} \nu,c \\ \nu,\delta \\ \nu,l_Y \end{pmatrix}=\begin{pmatrix} 96.2972 \\ 96.1749 \\ 96.2551 \end{pmatrix}$$

Die Kenntnis eines dritten Parameters kann das Informationsmaß ebenfalls nur geringfügig erhöhen:

$$E(\alpha)=E\begin{pmatrix} \nu,c,\delta \\ \nu,\delta,l_Y \\ \nu,c,l_Y \end{pmatrix}=\begin{pmatrix} 96.3925 \\ 96.3499 \\ 96.4895 \end{pmatrix}$$

Man sieht aber, daß die Informationsmaße für die einzelnen Parameter nicht einfach aufsummiert werden. Es handelt sich jedesmal um eine neue Aufteilung des Parameterquaders, wobei aber die Teilbereiche (stabil/instabil) der meisten Parameter nicht streng voneinander geteilt, sondern stark vermischt sind.

Falls der Akzelerationskoeffizient nicht numerisch erfaßt werden kann, sind die Informationsmengen gering. Die Kenntnis der drei Parameter c, δ und l_Y ergeben beispielsweise ein Informationsmaß von $E(\alpha) = E(c, \delta, l_Y) = 0.1210\,\%$, ein recht geringer Informationsgehalt bezüglich der Stabilität, obwohl drei Parameter bekannt sind.

Das Analyseinstrument des Informationsmaßes bietet bemerkenswerte Erkenntnisse für die Auswahl wichtiger Parameter. Die Tatsache, daß ein Parameter nahezu die gesamte Information bezüglich eines Merkmals auf sich vereint, besitzt jedoch keine Allgemeingültigkeit. Dies zeigen das Zwei-Regionen-Modell des nächsten Kapitels und das Zwei-Länder-Modell aus Kapitel 5. Dort erhält man durch die Kenntnis eines beliebigen Parameters nur eine geringe Informationsmenge, die mit der Aufnahme zusätzlicher Parameter signifikant gesteigert werden kann. Ein weiteres anschauliches Beispiel für die Aussagekraft dieser Methode findet man bei Becker (1982).

3.4.3 Fazit der Stabilitätsuntersuchung

Unter Verwendung verschiedener statistischer Methoden wurde im Abschnitt 3.4 der gewählte Parameterquader untersucht, um verallgemeinerte Aussagen bezüglich des Einflusses der Parameter auf das Stabilitätsverhaltens des betrachteten Modells einer kleinen offenen Volkswirtschaft zu erhalten.

Eine Zusammenfassung der Ergebnisse erfolgt im Abschnitt 3.6.

Die vorgestellten Analysemethoden werden in den folgenden Kapiteln für weitere dynamische Modelle offener Volkswirtschaften zum Einsatz kommen.

Bevor auf weitere Modelle eingegangen wird, wird das Mundell-Fleming-Modell für ausgewählte Szenarien simuliert. Von der Verallgemeinerung im Sinne der Analyse eines weitgefaßten Parameterquaders geht man somit zu einer Punktbetrachtung (Einengung des Quaders) über.

3.5 Simulatorische Parametervariation

3.5.1 Beschreibung und Rechtfertigung

Bei dem Analyseinstrument der Szenariotechnik werden charakteristische Parameterkonstellationen und Zeitpfade der exogenen Größen zur Simulation der dynamischen Entwicklung der interessierenden Variablen verwendet (vgl. Bossel 1994, S.211). So können Modellwelten für Situationen erstellt werden, die als realistisch, pessimistisch, optimistisch usw. eingestuft werden.[46] Zusätzlich besteht die Möglichkeit zur Durchführung von Politikinstrumenten, z.B. Steuerreformen oder fiskalpolitische Maßnahmen zur Erreichung bestimmter Beschäfti-

[46] Vgl. die Erläuterungen zur Szenariotechnik im Abschnitt B 2.1.

gungsgrößen. Dies ist eines der Hauptziele der Numerischen Gleichgewichtsmodelle (vgl. Fehr/Wiegard 1996, S.297 und S.322-327).

In der vorliegenden Arbeit sollen insbesondere die Einflußfaktoren der einzelnen Parameter auf den konjunkturellen Verlauf einer Volkswirtschaft bestimmt werden. Somit handelt es sich bei den folgenden Untersuchungen weniger um Szenariotechniken als um die Simulation von Parameterbereichen oder 'simulatorische Parametervariation'. Einzelne Szenarien können aus diesen Bereichen jedoch ausgewählt werden, z.B. das Szenario einer zweiprozentigen Einkommenserhöhung im Ausland und deren Einfluß auf die Volkswirtschaft, wobei eine hohe Anpassungsgeschwindigkeit des Wechselkurses angenommen wird.

Oft liegt der Schwerpunkt bei der Definition des Begriffes Szenario auch auf den Zeitpfaden der exogenen Größen. Nach Bossel (1994, S.220) sind Szenarien „in sich konsistente und plausible Annahmen über die zukünftige Entwicklung systembeeinflussender exogener Größen".

3.5.2 Einflußgrößen der Konjunktur

3.5.2.1 Der Einfluß der Investitionen auf den konjunkturellen Verlauf

Die bisherigen Untersuchungen haben einen bedeutenden Einfluß der Investitionstätigkeit nach dem Akzelerationsprinzip auf die Stabilität des Modells nachgewiesen.

Zur systematischen Untersuchung der Bedeutung des Akzelerationskoeffizienten für die Einkommensentwicklung im Zeitablauf werden Parameterkonstellationen mit einem Akzelerationskoeffizienten zwischen Null und Eins generiert, wobei die restlichen Parameter konstant gehalten werden.[47] So wird erreicht, daß nur stabile Zeitpfade abgebildet werden.

Die folgenden Abbildungen zeigen die Einkommensentwickung über 50 Perioden. Da die Gleichgewichtswerte analytisch berechnet werden können, ist es sinnvoll, das System auf dem stationären Gleichgewichtspfad starten zu lassen. Oft ist es jedoch nicht möglich, den steady state-Pfad zu bestimmen. In diesen Fällen wird man beliebige Anfangswerte wählen und die Analyse des Systems sowie Änderungen der exogenen Größen erst beginnen, wenn sich das System - Stabilität vorausgesetzt - auf dem Gleichgewichtspfad eingependelt hat. Die Suche nach geeigneten Startwerten sowie eine Beschreibung dieser sog. 'warm-up'-Phase findet man bei Fishman (1996, S.505-520).

In Periode 10 wird als exogener Schock das Auslandseinkommen dauerhaft[48] um zwei Prozent erhöht. Dabei werden Szenarien mit geringer, mittlerer und starker Abhängigkeit der Investitionen vom Akzelerationsprinzip generiert.

---

[47] Die restlichen Parameter nehmen jeweils den Mittelwert der stabilen Teilmenge an.

[48] Statt diesem 'step' könnte auch ein einmaliger Impuls oder ein stetiger Anstieg des Auslandseinkommens modelliert werden.

In Abbildung 3-12 führen relativ geringe Akzelerationskoeffizienten bei einem einmaligen positiven Einkommensschock im Ausland zu einer vorübergehenden Einkommenserhöhung im Inland, die monoton auf den Gleichgewichtspfad zurückgeht. Der Rückgang auf den ursprünglichen stationären Gleichgewichtspfad ist darauf zurückzuführen, daß ein flexibler Wechselkurs ausländische Einkommensschocks absorbiert (vgl. Abschnitt 3.3 zur komparativ-statischen Gleichgewichtsanalyse).

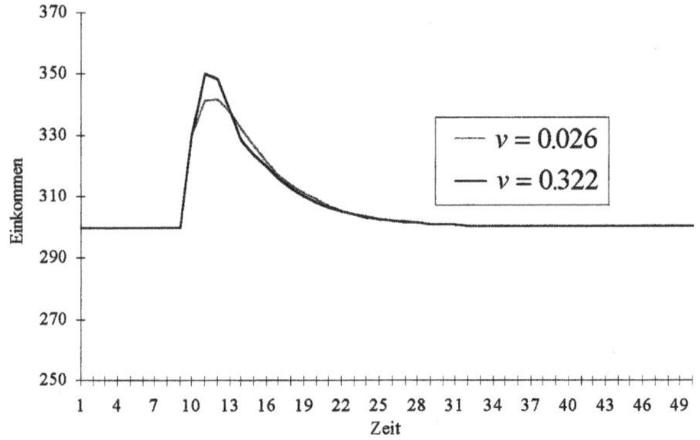

Abbildung 3-12: Geringe Einkommensabhängigkeit der Investitionen

Eine zunehmende Ausrichtung der Investitionsnachfrage am Akzelerationsprinzip versetzt das System in Schwingungen, deren Amplitude mit steigendem Akzelerationskoeffizienten ν zunimmt (vgl. Abbildung 3-13).

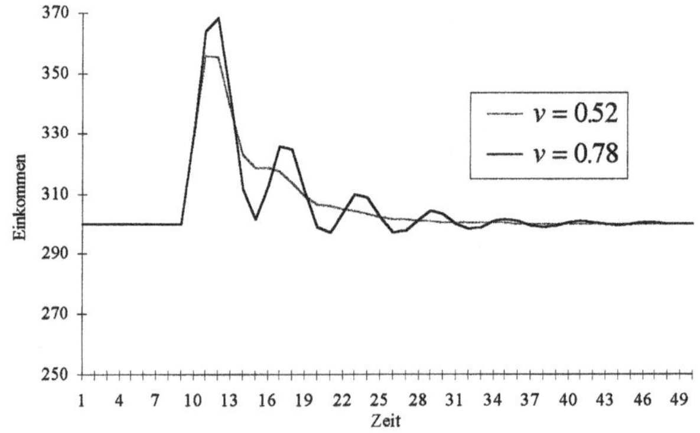

Abbildung 3-13: Mittlere Einkommensabhängigkeit der Investitionen

Abbildung 3-14 zeigt, daß mit zunehmender Ausrichtung der Investitionsnachfrage am Einkommensanstieg der Vorperiode auch die Amplituden zunehmen. Werte von ν über 1 destabilisieren ceteris paribus das System.

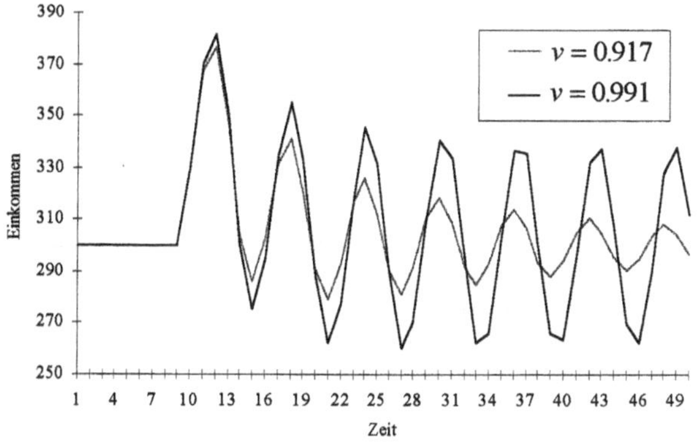

Abbildung 3-14: Hohe Einkommensabhängigkeit der Investitionen

In Abbildung 3-15 werden 50 Zeitpfade mit variierendem Akzelerationskoeffizienten zwischen 0 und 1 zusammengefaßt.

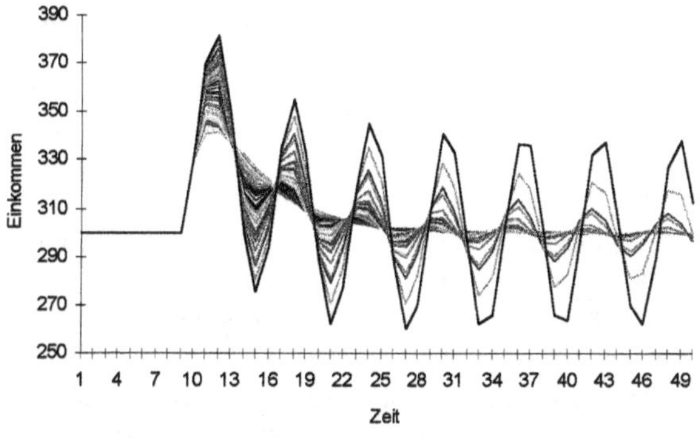

Abbildung 3-15: Zusammenfassung alternativer Akzelerationskoeffizienten

Ein Wert von 0 führt in Abbildung 3-15 zu einem einmaligen Anstieg des Einkommens mit monotoner Anpassung an das alte Gleichgewicht, die höchsten Amplituden und nahezu persistierende Zyklen werden bei einen hohen Akzelerationskoeffizienten bei 1 erreicht. Einen interessanten Aspekt spielt die Zyklenlänge: Die Dauer der Schwingungen in Höhe von sieben Perioden ist offenbar weitgehend unabhängig vom Akzelerationskoeffizienten.

Somit bleibt festzuhalten, daß die Nachfrage nach einkommensinduzierten Investitionen nach dem Akzelerationsprinzip entscheidenden Einfluß auf das Stabilitätsverhalten des Modells, auf die Frage nach einem Schwingungs- oder monotonen Verlauf und auf die Amplitudenhöhe der Schwingungen hat. Die Zykluslänge der Schwingungen ist jedoch nahezu unabhängig von der Höhe des Akzelerationskoeffizienten.

Das kann dahingehend interpretiert werden, daß staatliche Investitionsanreize, die nicht dauerhaft die autonomen Investitionen, sondern nur die einkommensinduzierten Investitionen erhöhen, bei positiven exogenen Einkommensschocks aus dem Ausland nur kurzfristig positive Auswirkungen auf die Konjunktur im Sinne eines höheren Outputs bewirken. Als negative Folge erkennt man eine deutliche Destabilisierung der Volkswirtschaft, die mit verstärkten Konjunkturzyklen einhergeht.

3.5.2.2 Der Einfluß des Wechselkurssystems

Anhand einer Simulationsserie über die Anpassungsgeschwindigkeit des Wechselkurses λ an sein neues Gleichgewicht kann man Aussagen über die Inlandskonjunktur in Abhängigkeit von der Ausgestaltung des Wechselkurssystems treffen.

Es wird wiederum ein positiver Einkommensschock im Ausland in Höhe von 2% angenommen. Der daraus resultierende Aufwertungsdruck durch vermehrte Exportnachfrage wird bei einer hohen Flexibilität des Wechselkurses, also einer hohen Anpassungsgeschwindigkeit λ, den Schock relativ schnell absorbieren. Die Realwirtschaft wird sich daher von dem exogenen Schock schnell erholen. Dies zeigen die Anpassungspfade des Einkommens für eine Auswahl variierender Anpassungsgeschwindigkeiten des Wechselkurses in Abbildung 3-16.

Man erkennt eine verhältnismäßig schnelle Annäherung an den stationären Gleichgewichtspfad, sobald die Anpassungsgeschwindigkeit Werte über 0.5 annimmt. Bei $\lambda = 0.5$ ist nach 10 Perioden und somit weniger als 2 Konjunkturzyklen der Schock nahezu vollständig absorbiert.

Mit zunehmender Trägheit des Wechselkurses nimmt die Reaktion auf die Einkommenserhöhung im Ausland zu, wobei die erste Amplitude ab Werten von ungefähr 0.07 sogar von einem zweiten peak übertroffen wird.

Ein relativ träger Wechselkurs führt dazu, daß Anpassungsprozesse, die den Wechselkurs auf sein neues Gleichgewicht zwingen, in verzögerter Form ablaufen. Hieraus resultiert eine künstlich erzeugte erhöhte relative Wettbewerbsfähigkeit des Inlands, die aufgrund der erhöhten Exporte zu einem für einen längeren Zeitabschnitt gestiegenen Einkommen führt.

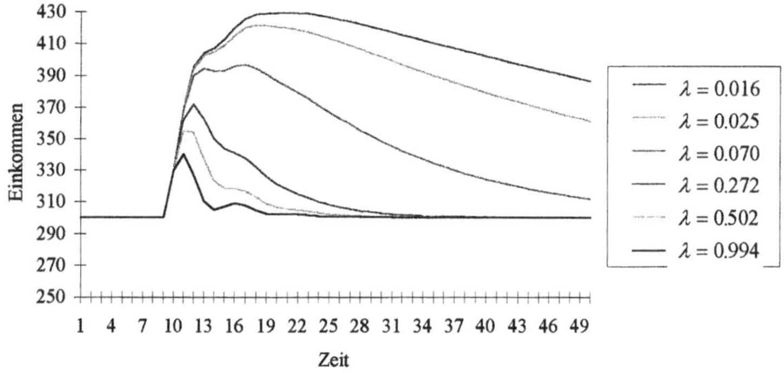

Abbildung 3-16: Anpassungsgeschwindigkeit des Wechselkurses

Weiterhin ist das Modell ein Beispiel dafür, daß Wechselkursabweichungen vom Gleichgewicht sehr dauerhaft sein können. Geringe Anpassungsgeschwindigkeiten führen zu Auswirkungen der exogenen Schocks, die noch mehrere Konjunkturzyklen später bemerkbar sind. Der positive Aspekt relativ dauerhafter Einkommenszuwächse im Fall einer positiven Konjunkturübertragung kehrt sich aber bei einem Konjunktureinbruch im Ausland um. So wird bei einer Depression im Ausland in Verbindung mit sehr trägen Wechselkursen die Depression für viele Perioden ins Inland importiert.

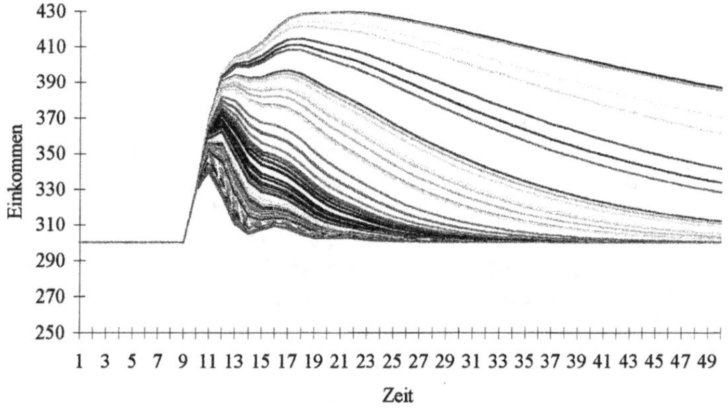

Abbildung 3-17: Zusammenfassung alternativer Anpassungsgeschwindigkeiten des Wechselkurses

Eine Zusammenfassung von 100 Zeitpfaden für das Einkommen mit variierenden Anpassungsgeschwindigkeit auf dem Geldmarkt zeigt Abbildung 3-17. Mit einer Zunahme dieses Parameters werden die Ausschläge geringer.

3.5.2.3 Offene versus geschlossene Volkswirtschaft

Der Grad der Offenheit einer Volkswirtschaft kann durch die Importneigung gemessen werden. Je mehr eine Volkswirtschaft am internationalen Handel teilnimmt, desto anfälliger dürfte sie für exogene Schocks aus dem Ausland sein. Um so bemerkenswerter ist das Ergebnis der Simulation, die in Abbildung 3-18 dargestellt ist.

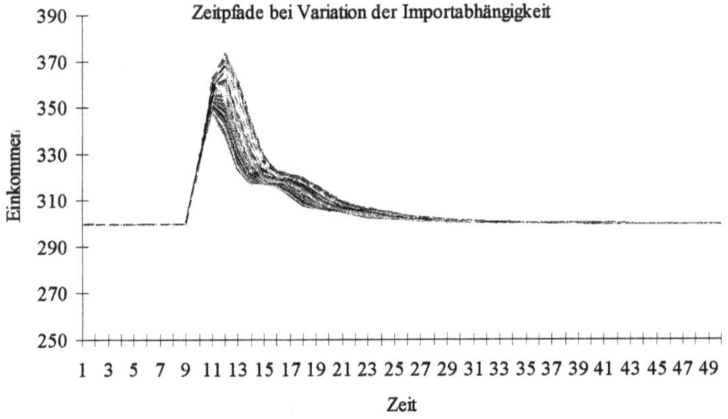

Abbildung 3-18: Grad der Offenheit der Volkswirtschaft

Die These der verstärkten konjunkturellen Ausschläge bei einer offeneren Volkswirtschaft wird zwar bestätigt, aber das Ausmaß dieser Verstärkung wird relativiert. Eine Variation der Abhängigkeit der Handelsbilanz vom inländischen Einkommen h_Y zwischen -0.7 (größte Amplitude) und -0.2 führt bei dem oben beschriebenem exogenen Schock zu einem einmaligen Einkommensanstieg, der nahezu unabhängig von der Höhe des Parameters relativ schnell abgebaut wird. Selbst die Höhe des ersten konjunkturellen Ausschlags variiert nur geringfügig.

Die Vermutung einer eventuell verstärkten Instabilität des Systems durch die Aufnahme internationaler Handelsbeziehungen wurde schon in den vorausgehenden Untersuchungen widerlegt. Die alternativen Szenarien der Einkommensentwicklung bei einer Erhöhung der Abhängigkeit der Handelsbilanz vom inländischen Einkommen h_Y untermauern dieses Ergebnis noch einmal. Eine Destabilisierung durch eine zunehmende Internationalisierung ist somit nicht zu befürchten.

3.6 Zusammenfassung

Das vorliegende dynamische Mundell-Fleming-Modell mit flexiblen Wechselkursen läßt sich trotz seiner relativ geringen Anzahl an Variablen mit den üblichen Verfahren nur äußerst eingeschränkt analysieren. Eine Reduzierung des Systems auf eine Differenzengleichung vierter Ordnung ist zwar möglich, aufgrund der Komplexität der resultierenden Gleichung jedoch nicht empfehlenswert. Analytische Methoden führen - wenn überhaupt - nur unter vereinfachenden Annahmen zu befriedigenden Ergebnissen. Selbst die Mindestforderung nach einer Aussage über die Wirkung der einzelnen Parameter auf die Stabilität des Modells kann nicht mehr analytisch/parametrisch ermittelt werden.

Daher wurde ein alternativer Weg zur Analyse komplexer linearer Modelle vorgestellt:

Mit der Bestimmung eines zulässigen numerischen Parameterquaders läßt sich das Modell für einzelne Parameterkonstellationen mit Hilfe eines Computers numerisch lösen. In einer Monte-Carlo-Simulation mit gleichverteilten Parameterintervallen wird eine große Anzahl von Parameterkonstellationen auf Stabilität geprüft und jeweils der entsprechenden Teilmenge (stabil/instabil) zugeordnet. Die beiden Teilmengen werden anhand mehrerer statistischer Maßzahlen miteinander verglichen und die Ergebnisse auf Signifikanz geprüft.

So erhält man Aussagen über den Einfluß der einzelnen Parameter auf das Stabilitätsverhalten des Modells, die bei einer analytischen Vorgehensweise aufgrund der Komplexität des Systems nicht ermittelt werden können.

Die Ergebnisse beschränken sich zwar auf den angegebenen Parameterquader; da allerdings die einzelnen Intervalle sehr großzügig gewählt werden, wird dieser Einwand relativiert. Falls Zweifel über den Gültigkeitsbereich einzelner Parameter auftreten, besteht die Möglichkeit, die Simulation mit einem neuen Parameterquader durchzuführen.

Die folgenden Ergebnisse bezüglich des Einflusses der Modellparameter auf die Stabilität des Modells konnten ermittelt werden:

Der Akzelerationskoeffizient ν behält im Mundell-Fleming-Modell mit flexiblen Wechselkursen im Vergleich zum Hicksschen Konjunkturmodell für geschlossene Volkswirtschaften seine stark destabilisierende Wirkung. Die Zinsabhängigkeit der Investitionsnachfrage γ wirkt ebenso destabilisierend wie die marginale Konsumneigung c, wenn auch beide ein geringeres Signifikanzniveau als der Akzelerationskoeffizient aufweisen. Auf diese Ergebnisse wird im Rahmen des Zwei-Länder-Modells in Kapitel 5 noch einmal eingegangen. Zu den stabilisierenden Parametern zählen die Anpassungsgeschwindigkeit auf dem Geldmarkt δ sowie die Einkommensabhängigkeit der Geldnachfrage l_Y. Hierbei ist zu beachten, daß instabile Fälle bei der Anpassungsgeschwindigkeit auf dem Geldmarkt nur für geringe Werte dieses Parameters die stabilen Fälle signifikant übersteigen. Dies zeigte eine Histogrammdarstellung der instabilen Teilmenge.

Im Rahmen einer Diskriminanzanalyse wurde die Trennung der beiden Teilmengen mittels einer in der Literatur üblichen Variante einer linearen Diskriminanzfunktion erreicht. Eine bekannte Parameterkonstellation kann mit einer geringen Fehlerwahrscheinlichkeit in eine der beiden Teilmengen eingruppiert werden. Da die Voraussetzungen für diese Art der Diskriminanzfunktion jedoch nicht erfüllt sind, wurde der schärfere Test der allgemeinen Fisherschen Diskriminanzfunktion durchgeführt. Eine signifikante Trennschärfe konnte auch mit diesem Instrument erreicht werden.

Die Konstruktion eines Informationsmaßes dient der Suche nach relevanten Parametern bezüglich eines Merkmals. Der dominierende Einfluß des Akzelerationskoeffizienten führt bei Kenntnis dieses Parameters zu einer Informationsmenge von über 96%. Die Hinzunahme einzelner weiterer Parameter erreicht nur eine vernachlässigbare Zunahme des Informationsmaßes. Somit genügt die Ermittlung des Akzelerationskoeffizienten, um gesicherte Aussagen über die Stabilität des Systems zu treffen. Dieses Ergebnis deckt sich mit der Keynes zugesprochenen Hypothese, daß die Investitionsnachfrage das wichtigste destabilisierende Moment der Wirtschaft ist (vgl. Sachs/Larrain 1993, S.524-528).

Unter dem Aspekt der Visualisierung der Ergebnisse wurden einzelne Parameter im Rahmen einer Monte-Carlo-Simulation variiert, wobei die restlichen Parameter auf ihren jeweiligen Mittelwert der stabilen Teilmenge fixiert wurden. Als erstes Ergebnis wurde der Akzelerationskoeffizient als entscheidender Parameter für Stabilität und Schwingungsverlauf der Volkswirtschaft ermittelt. Die Periodenlänge eines Konjunkturzyklus jedoch ist von diesem Parameter weitgehend unabhängig. Weiterhin konnte ermittelt werden, daß eine zunehmende Trägheit der Anpassung des Wechselkurses zu einem vorübergehenden Abweichen des Wechselkurses von seinem Gleichgewicht führen kann. Dies hat gravierende Auswirkungen auf die Abhängigkeit der Inlandskonjunktur von der konjunkturellen Lage im Ausland. Exogene Einkommensschocks aus dem durch internationalen Handel verbundenen Auslands haben gleichgerichtete Auswirkungen auf die Inlandskonjunktur. Das bedeutet, daß für das Modell eines kleinen Landes eine temporäre positive Konjunkturübertragung im Sinne einer Lokomotivenpolitik möglich ist.[49] Der Zusammenhang besteht bei einer negativer Einkommensentwicklung im Ausland jedoch weiterhin, so daß Rezessionen ebenfalls übertragen werden.

Falls das vorgestellte Modell als eine gültige vereinfachende Abbildung einer kleinen offenen Volkswirtschaft angesehen werden kann, können bezüglich der Internationalisierung der Weltwirtschaft Befürchtungen über eine zunehmende Destabilisierung oder gravierende Veränderung des konjunkturellen Verlaufs der Volkswirtschaft zerstreut werden. Eine steigende Importneigung, die in vielen Ländern zu beobachten ist, führt im vorliegenden Modellrahmen zu vernachlässigbaren Auswirkungen auf die Konjunktur des Inlands. Die kurzfristigen Ein-

---

49 Die These einer Lokomotivenpolitik ist umstritten. Zu einer empirischen Untersuchung, welche deren Gültigkeit für die BRD ablehnt, siehe Smeets (1988).

kommensänderungen im Inland auf exogene Einkommensschocks im Ausland nehmen mit wachsender Importquote zwar zu, die Wirkung ist aber vergleichsweise gering. Die Stabilität des Modells wird für den gewählten Parameterquader nicht beeinträchtigt. Unabhängig von der Importneigung hat ein zweiprozentiger Einkommensanstieg im Ausland nach 10 Perioden seine Wirkung auf das inländische Einkommen nahezu verloren.

4 Ein einfaches Zwei-Regionen-Modell

4.1 Vorgehensweise

Das in Kapitel 3 vorgestellte Mundell-Fleming-Modell zählt zur Modellklasse einer kleinen offenen Volkswirtschaft, deren Konjunktur zwar vom Ausland beeinflußt wird, selbst aber keine Auswirkungen auf die makroökonomischen Größen des anderen Landes hat. Mit zunehmender Verflechtung der Weltwirtschaft nimmt die Bedeutung dieser Sichtweise ab, da die wirtschaftliche Entwicklung auch vermeintlich 'großer' Länder von der scheinbar 'kleiner' Ländern abhängt. Als Gegenpol zu den Modellen eines kleinen Landes werden daher Zwei-(oder Mehr-)Länder-Modelle analysiert, bei denen die Länder sich gegenseitig beeinflussen.

Als Übergang vom Modell eines kleinen Landes zu einem Zwei-Länder-Modell soll im folgenden ein Zwei-Regionen-Modell besprochen werden. Die Bezeichnung dieser Modellklasse als 'Regionen'-Modell scheint angemessener zu sein als die Behauptung, daß es sich hierbei schon um zwei Länder handelt, auch wenn beide Begriffe verwendet werden.[50] Die beiden Regionen sind über Handelsbeziehungen miteinander verknüpft, wobei im Gegensatz zu Zwei-Länder-Modellen Ungleichgewichte in der Handelsbilanz nicht zu Anpassungsprozessen führen.

Obwohl im Gegensatz zu Modellen offener Volkswirtschaften zwar weder ein Zahlungsbilanzausgleich über Geldmengenänderungen noch Wechselkursanpassungen betrachtet werden, stellen sich in einem Zwei-Regionen-Modell ähnliche Fragen wie bisher: Destabilisiert ein zunehmender Handel zwischen den Regionen das System? Werden Schocks besser absorbiert, wenn die Regionen über Handel verflochten sind oder wirkt dies eher schwingungsverstärkend?

Es handelt sich bei dem vorliegenden Modell um eine modifizierte Version eines Zwei-Regionen-Modells von Zwintz (1983). Es kann auch als eine dynamische Form eines einfachen komparativ-statischen Zwei-Regionen-Modells von Gandolfo (1996, S.140-143) oder eine Erweiterung des Konjunkturmodells von Bender (1977) angesehen werden, der einen exogenen Konjunkturzyklus im Ausland unterstellt und seine Auswirkungen auf die Konjunktur eines kleinen Landes analysiert.

Als Erweiterung zu den genannten Beiträgen wird eine Fiskalpolitik unterstellt, die eine Stabilisierung der Volkswirtschaft zum Ziel hat. Die vorliegende Version eines dynamischen Zwei-Regionen-Modells steht somit in der Tradition einer Anzahl von Autoren, die Auswirkungen einer stabilisierenden Fiskalpolitik auf

[50] So bezeichnen Gandolfo (1996, S.140-143) oder Vartia (1970, S.78-83) ähnliche Modelle als Zwei-(oder Mehr-)Länder-Modelle.

die konjunkturelle Entwicklung untersuchen. Hierzu zählen insbesondere Baumol (1961) sowie Howrey (1967).[51]

Da das Modell relativ einfach modelliert ist, ist im Gegensatz zum Mundell-Fleming-Modell des letzten Kapitels eine analytische Lösung möglich. Auf die Darstellung des Lösungswegs zur Ermittlung der Stabilitätseigenschaften soll daher nicht verzichtet werden. Dies dient insbesondere der Veranschaulichung der Komplexität, die selbst bei solch rudimentären Modellen auftreten kann.

Es wird sich herausstellen, daß die analytische Lösung eine Interpretation ohne vereinfachende Annahmen nicht mehr zuläßt. Daher wird der numerische Lösungsweg trotz der analytischen Lösungsmöglichkeit notwendig bleiben. Das Modell wird zusätzlich zur analytischen Vorgehensweise anhand des mathematisch-statistischen Instrumentariums des Kapitels 3 analysiert. Für eine Erläuterung der einzelnen Methoden sei auf dieses Kapitel verwiesen.

Zu einer Visualisierung der Zusammenhänge des Modells wird im Abschnitt 4.6 eine Simulationssoftware vorgestellt, die eine grafisch unterstützte Modellierung und numerische Berechnung von Zeitpfaden ermöglicht. Es handelt sich hierbei um die Simulationssoftware POWERSIM, auf die noch eingegangen wird.

Als Exkurs wird im Abschnitt 4.7 ein Mehr-Regionen-Modell vorgestellt. Es handelt sich um die direkte Erweiterung des besprochenen Zwei-Regionen-Modells auf *n* Regionen. Es wird sich zeigen, daß moderne, grafisch unterstützte Simulationstools zwar in der Lage sind, solche Modelle darzustellen, daß aber der Hauptzweck der anschaulichen Visualisierung komplexer Zusammenhänge ab einer gewissen Größe der zu simulierenden Modelle verlorengeht.[52]

4.2 Das Modell

Die Ähnlichkeit des Zwei-Regionen-Modells zum elementary case des Hicks-Modells (Hicks 1950) ist gewollt. Zum einen gilt dieses als „Grundlage der modernen Konjunkturtheorie“ (Assenmacher 1991, S.115), zum anderen handelt es sich nach Zwintz (1983, S.410) bei der Hicksschen Konjunkturerklärung um eine „nach wie vor zentrale Konjunkturtheorie“. Es wird unterstellt, daß beide Regionen eine Hickssche Modellwelt darstellen, wobei die Regionen über regionalen Warenaustausch verbunden sind.

(4-1) $Y_t = C_t + I_t + X_t - M_t + G_t$

(4-2) $C_t = cY_{t-1} \quad , \quad 0 < c < 1$

(4-3) $I_t = v \cdot (Y_{t-1} - Y_{t-2}) + I_{aut} \quad , \quad 0 < v < 2$

---

[51] Die Finanzierung der Staatsausgaben bleibt in dieser Gruppe einfacher Modelle unberücksichtigt.

[52] Weiterhin nimmt der Zeitbedarf für Simulationen mit zunehmender Komplexität der Modelle stark zu. Für die Simulationsstudien wurde daher auf POWERSIM verzichtet.

(4-4) $X_t = xY^*_{t-1}$, $0 < x < 1$

(4-5) $M_t = mY_{t-1}$, $0 < m < 1$

(4-6) $G_t = -\gamma \cdot (Y_{t-1} - Y_{t-2}) + G_{aut}$, $0 < \gamma < 1$

(4-7) $Y^*_t = C^*_t + I^*_t + X^*_t - M^*_t + G^*_t$

(4-8) $C^*_t = c^* Y^*_{t-1}$, $0 < c^* < 1$

(4-9) $I^*_t = v^* \cdot \left(Y^*_{t-1} - Y^*_{t-2}\right) + I^*_{aut}$, $0 < v^* < 2$

(4-10) $X^*_t = x^* Y_{t-1}$, $0 < x^* < 1$

(4-11) $M^*_t = m^* Y^*_{t-1}$, $0 < m^* < 1$

(4-12) $G^*_t = -\gamma^* \cdot \left(Y^*_{t-1} - Y^*_{t-2}\right) + G^*_{aut}$, $0 < \gamma^* < 1$

Das Modell beinhaltet in 12 Gleichungen

- 12 endogene Variablen $Y, C, I, X, M, G, Y^*, C^*, I^*, X^*, M^*, G^*$,
- 4 exogene Größen I_{aut}, G_{aut}, I^*_{aut}, G^*_{aut} und
- 10 Parameter $c, v, x, m, \gamma, c^*, v^*, x^*, m^*, \gamma^*$,

wobei Auslandsgrößen mit einem Stern gekennzeichnet sind.

Beide Regionen sind analog modelliert, wobei numerische Unterschiede zwischen den Parametern der beiden Regionen ausdrücklich zugelassen sind.

Der elementary case des Hicks-Modells wird um Export(X)- und Import(M)-Funktionen erweitert, die mit einem Ein-Perioden-Lag vom Einkommen der anderen bzw. der eigenen Region abhängen. Die Differenz der beiden Funktionen ergibt den (regionalen) Handelsbilanzsaldo, der für die Betrachtung von regionalen Wirtschaften allerdings eine untergeordnete Rolle spielt. Die Handelsbilanz hängt linear vom 'Inlands-' bzw. 'Auslands-'Einkommen ab, womit die Verbindung zum Mundell-Fleming-Modell des Kapitels 3 hergestellt ist und die Modelle vergleichbar werden.[53]

Die Gleichungen (4-1) und (4-7) stellen die Gütermärkte der beiden Länder dar. Die Güternachfrage setzt sich aus dem privaten Konsum C, den privaten Investitionen I, der Exportüberschußnachfrage X - M und der Staatsnachfrage G zusammen. Wie im Mundell-Fleming-Modell hängt der Konsum vom Einkommen der Vorperiode ab (Gleichungen 4-2 und 4-8), die Investitionen sind nach dem Akzelerationsprinzip modelliert (Gleichungen 4-3 und 4-9). Für den Export X wird ein konstanter Anteil x (Exportquote) des Einkommens der Nachbarregion

[53] Eine dem Zwintz-Modell ähnliche Erweiterung des Hicks-Modells auf den n-Regionen-Fall, auf den noch eingegangen wird, bietet Vartia (1970).

Y^* der Vorperiode verwendet, die Importe M betragen einen Anteil m (Importquote) des eigenen Einkommens Y, ebenfalls mit einem Ein-Perioden-Lag.

Sowohl das Zwei-Regionen- als auch das Mundell-Fleming-Modell weisen eine destabilisierende Wirkung der induzierten Investitionen $I_t^{ind} = v \cdot (Y_{t-1} - Y_{t-2})$ auf. Somit liegt es zumindest für eine keynesianisch geprägte Modellwelt nahe, dem Staat die Aufgabe einer stabilisierenden Fiskalpolitik zuzuweisen. Die Möglichkeiten und Auswirkungen fiskalpolitischer Maßnahmen ist neben monetären Lenkungsmechanismen eines der Themen, mit denen sich die keynesianische Literatur der letzten Jahrzehnte schwerpunktmäßig befaßt. So auch Greenwood/Huffman (1991, S.179): "Few topics in macroeconomics have had as much attention devoted to them as business-cycle stabilization." Eine einfache Version einer Stabilisierungspolitik[54] wird in den Gleichungen (4-6) bzw. (4-12) vorgenommen. Diese Art der Fiskalpolitik wird von Baumol (1961, S.21: "counter accelerator policy") vorgeschlagen. Sie stellen eine endogene Staatsnachfrage dar, die der destabilisierenden Investitionsnachfrage direkt entgegenwirkt. Ein Einkommensanstieg $(Y_{t-1} - Y_{t-2} > 0)$ wird das Staatsbudget entlasten (G sinkt), eine Senkung des Einkommens $(Y_{t-1} - Y_{t-2} < 0)$ führt zu einem 'defizit spending'.

4.3 Der stationäre Gleichgewichtspfad

Das System (4-1) bis (4-12) läßt sich im steady state auf ein Gleichungssystem für die Einkommen der beiden Regionen Y und Y^* reduzieren:[55]

$$\begin{pmatrix} 1 & -\dfrac{x}{1-c+m} \\ -\dfrac{x^*}{1-c^*+m^*} & 1 \end{pmatrix} \begin{pmatrix} Y \\ Y^* \end{pmatrix} = \begin{pmatrix} \dfrac{I_{aut}+G_{aut}}{1-c+m} \\ \dfrac{I_{aut}^*+G_{aut}^*}{1-c^*+m^*} \end{pmatrix}$$

Über die Cramer-Regel erhält man nach wenigen Umformungen die Gleichgewichtswerte der Einkommen:

$$Y = \frac{\begin{vmatrix} \dfrac{I_{aut}+G_{aut}}{1-c+m} & -\dfrac{x}{1-c+m} \\ \dfrac{I_{aut}^*+G_{aut}^*}{1-c^*+m^*} & 1 \end{vmatrix}}{\begin{vmatrix} 1 & -\dfrac{x}{1-c+m} \\ -\dfrac{x^*}{1-c^*+m^*} & 1 \end{vmatrix}} = \frac{(I_{aut}+G_{aut})(1-c+m)+x\left(I_{aut}^*+G_{aut}^*\right)}{(1-c+m)\left(1-c^*+m^*\right)-xx^*}$$

---

54 Stabilisierungspolitik hat als Ziel das 'Wiedererreichen' wirtschaftlicher Stabilität durch Fiskal- oder Geldpolitik, Stabilitätspolitik richtet sich auf die 'Erhaltung' der Stabilität durch die Schaffung entsprechender wirtschaftlicher Rahmenbedingungen (vgl. Cassel/Thieme 1995, S.303).

55 Variablen ohne Zeitindex kennzeichnen steady state-Variablen.

bzw.

$$Y^* = \frac{\left(I^*_{aut} + G^*_{aut}\right)\left(1 - c^* + m^*\right) + x^*\left(I_{aut} + G_{aut}\right)}{\left(1 - c + m\right)\left(1 - c^* + m^*\right) - xx^*}$$

Eine Erhöhung der autonomen Staats- oder Investitionsausgaben hat einen Anstieg der Einkommen in beiden Regionen zur Folge. Die Reaktion auf autonome Nachfrageerhöhungen in der Nachbarregion nimmt mit steigender Exportquote zu. Somit weist die komparativ-statische Analyse des Zwei-Regionen-Modells keinen Widerspruch zu den üblichen Annahmen auf.[56]

4.4 Die Einkommensentwicklung der beiden Regionen

Von allgemeinem wirtschaftstheoretischen Interesse ist die Fragestellung, welche Parameter stabilisierend bzw. destabilisierend wirken und in welchem Ausmaß dies stattfindet. Für die Außenwirtschaftstheorie bietet die Untersuchung der Abhängigkeit der regionalen Volkswirtschaften vom interregionalen Handel interessante Aspekte. Und als spezielle, wirtschaftspolitische Fragestellung wird überprüft, ob die Fiskalpolitik der Regionen in der Lage ist, Konjunkturschwankungen mit Hilfe einer direkten Nachfragesteuerung zu beeinflussen.

Zur Beantwortung dieser Fragen wird das System (4-1) bis (4-12) schrittweise reduziert. Eine Zusammenfassung des Systems zur Einkommensentwicklungsgleichung für die Region 1, im folgenden oft Inland genannt (Region 2 wird als Ausland bezeichnet), führt zu einer Differenzengleichung vierter Ordnung:[57]

$$Y_t + c_1 Y_{t-1} + c_2 Y_{t-2} + c_3 Y_{t-3} + c_4 Y_{t-4} = d$$

mit $c_1 = -\left(c - m + v - \gamma + c^* - m^* + v^* - \gamma^*\right) = -\left(a_1 + a_1^*\right)$

$$c_2 = -\left[(\gamma - v) + \left(\gamma^* - v^*\right) - (c - m + v - \gamma)\left(c^* - m^* + v^* - \gamma^*\right) + xx^*\right]$$
$$= -\left(a_2 + a_2^* - a_1 a_1^* + xx^*\right)$$

$$c_3 = \left[(c - m + v - \gamma)\left(\gamma^* - v^*\right) + \left(c^* - m^* + v^* - \gamma^*\right)(\gamma - v)\right]$$
$$= \left(a_1 a_2^* + a_1^* a_2\right)$$

$$c_4 = (\gamma - v)\left(\gamma^* - v^*\right) = a_2 a_2^*$$

---

[56] Der Nenner ist für übliche Werte der Parmeter immer positiv, so daß eine Wirkungsumkehr ausgeschlossen ist.

[57] Die charakteristische Gleichungen stimmt für alle Variablen des Modells überein. Die Entwicklungsgleichungen der makroökonomischen Größen unterscheiden sich nur durch ihren autonomen Term (vgl. Anhang A).

$$d=(G_{aut}+I_{aut})\left[1-\left(c^*-m^*+v^*-\gamma^*\right)+\left(v^*-\gamma^*\right)\right]+\left(G^*_{aut}+I^*_{aut}\right)x$$
$$=b\left(1-a_1^*-a_2^*\right)+b^*x$$

Die Parameter $a_1, a_1^*, a_2, a_2^*, b, b^*$ werden den einzelnen Regionen zugewiesen und setzen sich wie folgt zusammen:

$$a_1=c-m+v-\gamma \quad , \quad a_2=-(v-\gamma) \quad , \quad b=G_{aut}+I_{aut}$$
$$a_1^*=c^*-m^*+v^*-\gamma^* \quad , \quad a_2^*=-\left(v^*-\gamma^*\right) \quad , \quad b^*=G^*_{aut}+I^*_{aut}$$

4.5 Stabilität einer Zwei-Regionen-Volkswirtschaft

Zur Ermittlung der Stabilität des Systems (4-1) bis (4-12) stehen unterschiedliche Methoden zur Verfügung (vgl. Anhang A). Statt der aufwendigen Bestimmung der Eigenwerte des Systems sollen für dieses Beispiel die Schurschen Stabilitätskriterien verwendet werden.[58]

Eine lineares Differenzengleichungssystem, das sich auf eine Differenzengleichung vierter Ordnung der Form

$$Y_t+c_1Y_{t-1}+c_2Y_{t-2}+c_3Y_{t-3}+c_4Y_{t-4}=d$$

reduzieren läßt, ist asymptotisch stabil, wenn die Parameter c_1, c_2, c_3, c_4 der zugehörigen homogenen Gleichung

$$Y_t+c_1Y_{t-1}+c_2Y_{t-2}+c_3Y_{t-3}+c_4Y_{t-4}=0$$

die folgenden Ungleichungen erfüllen:

1. $1+c_1>0$
2. $1-c_1>0$
3. $1+c_3-c_4(c_1+c_4)>0$
4. $1-c_3+c_4(c_1-c_4)>0$
5. $(1+c_4)(1+c_2)+c_4c_1(c_1+c_3)-(1+c_4)(c_2+c_4)c_4-c_3(c_1+c_3)>0$
6. $(1-c_4)(1-c_2)-c_4c_1(c_1-c_3)+(1-c_4)(c_2-c_4)c_4+c_3(c_1-c_3)>0$
7. $1+c_1+c_2+c_3+c_4>0$
8. $1-c_1+c_2-c_3+c_4>0$

---

[58] Vgl. die komprimierte Form der Schurschen Bedingungen nach Jury im Abschnitt A 2.3.

Durch Einsetzen folgt:

1. $1-\left(a_1+a_1^*\right)>0$

2. $1+\left(a_1+a_1^*\right)>0$

3. $1+\left(a_1a_2^*+a_2a_1^*\right)-a_2a_2^*\left[-\left(a_1+a_1^*\right)+a_2a_2^*\right]>0$

4. $1-\left(a_1a_2^*+a_2a_1^*\right)+a_2a_2^*\left[-\left(a_1+a_1^*\right)-a_2a_2^*\right]>0$

5. $$\begin{aligned}&\left(1+a_2a_2^*\right)\left[1-\left(a_2^*+a_2-a_1a_1^*+xx^*\right)\right]\\&-a_2a_2^*\left(a_1+a_1^*\right)\left[-\left(a_1+a_1^*\right)+\left(a_1a_2^*+a_2a_1^*\right)\right]\\&-\left(1+a_2a_2^*\right)\left[-\left(a_2^*+a_2-a_1a_1^*+xx^*\right)+a_2a_2^*\right]a_2a_2^*\\&-\left(a_1a_2^*+a_2a_1^*\right)\left[-\left(a_1+a_1^*\right)+\left(a_1a_2^*+a_2a_1^*\right)\right]>0\end{aligned}$$

6. $$\begin{aligned}&\left(1-a_2a_2^*\right)\left(1+a_2^*+a_2-a_1a_1^*+xx^*\right)\\&-a_2a_2^*\left(a_1+a_1^*\right)\left[\left(a_1+a_1^*\right)+\left(a_1a_2^*+a_2a_1^*\right)\right]\\&-\left(1-a_2a_2^*\right)\left[\left(a_2^*+a_2-a_1a_1^*+xx^*\right)+a_2a_2^*\right]a_2a_2^*\\&+\left(a_1a_2^*+a_2a_1^*\right)\left[\left(a_1+a_1^*\right)+\left(a_1a_2^*+a_2a_1^*\right)\right]>0\end{aligned}$$

7. $1-\left(a_1+a_1^*\right)-\left(a_2^*+a_2-a_1a_1^*+xx^*\right)+\left(a_1a_2^*+a_2a_1^*\right)+a_2a_2^*>0$

8. $1+\left(a_1+a_1^*\right)-\left(a_2^*+a_2-a_1a_1^*+xx^*\right)-\left(a_1a_2^*+a_2a_1^*\right)+a_2a_2^*>0$

Wenn man berücksichtigt, daß es sich bei den Parametern $a_1,a_1^*,a_2,a_2^*,b,b^*$ weiterhin um zusammengesetzte Parameter handelt, erkennt man die Komplexität eines solchen Ungleichungssystems. Der Einfluß der einzelnen Parameter auf die Stabilität des Modells ist nur für Spezialfälle, z.B. symmetrische Länder, analytisch herleitbar. Daher muß trotz der in diesem Fall möglichen analytischen Herleitung der Einkommensentwicklungsgleichung eine numerische Simulation mit statistischer Auswertung durchgeführt werden, so daß man Aussagen über die Einflußrichtung der Parameter auf die Stabilität des Modells erhält.[59]

4.5.1 Mittelwertvergleich

Ein Mittelwertvergleich gibt einen ersten Hinweis auf den Stabilitätseinfluß der einzelnen Parameter. Ein Simulationslauf mit einem Stichprobenumfang von 1 Mio. führt zu 54.16% stabilen und 45.84% instabilen Fällen.

Die Mittelwerte der Parameter in beiden Teilmengen sowie deren Differenzen und Prüfgrößen sind in Tabelle 4-1 abgebildet.[60]

Die beiden Akzelerationskoeffizienten ν und ν^* werden als die beiden destabilisierenden Parameter mit dem höchsten Signifikanzniveau ermittelt. Die destabilisierende Wirkung der Akzelerationskoeffizienten beruht auf der Tatsache, daß das Modell eine direkte Erweiterung des Standard-Hicks-Modells darstellt. Eine Investitionsnachfrage, die sich in stärkerem Ausmaß am Einkommenszuwachs der Vorperiode ausrichtet (Akzelerationsprinzip), wirkt auch in einem Zwei-Regionen-Modell destabilisierend.

Ein interessantes Ergebnis ist die stabilisierende Wirkung der marginalen Konsumquoten c und c^*. Vergleicht man dies mit dem davon abweichenden Ergebnis im Mundell-Fleming-Modell, so stellt man fest, daß eine zunehmende Konsumneigung des privaten Sektors in einem kleinen Land das System destabilisiert, in einem Zwei-Regionen-Modell jedoch eine Stabilisierung zur Folge hat. Es scheint für den Einfluß der Einkommensabhängigkeit des privaten Konsums von immenser Bedeutung zu sein, ob es sich bei dem betrachteten System um ein kleines oder ein großes Land handelt.

---

[59] Für die Grundversion des Modells bietet Zwintz (1983) eine analytische Herleitung der allgemeinen Lösung des Modells über eine Modulfunktion an. Da er bei der analytischen Herleitung zu einem „schwerfälligen, nicht interpretierfähigen Ausdruck" (S.416) gelangt, führt er eine analytische Näherungslösung durch, um anschließend einzelne numerische Szenarien grafisch darzustellen.

[60] Der Parameterquader wird so gewählt, daß alle Parameter bis auf die beiden Akzelerationskoeffizienten Werte zwischen 0 und 1 annehmen können. Um die Mittelwerte und Mittelwertdifferenzen der Akzelerationskoeffizienten mit den restlichen Werten vergleichbar zu machen, müssen diese durch die Breite des zulässigen Intervalls [0 ; 2] geteilt werden. So erhält man den normieren Parameterquader. Die normierten Werte für die beiden Akzelerationskoeffizienten lauten:

Parameter	Mittelwert instabil	Mittelwert stabil	Mittelwert-differenz
ν	0.5683	0.4194	0.1489
ν^*	0.5679	0.4191	0.1488

Tabelle 4-1: Mittelwertvergleich

Parameter	Mittelwert instabil	Mittelwert stabil	Mittelwert-differenz	t-Wert	Parameter-wirkung[61]
c	0.4865	0.5151	-0.0286	-49.4167	stabilisierend[62]
v	1.1367	0.8388	0.2979	272.9975	destabilisierend
x	0.5001	0.5003	-0.0002	-0.3658	-
m	0.5136	0.4851	0.0285	49.2273	destabilisierend
γ	0.4739	0.5306	-0.0567	-98.5150	stabilisierend
c^*	0.4875	0.5152	-0.0277	-47.9534	stabilisierend
v^*	1.1358	0.8383	0.2975	272.6054	destabilisierend
x^*	0.5000	0.5006	-0.0007	-1.1305	-
m^*	0.5131	0.4844	0.0287	49.5664	destabilisierend
γ^*	0.4735	0.5303	-0.0567	-98.6465	stabilisierend

Die Nachfrage des Staates erfolgt nach dem Akzelerationsprinzip und ist der (destabilisierenden) Investitionsnachfrage direkt entgegengesetzt. Somit müssen die Fiskalparameter γ und γ^* stabilisierend wirken. Reduziert man das System auf eine Einkommensentwicklungsgleichung, so sieht man, daß sich zwei 'modifizierte' Akzelerationskoeffizienten

$$v' = -a_2 = (v - \gamma) \quad \text{und} \quad v'^* = -a_2^* = \left(v^* - \gamma^*\right)$$

bilden lassen. Im Vergleich zur Grundversion dieses Modells ohne Fiskalpolitik hat die 'counter accelerator policy' eine Reduzierung des destabilisierenden Parameters v und somit eine Stabilisierung des Systems zur Folge.[63]

Ein Einfluß des Exports auf die Stabilität des Systems ist nicht zu erkennen. Die Exportquoten x und x^* der beiden Regionen sind die einzigen Parameter ohne signifikanten Einfluß auf die Stabilität.

Im Vergleich zum Mundell-Fleming-Modell ist der destabilisierende Einfluß der marginalen Importneigungen m und m^* signifikant. Man muß nach den bisherigen Ergebnissen davon ausgehen, daß die Aufnahme oder Ausweitung von Handelsbeziehungen zwischen zwei großen Regionen die Wirtschaft der beiden Handelsteilnehmer destabilisiert. Dies steht im Gegensatz zu den Ergebnissen des

61 Der kritische t-Wert bei einem Stichprobenumfang von 1 Mio. beträgt bei einer zweiseitigen Irrtumswahrscheinlichkeit von $\alpha = 5\%$ $t_{krit} = 1.96$ (signifikante Prüfgrößen sind dunkel unterlegt).

62 Aufgrund der Symmetrie der beiden Regionen wirken die entsprechenden Parameter der Regionen, z.B. c, c^*, bei einem vergleichbaren Signifikanzniveau in dieselbe Richtung.

63 Die beiden Fiskalparameter weisen ein geringeres Signifikanzniveau auf als die Akzelerationskoeffizienten. Dies liegt an der unterschiedlichen Breite der Parameterintervalle. Bei gleicher Intervallbreite würden die berechneten Prüfgrößen die gleiche Größenordnung annehmen.

Mundell-Fleming-Modells. Dort existiert über den Wechselkurs ein Ausgleichsmechanismus bei Handelsbilanzdifferenzen, der nun entfällt.

4.5.2 Histogramme der einzelnen Parameter

Der Vergleich der stabilen und instabilen Teilmengen anhand eines Mittelwertvergleichs reduziert die Betrachtung auf einzelne Lageparameter der beiden Verteilungen. Einen direkten Vergleich der Verteilungen erhält man über eine Histogrammdarstellung. Mit Hilfe von Histogrammen, bei denen die Parameterkonstellationen der stabilen bzw. instabilen Teilmengen in Klassen pro Parameter eingeteilt werden, kann man zum einen die Ergebnisse des Mittelwertvergleichs verifizieren sowie zum anderen mögliche Teilintervalle mit unterschiedlichen Stabilitätseinflüssen aufdecken.

In den folgenden Histogrammen werden die relativen Häufigkeiten instabiler Parameterkonstellationen pro Klasse ausgegeben, wobei eine einheitliche Unterteilung der Intervalle in 10 Klassen erfolgt. Die analogen Parameter der beiden Regionen werden jeweils in einer Abbildung gegenübergestellt.

Nach Abbildung 4-1 ergibt sich für die Konsumquoten der beiden Regionen mit zunehmendem Parameterwert ein Abnehmen der instabilen Fälle. Somit wird der stabilisierende Charakter der Konsumquoten für den Fall eines Zwei-Regionen-Modells bestätigt.

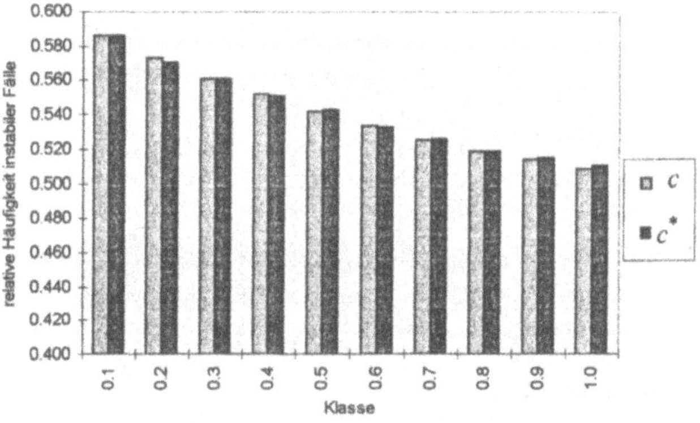

Abbildung 4-1: Konsumquoten

Die relativen Häufigkeiten instabiler Fälle für die Akzelerationskoeffizienten werden in Abbildung 4-2 dargestellt.

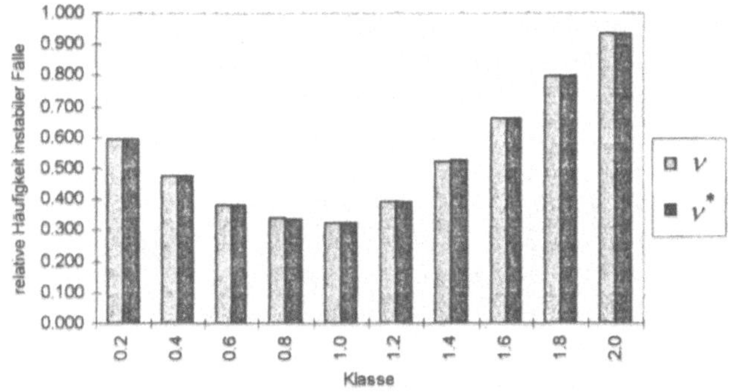

Abbildung 4-2: Akzelerationskoeffizienten

Für die beiden Akzelerationskoeffizienten zeigt sich, daß die relative Häufigkeit instabiler Parameterkonstellationen zwar auf das Gesamtintervall bezogen zunimmt, jedoch im Teilintervall von 0 bis 1 eine stabilisierende Wirkung überwiegt. Die destabilisierende Wirkung, die der Mittelwertvergleich aufgedeckt hat, gilt somit erst ab Werten des Akzelerationskoeffizienten von über 1. Auf dieses Ergebnis wird noch vertiefend eingegangen.

Die Exportquoten haben nach Abbildung 4-3 keinen signifikanten Einfluß auf das Stabilitätsverhalten. Somit werden Maßnahmen, die auf eine Erhöhung der marginalen Exportquoten ausgerichtet sind, keine Destabilisierung zur Folge haben:

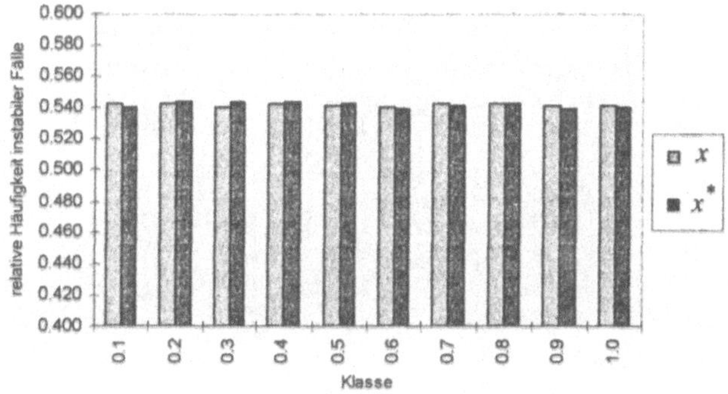

Abbildung 4-3: Exportquoten

Der destabilisierende Einfluß der Importquoten wird bestätigt (Abbildung 4-4). Im Gegensatz zur Exportförderung hat eine Erhöhung der marginalen Importquoten daher Auswirkungen auf das Verhalten des Systems.

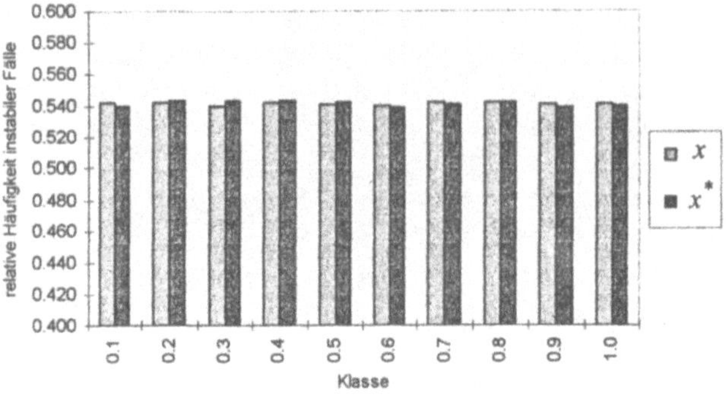

Abbildung 4-4: Importquoten

Die Fiskalpolitik ist antizyklisch ausgelegt, sie stabilisiert das System. Der Effekt läßt mit zunehmendem Fiskalparameter nach, so daß ab Werten von $\gamma = \gamma^* = 0.5$ den Kosten einer fiskalpolitischen Maßname zur Stabilisierung der Wirtschaft kein entsprechender Nutzen entgegensteht.

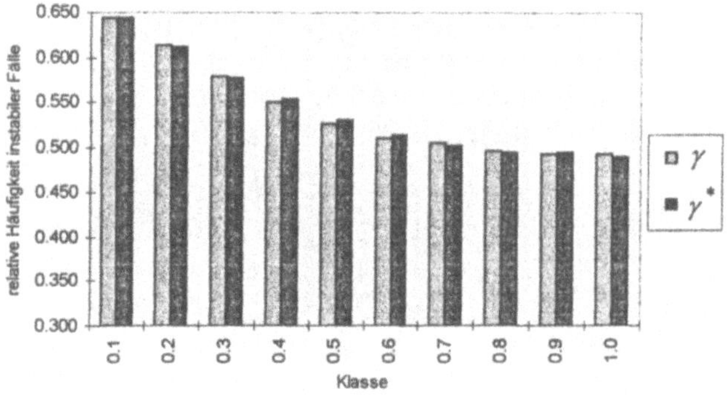

Abbildung 4-5: Fiskalparameter

Es zeigt sich, daß die Ergebnisse des Mittelwertvergleichs durch die Betrachtung der Verteilungen der instabilen Teilmenge in Form von Histogrammen bestätigt werden. Darüber hinaus kann die grafische Darstellung der Verteilungen Teilintervalle des Einflusses auf die Stabilität des Modells aufdecken. Dies zeigt sich an den beiden Akzelerationskoeffizienten, deren destabilisierende Wirkung erst ab einem Wert von 1 auftritt, wohingegen Werte unter 1 zu einer Abnahme instabiler Parameterkonstellationen führen.

4.5.3 Systematische Parametervariation

Eine übliche Vorgehensweise bei der Ermittlung des Einflusses einzelner Parameter auf das Verhalten eines Systems ist die systematische Parametervariation. In der einfachsten Variante werden alle Parameter bis auf einen oder zwei konstant gehalten und diese in festgelegten Schritten über den zulässigen Bereich variiert. Die Methode ist mit einer Sensitivitätsanalyse vergleichbar, bei der ausgehend von bestimmten Werten einzelne Parameter in geringem Ausmaß geändert werden.

Legt man ein Parametergitter (vgl. Abbildung 4-6) über zwei Parameter und variiert im Rahmen einer Monte-Carlo-Simulation die restlichen Parameter innerhalb des gewählten Quaders, so kann man für die einzelnen Knotenpunkte relative Häufigkeiten des Auftretens stabiler bzw. instabiler Konstellationen bestimmen. Die Knotenpunkte können als Szenarien interpretiert werden. Beispielsweise steht in der folgenden Untersuchung der Stabilisierungspolitik der Knoten 1/1 der Fiskalparameter für eine 'konzertierte Aktion' der beiden Regionen (beide Fiskalparameter γ, γ^* nehmen den höchstmöglichen Wert 1 an), wohingegen der Knoten 0/0 eine 'laissez-faire'-Politik darstellt.

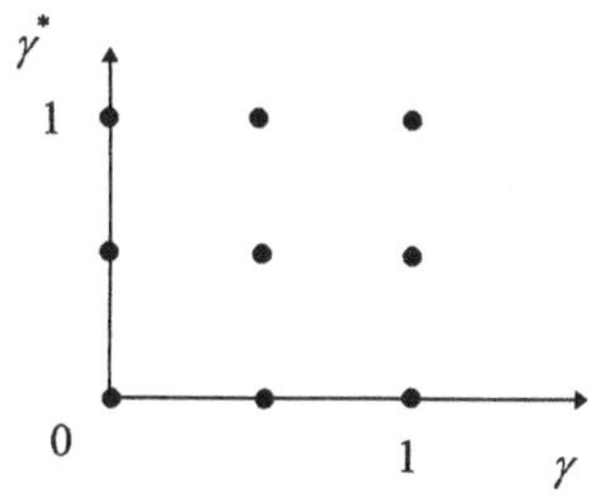

Abbildung 4-6: Parametergitter zur systematischen Parametervariation

Die systematische Parametervariation soll in einem ersten Schritt für die beiden Fiskalparameter und anschließend für die Akzelerationskoeffizienten durchgeführt werden.

4.5.3.1 Auswirkungen einer regionalen Stabilisierungspolitik

Die beiden Fiskalparameter werden unabhängig voneinander systematisch variiert, d.h. es wird ein zweidimensionales Parametergitter durchlaufen und jeweils die relative Anzahl der stabilen Fälle festgestellt. Die anderen Parameter nehmen die Mittelwerte der stabilen Teilmenge an.

Tabelle 4-2 zeigt die relative Anzahl der stabilen Fälle (in %) bei einem Stichprobenumfang von 100 000 für jeden der $3 \cdot 3 = 9$ Parametergitterpunkte:

Tabelle 4-2: Systematische Parametervariation der Fiskalparameter

		γ^* 0.0	γ^* 0.5	γ^* 1.0
γ	0.0	24.846	35.783	37.313
γ	0.5	35.329	50.392	53.054
γ	1.0	37.269	53.136	56.375

Als erstes Ergebnis erkennt man, daß beide Fiskalparameter unabhängig voneinander die Konjunkturbewegung tendenziell stabilisieren.[64] Eine stabilitätsorientierte Staatsnachfrage in einem der beiden Länder erhöht die Stabilität des Gesamtsystems.[65]

Weiterhin läßt sich mit Hilfe der systematischen Parametervariation ermitteln, daß eine gemeinsame Stabilisierungspolitik der beiden (Lokal-)Regierungen einen gegenüber der isolierten Politik erhöhten Stabilisierungseffekt zur Folge hat.

4.5.3.2 Das destabilisierende Akzelerationsprinzip der induzierten Investitionen

Nach der Untersuchung des Einflusses der Fiskalparameter werden in Tabelle 4-3 die relativen Häufigkeiten (in %) der stabilen Fälle bei einer Variation der Akzelerationskoeffizienten wiedergegeben.

Die systematische Parametervariation der Akzelerationskoeffizienten läßt erkennen, daß die relative Häufigkeit stabiler Fälle mit zunehmender Höhe eines oder beider Akzelerationskoeffizienten vorerst zunimmt. Dies trifft zwar nur bis zu einer Höhe von 1 zu, ist aber trotzdem ein interessantes Ergebnis, da es den Schluß zuläßt, daß der destabilisierende Einfluß von anderen Parametern ausgeht.

Übersteigt einer der beiden Parameter den Wert 1, so nimmt die Stabilität des Modells stark ab. Da ab Werten eines der Parameter über 2 unabhängig von der Höhe des anderen Akzelerationskoeffizienten ausschließlich instabile Fälle auftreten, überwiegt dieser Einfluß im Mittelwertvergleich.

---

[64] Dies bestätigt die Ergebnisse der Stabilisierungspolitik eines vergleichbaren Modells von Baumol (1961, S.23) für eine geschlossene Volkswirtschaft.

[65] Es muß darauf hingewiesen werden, daß die beiden Regionen nicht zwei unabhängige Systeme, sondern ein gemeinsames System darstellen, so daß der Begriff der Stabilität immer das Gesamtsystem betrifft.

Tabelle 4-3: Systematische Parametervariation der Akzelerationskoeffizienten

		ν^*				
		0.0	0.5	1.0	1.5	2.0
	0.0	24.995	45.816	49.908	24.965	0.000
	0.5	45.936	83.921	91.762	45.726	0.000
ν	1.0	49.985	91.804	100.000	50.015	0.000
	1.5	24.925	45.641	49.910	24.949	0.000
	2.0	0.000	0.000	0.000	0.000	0.000

Die Ergebnisse zeigen, daß die Wahl der Intervallbreite einen starken Einfluß auf die Stabilität hat. Die stabilisierende bzw. destabilisierende Wirkung trifft nur für jeweils einen Teilbereich zu.

Die Abhängigkeit der Stabilität des Modells von den beiden Akzelerationskoeffizienten kann auch anhand eines 'Stabilitätsgebirges' dargestellt werden. Hierzu trägt man die relativen Häufigkeiten über die jeweiligen Knoten des Parametergitters ab und verbindet die Punkte miteinander.

In Abbildung 4-7 werden die Akzelerationskoeffizienten jeweils über ein Parametergitter systematisch variiert, jedoch mit einer im Vergleich zur Tabelle 4-3 deutlich erhöhten Anzahl von Knotenpunkten $(100 \times 100 = 10\,000)$.

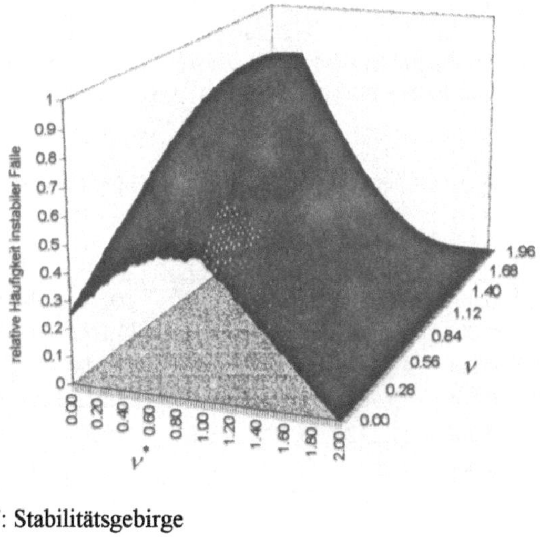

Abbildung 4-7: Stabilitätsgebirge

4.5.3.3 Der Fall destabilisierender Fiskalpolitik

In diesem Abschnitt soll auf den stabilisierenden Einfluß der Akzelerationskoeffizienten im unteren Teilintervall (vgl. auch Abschnitt 4.5.2) eingegangen werden. Obwohl die beiden Akzelerationskoeffizienten einen dominierenden destabilisierenden Einfluß auf das System aufweisen, müssen weitere Parameter eine destabilisierende Wirkung besitzen. Dies erkennt man an Tabelle 4-3, in der Akzelerationskoeffizienten unterhalb der im elementary case des Hicks-Modells ermittelten Grenze von 1 zu instabilen Fällen führen können. Auch im Abschnitt 4.5.2 zeigt sich, daß mit steigendem Akzelerationskoeffizienten die relative Häufigkeit stabiler Fälle bis zu einem Wert von ungefähr 1 zunimmt, um erst ab Werten von 1 die zu erwartende destabilisierende Wirkung zu zeigen.

Der Grund liegt in einer 'übertriebenen' Stabilisierungspolitik einer der beiden Regionen:

Faßt man für beide Regionen den Akzelerationskoeffizienten und den Fiskalparameter zusammen, so erhält man zwei modifizierte Akzelerationskoeffizienten $\nu' = (\nu - \gamma)$ bzw. $\nu'^{*} = (\nu^{*} - \gamma^{*})$. Diese können Werte des Intervalls [-1 ; 2] annehmen. Ein negativer Akzelerationsparameter bedeutet jedoch, daß ein Einkommenszuwachs zu einer sinkenden Investitionsnachfrage führt. Dies könnte zu einer Destabilisierung des Systems führen.

Um die Hypothese zunehmender Destabilisierung bei negativen Akzelerationskoeffizienten zu überprüfen, wird ein Parametergitter über das Gesamtintervall [-1 ; 2] für beide 'modifizierten' Akzelerationskoeffizienten gelegt. Eine Simulationsstudie über das Parametergitter mit $7 \cdot 7 = 49$ Knoten führt zum den relativen Häufigkeiten stabiler Fälle aus Tabelle 4-4.

Tabelle 4-4: Parametervariation der 'modifizierten' Akzelerationskoeffizienten

		$\nu'^{*} = \nu^{*} - \gamma^{*}$						
		-1.0	-0.5	0.0	0.5	1.0	1.5	2.0
	-1.0	0.000	0.000	0.000	0.000	0.000	0.000	0.000
	-0.5	0.000	25.324	50.015	49.855	17.253	0.000	0.000
	0.0	0.000	49.997	100.00	100.00	33.354	0.000	0.000
$\nu' = \nu - \gamma$	0.5	0.000	49.903	100.00	100.00	28.223	0.000	0.000
	1.0	0.000	17.222	33.392	28.198	0.000	0.000	0.000
	1.5	0.000	0.000	0.000	0.000	0.000	0.000	0.000
	2.0	0.000	0.000	0.000	0.000	0.000	0.000	0.000

Liegen beide 'modifizierte' Akzelerationskoeffizienten zwischen 0 und 0.5, so ist das System durchgehend stabil. Dies deckt sich mit den Ergebnissen des elementary case. Sobald einer der beiden Parameter den Wert 1 erreicht, ist eine stabile Konstellation nicht immer gegeben. Werte oberhalb von 1.5 führen unabhängig vom restlichen Parameterquader zu instabilen Fällen. Die Hypothese einer destabilisierenden Wirkung negativer 'modifizierter' Akzelerationskoeffizienten kann bestätigt werden. Eine streng antizyklische Fiskalpolitik in einer beiden Regionen, der keine entsprechende Investitionstätigkeit nach dem Akzelerationsprinzip gegenübersteht ($\gamma = 1,\ \nu = 0$ bzw. $\gamma^* = 1,\ \nu^* = 0$), destabilisiert das Gesamtsystem sogar unabhängig von der Politik der anderen Region. Dies ist ein Hinweis auf einen möglichen destabilisierenden Einfluß staatlicher Lenkungsmechanismen, der um so leichter eintreten kann, je geringer die Informationen über den tatsächlichen Verlauf der makroökonomischen Größen ist.

4.5.4 Der Informationsgehalt einzelner und kombinierter Parameter

Die Kenntnis des Akzelerationskoeffizienten führt im Modell eines kleinen Landes zu einem Informationsmaß bezüglich der Stabilität des Modells von 96%. Die Hinzunahme weiterer Parameter kann das vorgestellte Informationsmaß

$$E(\alpha) = 1 - \frac{\sum_{i=1}^{m} p_i(\alpha) \cdot \ln p_i(\alpha)}{m \cdot \overline{p} \cdot \ln \overline{p}} \qquad \text{mit} \qquad \overline{p} = \frac{1}{m} \sum_{i=1}^{m} p_i(\alpha)$$

nur graduell steigern, da die beiden Teilmengen stabil/instabil des modifizierten dynamischen Mundell-Fleming-Modells zu durchmischt sind.

In diesem Abschnitt soll analysiert werden, ob Unterschiede bezüglich der erreichbaren Informationsmengen bei der Erweiterung auf ein Zwei-Regionen-Modell auftreten. Genügt die Kenntnis eines der 10 Parameter für ein Informationsmaß von über 90% oder benötigt man weitere Informationen? Ist es sinnvoller, die Parameter einer Region numerisch zu erfassen oder existieren pro Region charakteristische Parameterkonstellationen, deren Höhe für ein ausreichendes Informationsmaß bekannt sein sollte?

Eine Serie von Simulationsläufen (Stichprobenumfang 1 Mio.) führt zu folgendem Vektor der Informationsmaße (in Prozent):

$$E(\alpha) = \begin{pmatrix} c \\ \nu \\ x \\ m \\ \gamma \\ c^* \\ \nu^* \\ x^* \\ m^* \\ \gamma^* \end{pmatrix} = \begin{pmatrix} 0.1874 \\ 14.3123 \\ 0.0002 \\ 0.1878 \\ 0.8375 \\ 0.1776 \\ 14.3151 \\ 0.0007 \\ 0.1890 \\ 0.8254 \end{pmatrix}$$

Typischerweise erbringt die Kenntnis eines der beiden Akzelerationsparameter die höchste Informationsmenge bezüglich der Stabilität. Man erhält ein Informationsmaß von jeweils über 14%.

Die Kenntnis einzelner anderer Parameter hat ein Informationsmaß im Promillebereich zur Folge. Die Ermittlung beispielsweise der Konsumquote einer der Regionen erbringt keine nennenswerte Informationsmenge über das Stabilitätsverhalten des Systems.

Falls die Ermittlung zweier Parameter möglich ist, kann das Informationsmaß unter Berücksichtigung der Kenntnis eines der Akzelerationskoeffizienten berechnet werden.

Kennt man beide Akzelerationskoeffizienten, so erreicht man ein Informationsmaß von 28%, also die ungefähre Addition der beiden Maßzahlen.

$$E(\alpha) = \begin{pmatrix} v,c \\ v,x \\ v,m \\ v,\gamma \\ v,c^* \\ v,v^* \\ v,x^* \\ v,m^* \\ v,\gamma^* \end{pmatrix} = \begin{pmatrix} 14.9069 \\ 14.3191 \\ 14.8809 \\ 36.6942 \\ 14.4971 \\ 28.6252 \\ 14.3173 \\ 14.5033 \\ 15.1559 \end{pmatrix}$$

Interessant ist aber, daß eine Kombination von einem Akzelerationskoeffizienten und dem Fiskalparameter der selben Region ein Informationsmaß von 37% ergibt. Dies überschreitet bei weitem die pure Addition der beiden Einzelmaße. Wenn man in der Lage ist, 2 von 10 Parametern numerisch zu bestimmen, ist es somit sinnvoller, eine Region zu erfassen statt die jeweils charakteristischsten Parameter beider Regionen zu erheben.

$$E(\alpha) = \begin{pmatrix} v,v^*,c \\ v,v^*,x \\ v,v^*,m \\ v,v^*,\gamma \\ v,v^*,c^* \\ v,v^*,x^* \\ v,v^*,m^* \\ v,v^*,\gamma^* \end{pmatrix} = \begin{pmatrix} 29.2552 \\ 28.6829 \\ 29.2611 \\ 51.0365 \\ 29.2628 \\ 28.6891 \\ 29.2594 \\ 51.0617 \end{pmatrix}$$

Falls drei Parameter erfaßt werden können, erhält man das höchste Informationsmaß durch die Kenntnis der beiden Akzelerationskoeffizienten zuzüglich eines der Fiskalparameter (51%).

Für drei Parameter empfiehlt sich demnach eine andere Vorgehensweise als bei zweien, so daß eine allgemeingültige Regel - ob man eher eine Region oder bestimmte Werte zweier Regionen statistisch erfassen sollte - nicht aufgestellt werden kann.

Die Höhe der Informationsmaße unterscheidet sich von denen des Mundell-Fleming-Modells in starkem Ausmaß. Untersucht man ein Zwei-Länder-Modell, so ist die Kenntnis mindestens zweier Parameter notwendig, um auf akzeptable Werte zu gelangen. Für ein Informationsmaß in Höhe von über 90% wie beim Mundell-Fleming-Modell bei Kenntnis allein des Akzelerationskoeffizienten sind im vorliegenden Zwei-Regionen-Modell mehr als drei Parameter notwendig.

4.6 Systemanalyse mit einer grafischen Simulationssprache

4.6.1 Grafische Implementierung mittels Simulationstools

Zur Erstellung und Simulation dynamischer Systeme werden in letzter Zeit häufig Simulationstools wie beispielsweise POWERSIM oder STELLA verwendet. Es handelt sich dabei um problemorientierte Programmiersprachen, deren Befehlsumfang sich auf Methoden zur Simulation dynamischer Systeme reduziert. Sie dienen der grafischen Modellierung dynamischer Zusammenhänge sowie der einfachen Visualisierung der Zeitpfade der interessierenden Variablen. Beide Softwareprodukte sind ähnlich aufgebaut und haben einen vergleichbaren Umfang an Anwendungsmöglichkeiten. So sind mittlerweile in beiden Programmpaketen auch Sensitivitätsanalysen möglich. Da numerische Änderung von Parametern auch während eines Simulationslaufs sowie einfache statistische Auswertungen mit diesen Simulationstools möglich sind, haben sie mittlerweile einen weiten Anwendungsbereich erreicht.

POWERSIM wurde von der gleichnamigen Firma unter Zusammenarbeit mit der Universität Bergen in Norwegen erstellt, wohingegen STELLA (System Thinking Experimential Learning Laboratory) von der Firma High Performance Systems in Hannover entwickelt und im deutschen Raum durch das Lehrbuch von Bossel (1994) bekannt wurde. POWERSIM hat in den letzten Jahren an Umfang und Möglichkeiten der Einbindung anderer Programme über DDE (Dynamic Data Exchange) an Bedeutung gewonnen. Inzwischen ist es auch Netzwerk- und Internetfähig, was simultan ausgeführte Managementplanspiele über weite Entfernungen ermöglicht. POWERSIM wird daher von einigen der größten amerikanischen Firmen und Instituten für Simulationszwecke, insbesondere im Weiterbildungsbereich, verwendet.[66]

Beide Simulationstools verwenden eine Flußdiagrammdarstellung, die auf den system dynamics-Ansatz von Forrester (1961, 1968a) zurückgeht (vgl. auch Abschnitt 2.3). Mit dieser Methode können dynamische Prozesse mit Rückkopplungsschleifen über eine Darstellung mit Niveau- und Flußvariablen nachvollzogen werden. Unter dem Namen (Professional) DYNAMO wurde der Ansatz über eine zeilenweise Eingabe schon in den sechziger Jahren für den PC umgesetzt.

Die Syntax der Modellgleichungen in POWERSIM bzw. STELLA und DYNAMO ist nahezu deckungsgleich, wobei der Umfang und die Bedienungs-

---

[66] Hierzu gehören Arthur Anderson Consulting Group, Ford, General Motors und das MIT.

freundlichkeit von POWERSIM und STELLA weit über ihre Vorläufer hinausgehen.[67] Einführungen in die Entwicklung von Simulationsdiagrammen mit POWERSIM bieten Byrknes (1996) und Byrknes/Myrtveit (1996). Zu einer Beschreibung der vergleichbaren Diagrammdarstellung von STELLA sei auf Richmond/Peterson (1988) sowie Richmond/Peterson/Vescuso (1988) verwiesen.

Gerade in neuerer Zeit sind einige Veröffentlichungen zum Thema der grafischen Programmierung mit Simulationstools erschienen. Hervorzuheben sind die Autoren Ruth und Hannon, die einen guten Einblick in den system dynamics-Ansatz geben und eine Vielzahl von Modellen aus den Bereichen Ökonomie, Ökologie und Biologie mit STELLA aufbereitet haben.[68]

4.6.2 Ein Zwei-Regionen-Modell in POWERSIM

4.6.2.1 Das stationäre Grundmodell

Die Gleichungen (4-1) bis (4-12) des Zwei-Regionen-Modells aus Abschnitt 4.2 können in eine Flußdiagrammdarstellung mit POWERSIM umgesetzt werden:[69]

Es handelt sich bei Abbildung 4-8 um die direkte Umsetzung des modifizierten Zwintz-Modells aus Abschnitt 4.2 mit zwei Regionen zuzüglich zweier Impulsvariablen. Man kann schon an diesem Beispiel erkennen, daß der Modelldarstellung mittels grafischer Simulationstools Grenzen gesetzt sind. Die Modellierung eines Drei- oder Mehr-Länder-Modells (vgl. Exkurs des Abschnitts 4.7) führt zu einem Systemdiagramm, dessen Struktur kaum noch nachvollzogen werden kann.[70] Als wenig praktikabel haben sich frühe Totalmodelle des system dynamics-Ansatzes herausgestellt, in denen konkrete Volkswirtschaften anhand von Systemdiagrammen beschrieben und sogar langfristige Prognosen erstellt wurden.[71]

---

[67] Ab einer gewissen Größe der zu simulierenden Systeme wird die Übersicht durch die grafische Programmierung jedoch eher erschwert als erleichtert. In diesem Fall wäre eine rein zeilenorientierte Programmierung vorzuziehen.

[68] Siehe Hannon/Ruth (1994), Ruth/Hannon (1997a,b).

[69] Die Erweiterung '_1' steht für Variablen und Parameter der Region 1, '_2' für Region 2. 'gq' entspricht 'γ'. Die Flußvariable 'YPunkt' ist die Änderung der Niveauvariable Y zum Zeitpunkt t: YPunkt (t) = Y (t) - Y (t-1).

[70] In POWERSIM besteht die Möglichkeit der Matrizenbildung. Prinzipiell ist somit eine relativ übersichtliche *n*-Länder-Darstellung möglich. Die Änderung einzelner Parameterwerte ist in diesem Fall aber stark eingeschränkt, so daß es sich nicht als sinnvoller Lösungsweg erweist.

[71] Vgl. Pestel et al. (1978). Des weiteren Lehmann (1975).

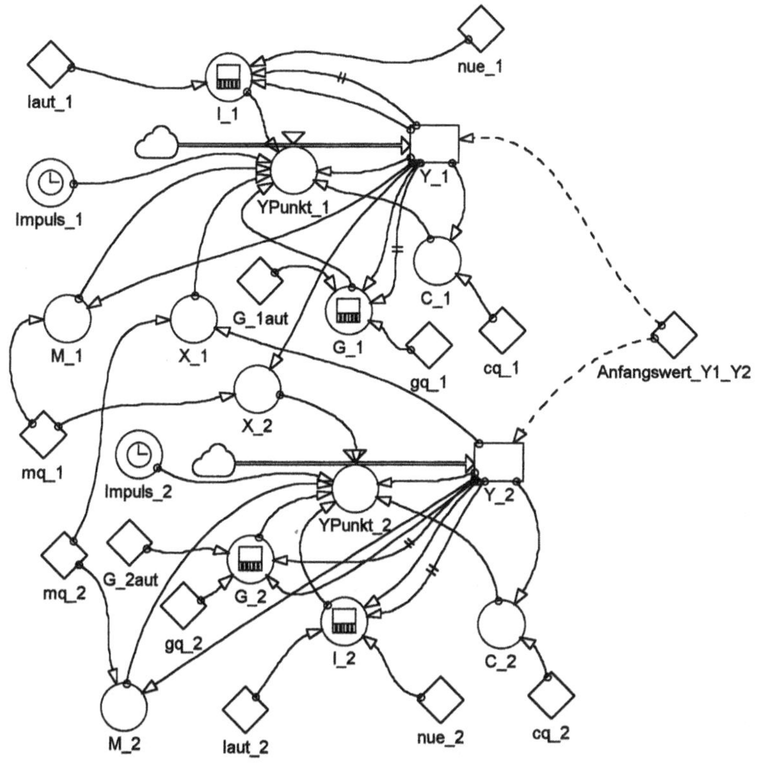

Abbildung 4-8: Diagrammansicht Zwei-Regionen-Modell

In der Gleichungsansicht von POWERSIM werden die grafischen Elemente der Abbildung 4-3 definiert. Wie schon angedeutet, lassen sich die meisten Befehlszeilen in DYNAMO übersetzen.

Tabelle 4-5: Gleichungsansicht Zwei-Regionen-Modell

init	Y_1 = Startwert_Y1_Y2	aux	X_1 = mq_2*Y_2
flow	Y_1 = +dt*YPunkt_1	aux	X_2 = mq_1*Y_1
init	Y_2 = Anfangswert_Y1_Y2	const	Startwert_Y1_Y2 = 2700
flow	Y_2 = +dt*YPunkt_2	const	cq_1 = .8
aux	YPunkt_1 = C_1+I_1-Y_1+X_1-M_1+G_1+Impuls_1	const	cq_2 = .8
aux	YPunkt_2 = C_2+I_2-Y_2+X_2-M_2+G_2+Impuls_2	const	G_1aut = 250
aux	C_1 = cq_1*Y_1	const	G_2aut = 250
aux	C_2 = cq_2*Y_2	const	gq_1 = .2
aux	G_1 = -gq_1*(Y_1-VERZPIP(Y_1,1))+G_1aut	const	gq_2 = .2
aux	G_2 = -gq_2*(Y_2-VERZPIP(Y_2,1))+G_2aut	const	Iaut_1 = 300
aux	I_1 = nue_1*(Y_1-VERZPIP(Y_1,1))+Iaut_1	const	Iaut_2 = 300
aux	I_2 = nue_2*(Y_2-VERZPIP(Y_2,1))+Iaut_2	const	mq_1 = .1
aux	Impuls_1 = IMPULFALLS(ZEIT=100, 100)	const	mq_2 = .1
aux	Impuls_2 = IMPULFALLS(ZEIT=100, 100)	const	nue_1 = 1.1
aux	M_1 = mq_1*Y_1	const	nue_2 = 1.1
aux	M_2 = mq_2*Y_2		

4.6.2.2 Globale versus regionale Schocks

Das System startet aus einer Ungleichgewichtssituation heraus. Diese warm-up-Phase (vgl. Abschnitt 3.5.2.1) ist bei Unkenntnis der analytischen steady state-Werte die einfachste Methode zur Ermittlung der Gleichgewichtspfade (Stabilität vorausgesetzt). In Periode 100 wird das System einem positiven Einkommensimpuls ausgesetzt, der in einem ersten Schritt beide Regionen in gleicher Höhe und zum selben Zeitpunkt trifft ('globaler' Schock).

Zuerst werden mögliche Unterschiede zwischen den Regionen außer Acht gelassen. Die in Tabelle 4-5 angegebene Parameterkonstellation führt zu identischen Zeitpfaden der beiden Regionen. Die beiden 'modifizierten' Akzelerationskoeffizienten $(\nu-\gamma)$ und $(\nu^*-\gamma^*)$ nehmen jeweils den Wert 0.9 an. Dies führt zu asymptotisch abklingenden Schwingungen.

Identische Regionen sowie symmetrische Schocks führen zu einem Gleichlauf der Konjunkturen. Die Zykluslänge beträgt jeweils 14 Perioden.[72] Die Amplituden der Schwingungen halbieren sich bei dieser Parameterkonstellation in jedem Zyklus.

[72] Vergleicht man dies mit den empirischen Daten, so liegt eine Interpretation der Perioden als Quartale nahe, um die Dauer amerikanischer Konjunkturzyklen nachzubilden. Die durchschnittliche Länge der Konjunkturzyklen in den USA zwischen 1919 und 1982 liegt bei 3.67 Jahren. Die ermittelte Zyklendauer von 14 Quartalen = 3.5 Jahren bildet diese Entwicklung daher gut nach (vgl. die tabellarische Übersicht bei Sachs/Larrain 1993, S.519).

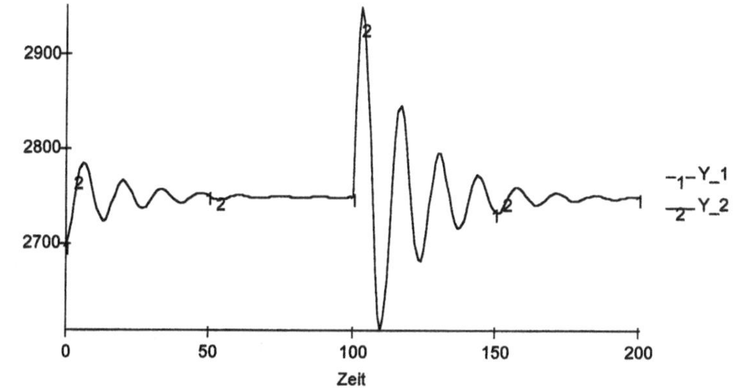

Abbildung 4-9: Einkommensentwicklung symmetrischer Länder

Die Vermutung liegt nahe, daß Schocks, die nicht das Gesamtsystem, sondern nur einzelne Regionen (oder Länder) betreffen, zu einem Auseinanderfallen des konjunkturellen Gleichlaufs führen. Dies wird in einem Simulationslauf bestätigt, in dem ein Gleichlauf der Konjunkturen in Periode 100 durch einen einseitigen positiven (Einkommens-)Impuls in der Region 1 gestört wird:

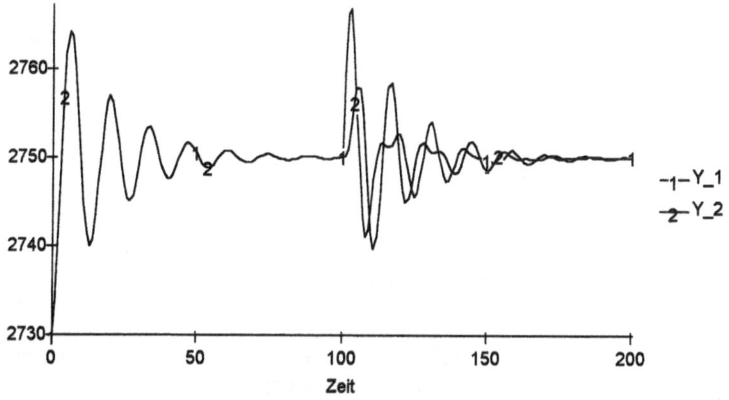

Abbildung 4-10: Einseitiger Impuls in Region 1

Zum besseren Vergleich werden die Zeitpfade des Einkommens der beiden Regionen in zwei getrennten Abbildungen gegenübergestellt:

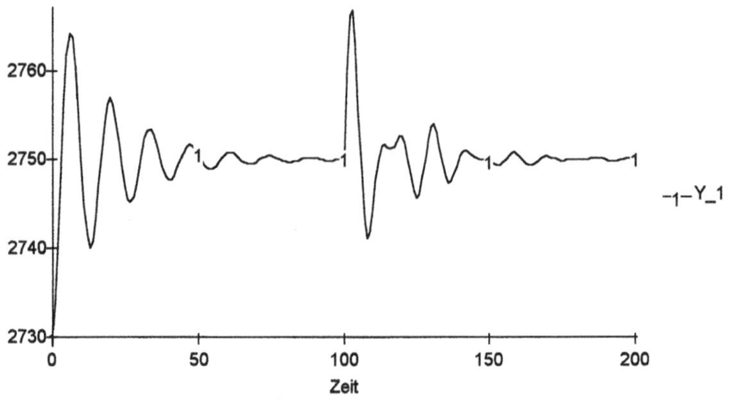

Abbildung 4-11: Einkommensentwicklung Region 1

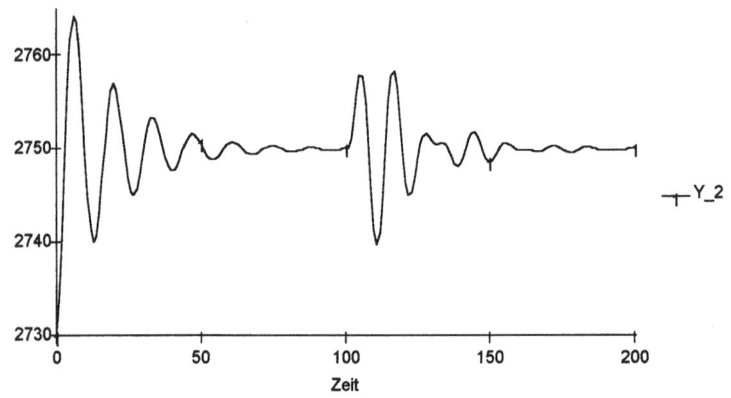

Abbildung 4-12: Einkommensentwicklung Region 2

Obwohl der Schock ausschließlich Region 1 betrifft, findet aufgrund der Handelsverflechtungen der beiden Regionen eine Konjunkturübertragung statt. Im Gegensatz zu den Auswirkungen 'globaler' Schocks erkennt man jedoch ein deutliches Auseinanderfallen der Konjunkturzyklen der beiden Regionen.

4.6.2.3 Asymmetrische Regionen

In einem nächsten Schritt sollen asymmetrische Regionen in bezug auf die Fiskalparameter unterstellt werden. Bei sonst gleichen Verhaltensparametern der Regionen führt Region 1 ($\gamma = 0.4$) eine stärkere Stabilisierungspolitik durch als Region 2 ($\gamma^* = 0.2$).

Da es sich nicht um zwei getrennte, sondern um ein Gesamtsystem handelt, kann die Stabilität der beiden Regionen nicht voneinander abweichen. Die Zeitpfade in Abbildung 4-13 (grafische Ausgabe ohne warm-up-Phase) zeigen, daß der Versuch der Stabilisierung der eigenen Wirtschaft die konjunkturellen Ausschläge beider Regionen, ausgelöst durch einen symmetrischen Schock in beiden Regionen, dämpft. Die Schwingungen werden in beiden Regionen stärker gedämpft als in Abbildung 4-9, so daß nach drei Zyklen der Impuls nahezu vollständig abgebaut ist. Bei einem Fiskalparameter der Region 1 in Höhe von $\gamma = 0.2$ benötigt das System sechs Zyklen zum Ausschwingen.

Die Kosten einer verstärkten Stabilisierungspolitik hat nur Region 1 zu tragen, der Nutzen gedämpfter Konjunkturzyklen kommt jedoch beiden zugute. So könnte eine Regionalregierung mit der Hoffnung auf eine Stabilisierungspolitik in der Nachbarregion auf eigene Maßnahmen verzichten. Es zeigt sich aber, daß den Kosten eigener Staatsausgabenerhöhungen regionenspezifische Vorteile gegenüberstehen. Die Amplituden der konjunkturellen Ausschläge sind in Region 1 deutlich niedriger als in Region 2 mit geringeren Eingriffen in das Wirtschaftsgeschehen.

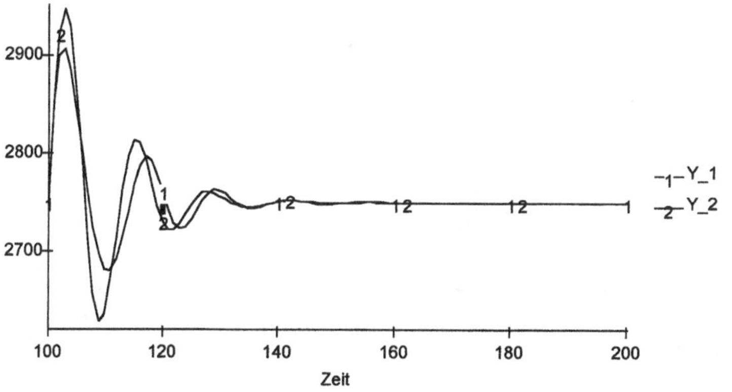

Abbildung 4-13: Einkommensentwicklung asymmetrischer Regionen

Es ist zu erkennen, daß der Gleichlauf der Konjunkturen der beiden Regionen unterbrochen wird. Die Region mit der geringeren Stabilisierungspolitik weist eine nachlaufende konjunkturelle Entwicklung auf.

Die Höhe des stationären Gleichgewichtspfads stimmt weiterhin in beiden Regionen überein. Das stationäre Gleichgewicht ist unabhängig von der Höhe des Fiskalparameters. Der Staat kann somit die eigene Wirtschaftsleistung mit diesem Instrument nicht dauerhaft erhöhen. Es dient ausschließlich der Dämpfung der Konjunktur.

Die folgende Abbildung gibt einen Vergleich aller makroökonomischen Größen der Region 1 im Zeitverlauf:[73]

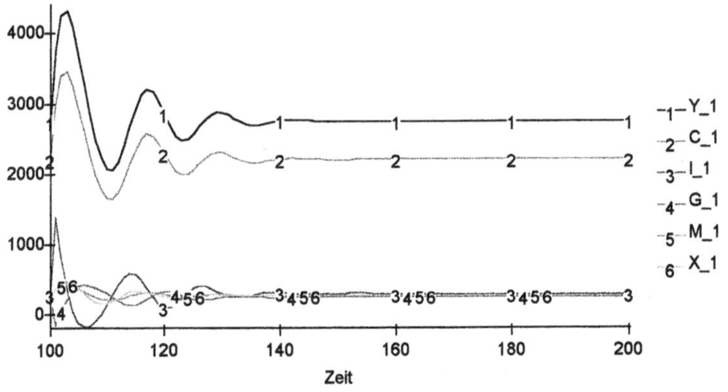

Abbildung 4-14: Gegenüberstellung der Variablen von Region 1

Das Modell zeigt trotz seiner einfachen Struktur einige Eigenschaften, die den stilized facts der Konjunktur nahekommen (vgl. Lucas 1977, S.9). So sind die Investitionen das Nachfrageaggregat mit den höchsten Amplituden. Die Investitionen weisen gegenüber dem Referenzzyklus des Sozialprodukts einen lead (Vorlauf) auf. Die Exporte zählen auch in diesem Zwei-Regionen-Modell zu den prozyklischen Konjunkturindikatoren.

In einem Phasendiagramm wird die Änderung einer Größe ihrem Absolutwert gegenübergestellt. Diese Art der Darstellung der dynamischen Entwicklung des Systems zeigt die zyklische Annäherung an das stationäre Gleichgewicht nach dem exogenen Schock (ohne warm-up-Phase):

[73] Um die Amplituden der einzelnen Variablen zugunsten der Vergleichsmöglichkeit zu verstärken, wurde ein vergrößerter Impuls gewählt.

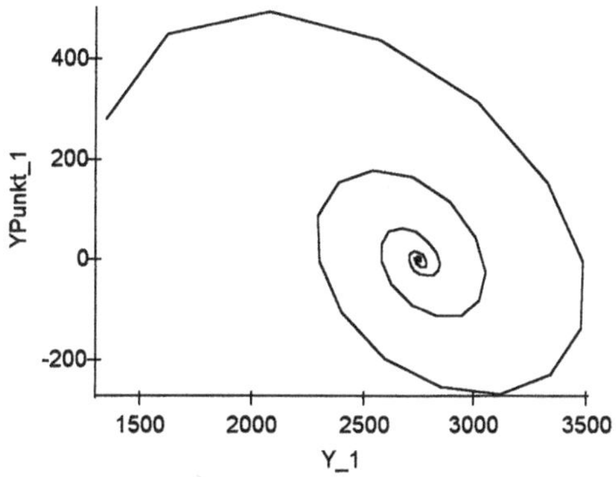

Abbildung 4-15: Phasendiagramm des Einkommens

Zusammenfassend wird eine systematische Erhöhung des Fiskalparameters der Region 1 durchgeführt, indem die Konstante γ schrittweise in jedem Lauf von 0.1 auf 0.5 erhöht wird:[74]

const gq_1 = .1 + (LAUF-1)*0.01

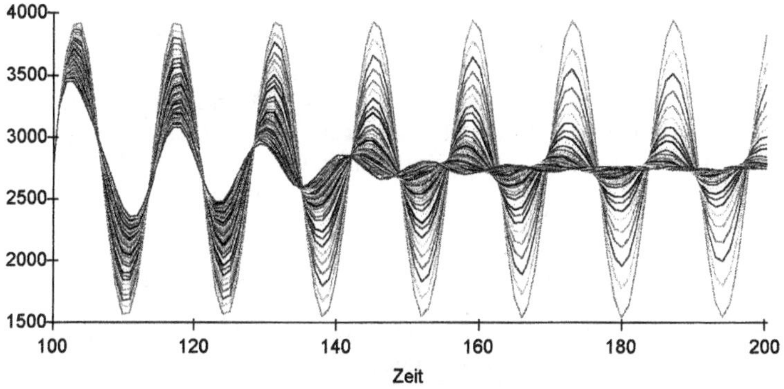

Abbildung 4-16: Einkommensentwicklung in Region 1 bei einer systematischen Erhöhung des Fiskalparameters der Region 1

Die systematische Erhöhung des Fiskalparameters der Region 1 führt zu alternativen Einkommensentwicklungspfaden in Abbildung 4-16 für Region 1 sowie in Abbildung 4-17 für Region 2.

[74] Die interne Variable LAUF gibt die Nummer des Simulationslaufs an.

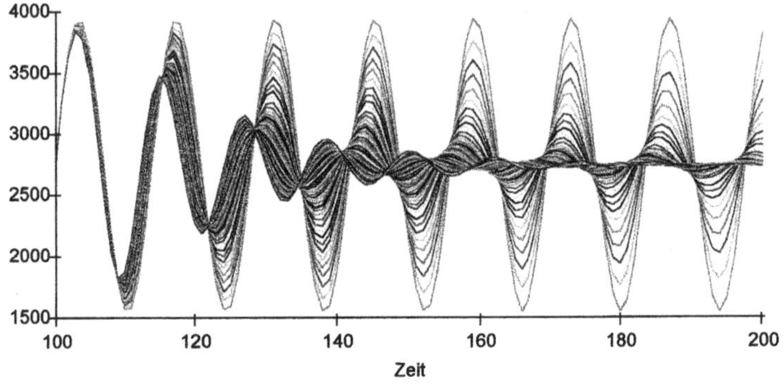

Abbildung 4-17: Einkommensentwicklung in Region 2 bei einer systematischen Erhöhung des Fiskalparameters der Region 1

Die Parameter des Systems werden auf die in Tabelle 4-6 angegebenen Werte fixiert. Der Fiskalparameter der Region 1 wird von 0.1 auf 0.5 mit der Schrittweite 0.01 erhöht. Die 40 Simulationsläufe sind in den oberen Abbildungen wiedergegeben. Die am geringsten ausgeprägte Stabilisierungspolitik mit dem Wert 0.1 führt zu persistierenden Schwingungen in beiden Regionen (die 'modifizierten' Akzelerationskoeffizienten nehmen in diesem Fall den Wert 1 an). Mit zunehmender Stabilisierungspolitik nehmen die Amplituden ab, das Ziel der Stabilisierung wird erreicht.

Hierbei muß aber das schon abgeleitete Ergebnis berücksichtigt werden, daß die Stabilisierungspolitik primär der Region zugute kommt, die diese Maßnahmen durchführt. Deren Schwingungen werden stärker gedämpft als die der Nachbarregion.[75]

4.6.2.4 Wachstumszyklen in einem erweiterten Zwei-Regionen-Modell

Aus Sicht der Zeitreihenanalyse lassen sich die Entwicklungspfade des Einkommens oder der anderen makroökonomischen Variablen in vier Komponenten zerlegen. Man unterscheidet traditionell zwischen Trend-, Konjunktur-, Saison- und erratischer Komponente. Stochastische Störgrößen sowie Saisonschwankungen werden in dieser Arbeit vernachlässigt. Das galt bislang auch für die Trendkomponente, da der Schwerpunkt dieser Arbeit auf der mittelfristigen Analyse und somit auf der konjunkturellen Entwicklung liegt.

Die Modellierung einer wachsenden Volkswirtschaft ist mit den vorgestellten Simulationstools leicht möglich. Nimmt man an, daß der Wachstumspfad durch

[75] Als zusätzliches Ergebnis erkennt man die weitgehende Unabhängigkeit der Zykluslänge vom Fiskalparameter.

die autonomen Investitionen verursacht wird, kann dies mit wenigen Schritten in das vorgestellte Simulationsmodell eingebaut werden.

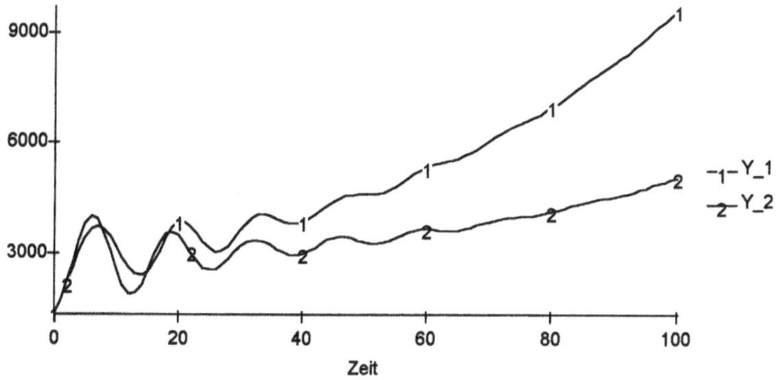

Abbildung 4-18: Wachstumsmodell

Die Modellierung einer autonom wachsenden Investitionsnachfrage mit konstanter Wachstumsrate in einer der beiden Regionen läßt sich leicht umsetzen: Die Konstante (constant)

const Iaut_1 = 300

wird hierzu geändert in eine Hilfsvariable (auxiliary):

aux Iaut_1 = 300*(1+0.02)^ZEIT

So erhält man einen Wachstumspfad mit konstanter Wachstumsrate von 2%, an den sich das System in Abbildung 4-18 annähert:[76]

Obwohl Region 2 in den ersten Perioden überproportional an der wachsenden Investitionsnachfrage in Region 1 partizipieren kann, fällt die Einkommensentwicklung gegenüber Region 1 im weiteren Verlauf zurück.[77]

Die makroökonomischen Variablen der Region 1 zeigt Abbildung 4-19 im Überblick:

---

[76] Die charakteristische Gleichung des Systems bleibt von Änderungen der Exogenität unbeeinflußt (vgl. Anhang A). Somit entsprechen die Stabilitätseigenschaften des Wachstumsmodells denen des stationären Grundmodells.

[77] Der positive Einkommensimpuls wird in diesem Simulationslauf für die Periode 1 unterstellt. Region 1 weist weiterhin einen höheren Fiskalkoeffizienten auf ($\gamma = 0.3$, $\gamma^* = 0.1$).

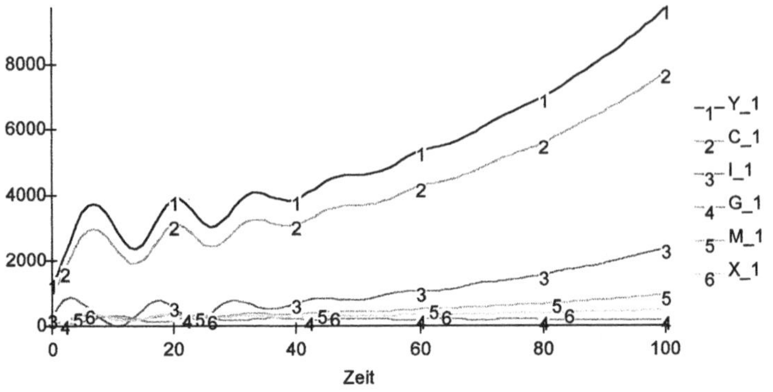

Abbildung 4-19: Entwicklung der Region 1 im Wachstumsmodell

Das Phasendiagramm des Einkommens in Abbildung 4-20 zeigt ebenfalls die Annäherung des Systems an den stabilen Wachstumspfad.

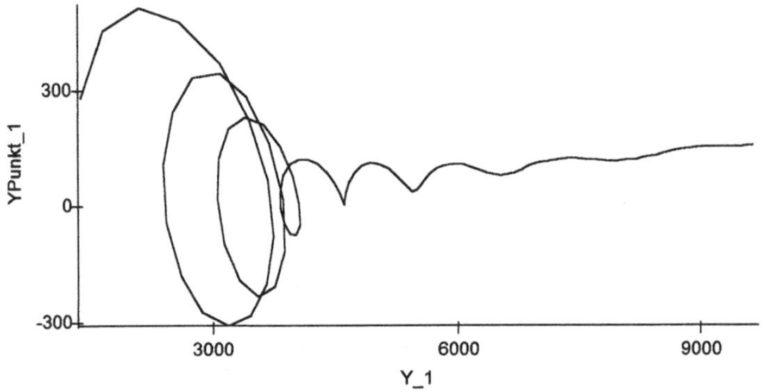

Abbildung 4-20: Phasendiagramm im Wachstumsmodell

Die grafische Erstellung solcher Modelle erlaubt es auf einfache Weise, Änderungen der Modellparameter und der Modellgleichungen durchzuführen. Die Implementierung einer wachsenden Investitionsnachfrage in diesem Abschnitt ist hierfür ein Beispiel. So kann man sich einen guten Überblick über das dynamische Verhalten alternativer Modellversionen verschaffen.

Die statistische Auswertung wird in diesen Simulationstools jedoch weitgehend vernachlässigt. Grundlegende statistische Kennzahlen können im Modell zwar berechnet werden, der Aufwand steht aber in keinem Verhältnis zum erzielbaren Ergebnis. Für weitergehende Analysen besteht wie schon angedeutet die Möglichkeit der Ausgabe auf Datei sowie des Austauschs von Daten von und zu anderen Programmen. Eine statistische Auswertung beispielsweise von Sensitivitätsanalysen wird somit mit Hilfe beliebiger eigener Programme oder DDE-unterstützender Software ermöglicht.

4.7 Exkurs: Ein *n*-Regionen-Modell

4.7.1 Beschreibung

Es wurde schon angedeutet, daß eine Erweiterung des Zwei- auf ein Mehr-Regionen-Modell zwar möglich ist, aber daß die visuelle Erstellung und Darstellung mit einem Simulationspaket wie POWERSIM oder STELLA eher kontraproduktiv wirkt. Auf die Beschreibung und eine Umsetzung des Modell in eine simulationsfähige Version soll dennoch nicht verzichtet werden, da es sich zeigt, daß die Ausweitung des Modells auf drei oder mehr Regionen zusätzliche Fragestellungen aufwirft, die in einem Zwei-Regionen-Modell nicht beantwortet werden können. So wird im Abschnitt 4.7.3 nachgewiesen, daß einzelne Parameteränderungen regionenspezifische Auswirkungen haben können, die bei einer Betrachtung der aggregierten Größen (in diesem Fall des Handelsvolumens) nicht erkennbar sind.

Das Simulationsdiagramm in Abbildung 4-21 verdeutlicht als weiteren Aspekt die Grenzen der Modellierung mittels der betrachteten Simulationstools. Es zeigt sich, daß grafische Simulations-'Hilfsmittel' den Überblick über das Modell ab einer gewissen Größenordnung eher erschweren statt erleichtern. Ob das Ausnützen der maximal zulässigen Anzahl von 6 500 Variablen in einem POWERSIM-Diagramm das Verständnis eines Systems ermöglicht, sei dahingestellt.

Ein auf dem Hicks-Modell basierendes *n*-Regionen-Modell wurde von Vartia (1970) erstellt und für den Drei-Regionen-Fall mit einem numerischen Beispiel simuliert. Vartia bezeichnet sein Modell als Mehr-Länder-Modell, obwohl er keine für diese Modellklasse charakteristischen Ausgleichsmechnismen wie den Wechselkurs oder die Geldmengen modelliert und somit die Bezeichnung 'Region' angemessener erscheint (vgl. Abschnitt 4.1). Die vorliegende Version ist eine leicht modifizierte Version des Vartia-Modells mit Ein-Perioden-Lags in den Importfunktionen. So kann es als eine direkte Erweiterung des Zwei-Regionen-Modells aus den vorangegangenen Abschnitten interpretiert werden.

Das Modell besteht aus $6 \cdot n$ Gleichungen für die jeweils 6 makroökonomischen Variablen der n Regionen:

(4-13-i) $Y_t^i = C_t^i + I_t^i + X_t^i - M_t^i + G_t^i$, $i = 1,2,\dots,n$

(4-14-i) $C_t^i = c^i Y_{t-1}^i$, $0 < c^i < 1$

(4-15-i) $I_t^i = v^i \cdot \left(Y_{t-1}^i - Y_{t-2}^i\right) + I^{i,aut}$, $0 < v^i < 2$

(4-16-i) $X_t^i = \sum_{\substack{j=1 \\ j \neq i}}^{n} X^{i,j} = \sum_{\substack{j=1 \\ j \neq i}}^{n} x^{i,j} \cdot Y_{t-1}^j$, $0 < x^{i,j} < 1$

(4-17-i) $M_t^i = \sum_{\substack{j=1 \\ j \neq i}}^{n} M^{j,i} = \sum_{\substack{j=1 \\ j \neq i}}^{n} m^{j,i} Y_{t-1}^i$, $0 < m^{j,i} < 1$

(4-18-i) $G_t^i = -\gamma^i \cdot \left(Y_{t-1}^i - Y_{t-2}^i\right) + G^{i,aut}$, $0 < \gamma^i < 1$

mit $i = 1, 2, \dots n$

Das Modell beinhaltet:

- $6 \cdot n$ endogene Variablen $Y^i, C^i, I^i, X^i, M^i, G^i \quad \forall i = 1,2,\dots n$
- $3 \cdot n + 2 \cdot n \cdot (n-1)$ Parameter $c^i, v^i, \gamma^i \; \forall i = 1,2,\dots n; x^{i,j}, m^{j,i} \; \forall i,j$ mit $i \neq j$
- $2 \cdot n$ exogene Größen $I^{i,aut}$, $G^{i,aut} \quad \forall i = 1,2,\dots n$

Da es sich um eine mittelfristige Analyse und weiterhin um Regionen und nicht um Länder handelt, sollen die Handelsbilanzen wie im Grundmodell vernachlässigt werden. Zur Vereinfachung wird unterstellt, daß die Importquoten den Exportquoten des jeweiligen Handelspartners entsprechen. Es gilt somit: $x^{i,j} = m^{j,i} \quad \forall i,j\,,\; i \neq j$. Die Anzahl der Parameter reduziert sich dadurch auf $3 \cdot n + n \cdot (n-1)$.

Das System (4-13-i) bis (4-18-i) wird durch das Flußdiagramm in Abbildung 4-21 (Diagrammansicht) sowie durch die zugehörigen Gleichungs- und Variablendefinitionen in Tabelle 4-6 (Gleichungsansicht) in POWERSIM-Notation für den Sonderfall eines Drei-Regionen-Modells abgebildet.[78]

[78] Icons, die mit eckigen Klammern eingefaßt sind, stellen Kopien der gleichnamigen Größen dar. Dies dient der Vereinfachung des Diagramms.

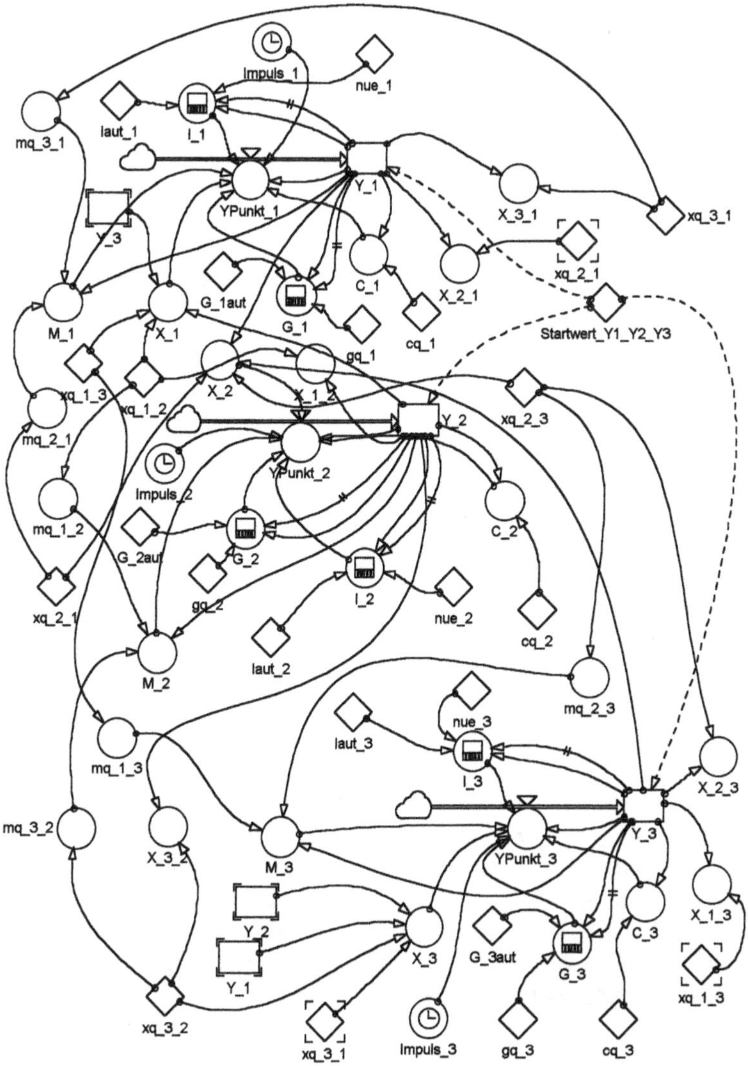

Abbildung 4-21: Drei-Regionen-Modell

Tabelle 4-6: Gleichungsansicht Drei-Regionen-Modell

init	Y_1 = Anfangswert_Y1_Y2_Y3	aux	X_3 = xq_3_1*Y_1+xq_3_2*Y_2
flow	Y_1 = +dt*YPunkt_1	aux	X_1_2 = xq_1_2*Y_2
init	Y_2 = Anfangswert_Y1_Y2_Y3	aux	X_1_3 = xq_1_3*Y_3
flow	Y_2 = +dt*YPunkt_2	aux	X_2_1 = xq_2_1*Y_1
init	Y_3 = Anfangswert_Y1_Y2_Y3	aux	X_2_3 = xq_2_3*Y_3
flow	Y_3 = +dt*YPunkt_3	aux	X_3_1 = xq_3_1*Y_1
aux	YPunkt_1 = C_1+I_1-Y_1+X_1-M_1+G_1+Impuls_1	aux	X_3_2 = xq_3_2*Y_2
aux	YPunkt_2 = C_2+I_2-Y_2+X_2-M_2+G_2+Impuls_2	const	Startwert_Y1_Y2_Y3 = 2730
aux	YPunkt_3 = C_3+I_3-Y_3+X_3-M_3+G_3+Impuls_3	const	cq_1 = .8
aux	C_1 = cq_1*Y_1	const	cq_2 = .8
aux	C_2 = cq_2*Y_2	const	cq_3 = .8
aux	C_3 = cq_3*Y_3	const	G_1aut = 250
aux	G_1 = -gq_1*(Y_1-VERZPIP(Y_1,1))+G_1aut	const	G_2aut = 250
aux	G_2 = -gq_2*(Y_2-VERZPIP(Y_2,1))+G_2aut	const	G_3aut = 250
aux	G_3 = -gq_3*(Y_3-VERZPIP(Y_3,1))+G_3aut	const	gq_1 = .1
aux	I_1 = nue_1*(Y_1-VERZPIP(Y_1,1))+Iaut_1	const	gq_2 = .1
aux	I_2 = nue_2*(Y_2-VERZPIP(Y_2,1))+Iaut_2	const	gq_3 = .1
aux	I_3 = nue_3*(Y_3-VERZPIP(Y_3,1))+Iaut_3	const	Iaut_1 = 300
aux	Impuls_1=IMPULSFALLS(ZEIT=100,100)	const	Iaut_2 = 300
aux	Impuls_2=IMPULSFALLS(ZEIT=100,100)	const	Iaut_3 = 300
aux	Impuls_3=IMPULSFALLS(ZEIT=100,100)	const	nue_1 = 1.1
aux	M_1 = (mq_2_1+mq_3_1)*Y_1	const	nue_2 = 1.1
aux	M_2 = (mq_1_2+mq_3_2)*Y_2	const	nue_3 = 1.1
aux	M_3 = (mq_1_3+mq_2_3)*Y_3	const	xq_1_2 = 0.1
aux	mq_1_2 = xq_1_2	const	xq_1_3 = 0.1
aux	mq_1_3 = xq_1_3	const	xq_2_1 = 0.1
aux	mq_2_1 = xq_2_1	const	xq_2_3 = 0.1
aux	mq_2_3 = xq_2_3	const	xq_3_1 = 0.1
aux	mq_3_1 = xq_3_1	const	xq_3_2 = 0.1
aux	mq_3_2 = xq_3_2		
aux	X_1 = xq_1_2*Y_2+xq_1_3*Y_3		
aux	X_2 = xq_2_1*Y_1+xq_2_3*Y_3		

In den folgenden Simulationsstudien werden die Einkommensentwicklungen der drei Regionen gegenübergestellt. Hierbei werden zuerst vollständig symmetrische Regionen angenommen. In Analogie zum Abschnitt 4.6.2 wird ausgehend von beliebigen Anfangswerten nach einer warm-up-Phase in Periode 100 ein 'globaler' Schock generiert, d.h. der Schock in Form eines einmaligen Impulses wirkt zum selben Zeitpunkt und im selben Ausmaß auf alle drei Regionen. Die analoge

Modellierung sowohl der Regionen als auch der Schocks hat nach Abbildung 4-22 identische Zeitpfade zur Folge.

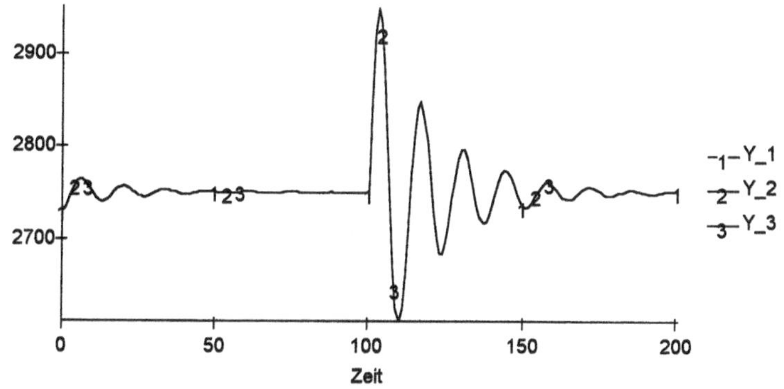

Abbildung 4-22: Einkommensentwicklung Drei-Regionen-Modell

4.7.2 Asymmetrische Schocks

Zu typischen 'globalen' Schocks zählen Preisänderungen auf dem Weltmarkt, insbesondere Ölpreisschocks. Falls die betroffenen Länder - oder im vorliegenden Fall Regionen - eine vergleichbare Wirtschaftsstruktur aufweisen, wie dies durch die Annahme symmetrischer Regionen modelliert wurde, werden die Reaktionen der einzelnen Regionen parallel verlaufen. Beim Auftreten von Schwingungen stellt sich nach Abbildung 4-22 ein konjunktureller Gleichlauf ein.

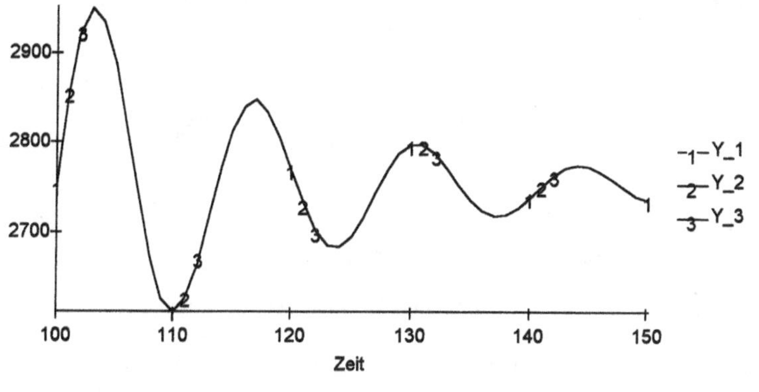

Abbildung 4-23: Einkommensentwicklung bei einem 'globalen' Schock

Viele Impulse haben jedoch regionalen Charakter wie Streiks, Wetterkatastrophen oder Wahlen. Die Reaktionen insbesondere der Handelsströme der einzelnen Regionen auf einen positiven Impuls, der nur eine der drei Regionen betrifft, sollen im folgenden gegenübergestellt werden.

Region 1 erfährt in Periode 100 ausgehend von einem Gleichgewichtspfad einen positiven Einkommensschock. Auf die Wiedergabe der warm-up-Phase wird verzichtet. Weiterhin wird nur ein Ausschnitt der Zeitreihen verglichen. Um die Unterschiede zum symmetrischen Schock zu verdeutlichen, wird der betreffende Ausschnitt aus Abbildung 4-22 in Abbildung 4-23 vergrößert.

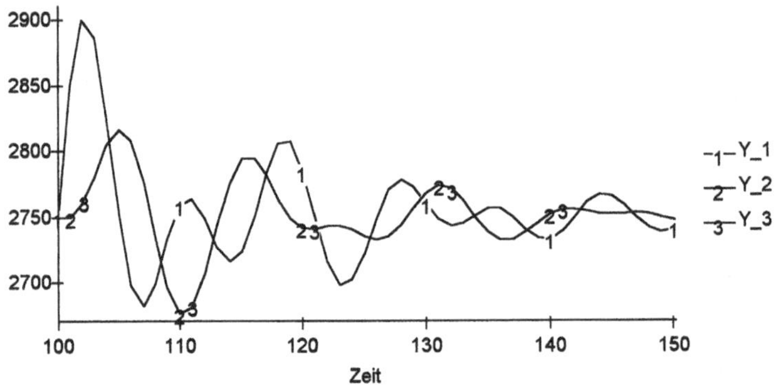

Abbildung 4-24: Einkommensentwicklung bei einem 'regionalen' Schock

Der 'regionale' Schock in Region 1 versetzt das System in Schwingungen. Aufgrund der Handelsverflechtungen partizipieren die Nachbarregionen über erhöhte Exporte nach Region 1 von deren Aufschwung. Die regionalen Importfunktionen weisen einen Lag in Höhe einer Periode auf. So kommt es zu einer Zeitverzögerung bei den Auswirkungen der Einkommenserhöhung. Dies führt zu einem Auseinanderfallen der konjunkturellen Entwicklung der drei Regionen um mehrere Perioden, wobei Region 2 und 3 weiterhin einen Gleichlauf ihrer Konjunkturen aufweisen.

4.7.3 Auswirkungen einer regionaler Exportförderung

Im nächsten Schritt wird angenommen, daß eine der Regionen in der Lage ist, durch Exportförderung ihre Exportquote in eine zweite Region dauerhaft zu erhöhen.[79] Es sei im folgenden ein Anstieg der Exportquote der Region 1 nach Region 2 unterstellt. Die folgenden Abbildungen zeigen die hypothetische Einkom-

[79] Man denke hierbei an bilaterale Verträge zum Verzicht auf diskriminierende Importbeschränkungen.

mensentwicklung der drei Regionen bei einer Exportquotensteigerung von Region 1 nach Region 2 und einem 'globalen' Schock in Periode 100. Dabei werden die Zeitpfade bei identischen Exportquoten (symmetrische Regionen) als Referenzzyklen mit angegeben.

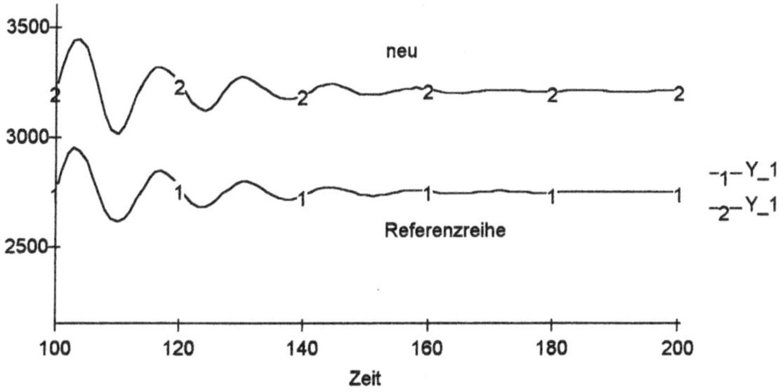

Abbildung 4-25: Einkommensentwicklung Region 1

Die vermehrten Exporte der Region 1 nach Region 2 stellen eine Nachfrageerhöhung in der Region 1 dar, die das dortige Einkommen steigern. Zwischen diesen beiden Regionen steigt das Handelsvolumen. Der Anstieg verläuft jedoch zugunsten der exportierenden Region 1 (vgl. die Gegenüberstellung der Exportmengen in Abbildung 4-29), da die zusätzliche Nachfrage nur deren Output steigert.

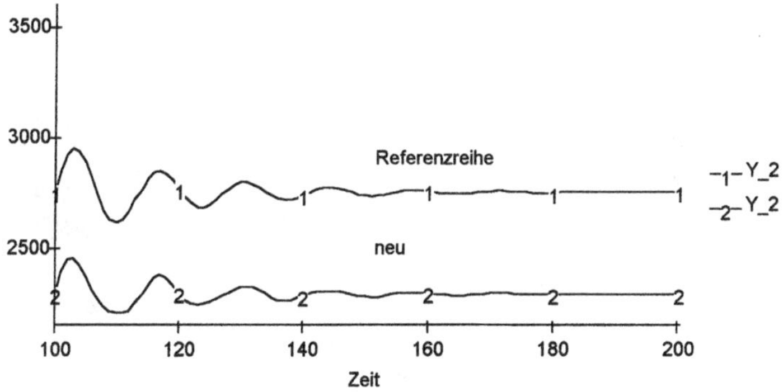

Abbildung 4-26: Einkommensentwicklung Region 2

Region 2 importiert mehr Güter als zuvor (vgl. Abbildung 4-28), ohne seinen Export im gleichen Maße erhöhen zu können. Der Import erfolgt zu Lasten der Binnennachfrage. So findet eine Substitution der privaten Nachfrage zugunsten der Importe aus Region 1 statt, die das Einkommen der Region 2 reduziert.

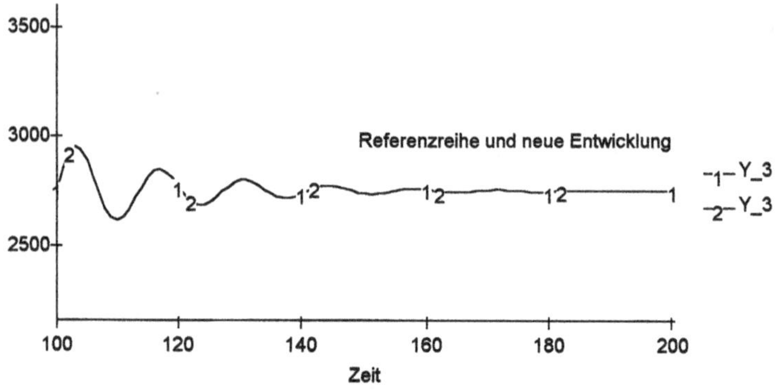

Abbildung 4-27: Einkommensentwicklung Region 3

Das Einkommen der dritten Region bleibt nach Abbildung 4-27 von der Erhöhung der Exportquote $x^{1,2}$ unbeeinflußt. Das gilt auch für die Gesamtimporte der Region 3 (vgl. Abbildung 4-28), wobei sich deren Zusammensetzung jedoch zugunsten der Region 1 ändert (vgl. Abbildung 4-31). Durch das gestiegene Einkommen in Region 1 werden sowohl aus Region 2 als auch aus Region 3 vermehrt Importe nachgefragt. Die Verdrängung der privaten Nachfrage durch die vermehrten Importe in Region 2 senkt dort die Produktion. Die gesteigerten Exporte nach Region 1 können diesen Effekt nicht kompensieren.

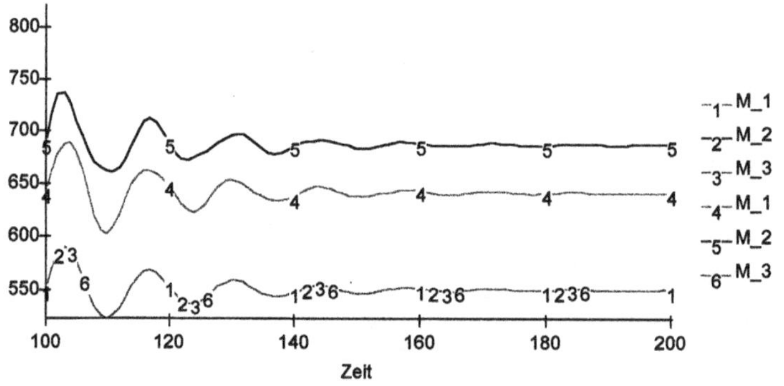

Abbildung 4-28: Importe der drei Regionen

In den folgenden drei Abbildungen werden die Gesamtexporte der Regionen und deren Aufteilung verglichen.

Abbildung 4-29 stellt die Exporte der Region 1 vor und nach der Erhöhung der Exportquote von Region 1 nach Region 2 dar. Die Zeitreihe (1) gibt die Gesamtexporte als Summe der Exporte nach Region 2 (2) und Region 3 (3) bei identischen Exportquoten aller Regionen wieder. Nach der Erhöhung der Exportquote $x^{1,2}$ steigen sowohl die Gesamtexporte (4) der Region 1 als auch deren Exporte in die Region 2 (5). Das Exportvolumen in die Region 3 bleibt konstant (6).

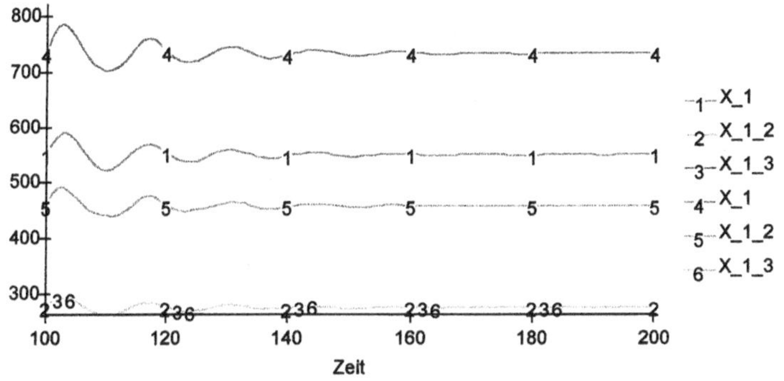

Abbildung 4-29: Exporte Region 1

Abbildung 4-30 zeigt die Auswirkungen der zu analysierenden Parameteränderung auf die Exporte von Region 2.

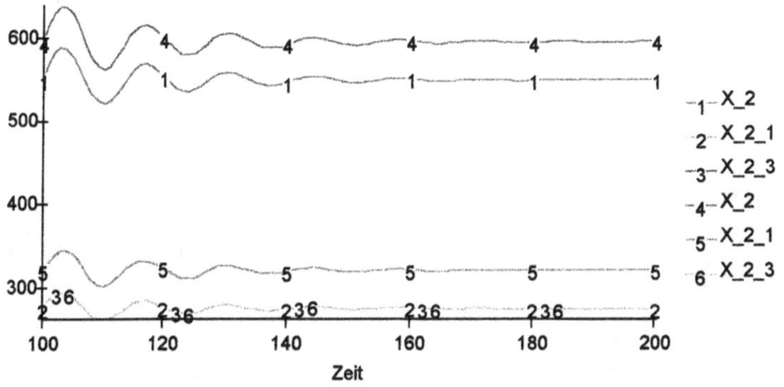

Abbildung 4-30: Exporte Region 2

Die Gesamtexporte vor der Parameteränderung (1) sind wiederum die Summe der identischen Exporte nach Region 1 (2) und 3 (3). Nach der Erhöhung der Exportquote $x^{1,2}$ und der dadurch erfolgten Steigerung des Einkommens der Region 1 steigen zwar die Exporte in diese Region (5), das Einkommen der Region 2 fällt jedoch aufgrund der Verdrängung der privaten Nachfrage (vgl. Abbildung 4-26). Da die Exporte nach Region 3 konstant bleiben, nimmt die Summe der Exporte der Region 2 leicht zu (4).

Das Exportvolumen von Region 3 bleibt konstant (1 und 4). Es ändert sich jedoch die Zusammensetzung der Exporte. Das erhöhte Einkommen in Region 1 führt dort zu einem vermehrten Importsog, der sich aufgrund der identischen Importquoten gleichmäßig auf die beiden anderen Regionen aufteilt. So steigen die Exporte von Region 3 nach Region 1 (5) sowie von Region 2 nach 1 (vgl. Abbildung 4-30, 5). Region 2 kann aufgrund seines gesunkenen Einkommens nur eine geringere Importmenge aus Region 3 nachfragen (6). Somit hat in Region 3 keine Änderung der Gesamtexportmenge, sondern nur eine Verlagerung der Exporte von Region 2 auf Region 1 stattgefunden.

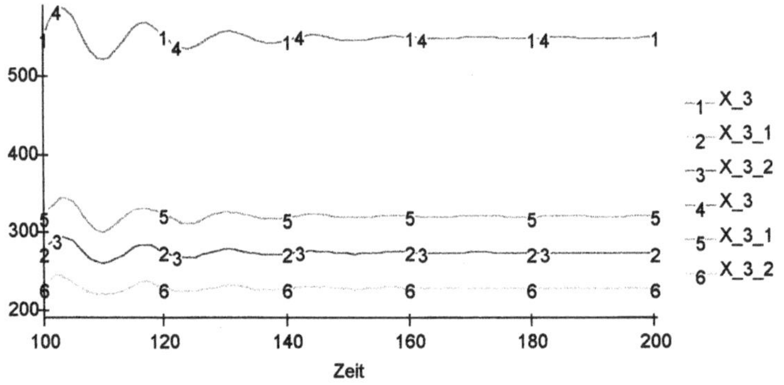

Abbildung 4-31: Exporte Region 3

4.7.4 Zusammenfassung

Zu dem vergleichbaren Modell von Vartia stellt dieser wohl zutreffend fest (Vartia 1970, S.83): "It is expected that an econometric study of the model, as such, will not give good fit with the empirical data..." Aber er fährt fort: "... but nevertheless I believe that the model has, besides theoretical interest as explaining one of the mechanisms through which the cycles are transmitted, also some practical usefulness."

Das Modell zeigt eine Möglichkeit der Übertragung von Konjunkturzyklen zwischen einzelnen Regionen über den Transmissionsmechanismus des interregionalen Handels. Dabei kommt es zu einem Gleichlauf der konjunkturellen Entwicklung, wenn ein exogener Schock alle Regionen zum selben Zeitpunkt trifft und die Regionen symmetrisch sind. Schon geringfügige Änderungen einzelner Parameter (im Beispiel die Exportquote einer Region) lenken die Handelsströme in nicht unerheblichem Ausmaß um. Ein Auseinanderfallen der Auf- und Abschwungphasen wird durch die Parameteränderung ebenfalls verursacht. Die Höhe der Phasenverschiebung ist jedoch gering.

Im Falle eines asymmetrischen Schocks auf symmetrische Länder stellt sich hingegen ein deutliches Auseinanderfallen der Konjunkturentwicklung ein. Ein regionaler Schock hat einen direkten Einfluß auf das Einkommen der entsprechenden Region. Über die Handelsverflechtungen wird dieser Schock auf die übrigen Regionen übertragen, aufgrund der Importlags jedoch mit einer gewissen Zeitverzögerung. So kommt es zu einem dauerhaften Auseinanderfallen der regionalen Konjunkturentwicklungen.

5 Ein asymmetrisches Zwei-Länder-Modell

5.1 Übersicht

In der Literatur werden offene Volkswirtschaften meist anhand von Modellen eines kleines Landes oder zweier großer Länder analysiert. Drei- oder Mehr-Länder-Modelle sind eher selten anzutreffen. Da sich die Ergebnisse bei unterschiedlichen Annahmen bezüglich der Größe eines Landes, wobei die 'Größe' stellvertretend für die Bedeutung des Einflusses auf den Rest der Welt steht, oft widersprechen, werden in dieser Arbeit sowohl ein Modell eines kleinen Landes als auch ein Zwei-Länder-Modell untersucht.

In Kapitel 3 wurde ein modifiziertes Mundell-Fleming-Modell als Beispiel für die erstgenannte Modellklasse analysiert. Als Übergang zur Modellklasse der Zwei-Länder-Modelle wurde in Kapitel 4 auf ein Zwei-Regionen-Modell eingegangen, um grundlegende Eigenschaften und Unterschiede symmetrischer bzw. asymmetrischer Länder an einem einfachen Beispiel herauszuarbeiten. Als Exkurs wurde ein Drei-Regionen-Modell vorgestellt, um einen Hinweis auf die Komplexität der Analyse von Mehr-Länder-Modellen zu geben. In diesem Kapitel soll nun ein Zwei-Länder-Modell besprochen werden, womit die wichtigsten Modellklassen abgehandelt wären.

Ein kleines Land ist definitionsgemäß nicht in der Lage, auf die Wirtschaft des großen Auslands (Rest der Welt) Einfluß zu nehmen. Das Ausland stellt für das kleine Inland eine exogene Größe dar. Im Gegensatz zum Modell eines kleinen Landes hat in einem Zwei-Länder-Modell nicht nur das Ausland Auswirkungen auf die (konjunkturelle) Entwicklung im Inland, sondern das Inland ist groß genug, seinerseits die makroökonomischen Größen des Auslands zu beeinflussen. Bei einem Zwei-Länder-Modell werden somit die makroökonomischen Größen des Auslands endogenisiert. Da die Endogenisierung des Auslands in einfacher Form schon in Kapitel 4 vorgenommen wurde, sollen nun weitere Modifizierungen durchgeführt werden.

Bislang stand die Analyse in der Tradition der realen, keynesianisch geprägten Konjunkturmodelle offener Volkswirtschaften. Die rein nachfrageorientierte Ausrichtung soll nun um die Angebotsseite erweitert werden. Die Endogenisierung des Güterangebots wird in rudimentärer Form über eine Phillips-Kurve vorgenommen. Im Gegensatz zu den bislang realen Modellen werden somit die Preisniveaus endogenisiert. Es handelt sich daher um eine monetäre Angebots-Nachfrage-Variante eines dynamischen Zwei-Länder-Modells.

Die analytische Behandlung von Zwei-Länder-Modellen wird in der Literatur meist unter den Annahmen getroffen, daß beide Länder nicht nur identische Verhaltens*gleichungen* aufweisen, sondern ebenso die Verhaltens*parameter* übereinstimmen. Wird diese zweite Annahme aufgehoben, verkompliziert dies die Analyse in hohem Ausmaß. Selbst die komparativ-statische Behandlung solcher Modelle führt zu Multiplikatoren, bei denen oft noch nicht einmal die Vorzeichen explizit herleitbar sind. Als Beispiel sei auf Daniel (1981)[80] verwiesen, der in einem Zwei-Länder-Modell mit rationaler Erwartungsbildung den Versuch unternimmt, die Multiplikatoren analytisch herzuleiten.

Im vorliegenden Modell sind beide Länder von den Verhaltensgleichungen gesehen analog modelliert. Im Gegensatz zu vergleichbaren Modellen (z.B. Obstfeld 1985, S.387-390) werden aber keine Symmetrieannahmen bezüglich der Parameter gestellt. Die Parameterwerte der beiden Länder können voneinander abweichen. Somit handelt es sich um ein asymmetrisches Zwei-Länder-Modell.[81]

Die Anzahl der Parameter für eine geschlossene Volkswirtschaft wird sich bei gleicher Modellierung der beiden Länder bei zwei endogenen Ländern verdoppeln, wie sich schon im Zwei-Regionen-Fall gezeigt hat. Es stellt sich in diesem Kapitel zum einen die Frage, ob ein Zwei-Länder-Modell zu abweichenden Ergebnissen im Vergleich zum einem Modell eines kleinen Landes führt. Als zweites müssen Unterschiede zwischen der Modellierung von 'Regionen-' und 'Länder-'Modellen herausgearbeitet werden. Weiterhin kann das Modell auf Unterschiede zwischen der in der Literatur üblichen symmetrischen und der aufwendigeren asymmetrischen Variante analysiert werden. Als Erweiterung zum bisherigen Schwerpunkt der Stabilitätsanalyse wird für das monetäre Zwei-Länder-Modell zusätzlich das Schwingungsverhalten untersucht.

Bei dem im folgenden vorgestellten log-linearen Zwei-Länder-Modell handelt es sich um eine diskrete und asymmetrische Variante eines Modells von Turnovsky (1986), das als eine Erweiterung des Dornbusch-Modells (1976) auf den Zwei-Länder-Fall interpretiert werden kann. Ein Zwei-Länder-Modell mit diskreter Zeitführung und vergleichbarer Modellierung stellt Obstfeld (1985, S.387-390) vor.

Turnovsky führt die Analyse unter Symmetrieannahmen durch. So kann er auf die Differenzenmethode von Aoki (1981) zurückgreifen, welche die analytische Behandlung solcher Modelle ermöglicht. Da es sich um eine starke Vereinfachung handelt, sollte man die Analyse offener Volkswirtschaften unter Symmetrieannahmen nach Turnovsky (1986, S.139) nur eine 'first approximation' nennen. Auf die analytische Behandlung der symmetrischen Variante soll im folgenden zugunsten der numerischen Analyse des asymmetrischen Modells verzichtet werden.

5.2 Modellbeschreibung

Das Modell mit Güter- und Geldmarkt sowie flexiblem Wechselkurs und endogenen Preisniveaus ist unter Symmetrieannahmen nach der Methode von Aoki

---

80 Die Liste der Multiplikatoren findet man bei Daniel (1981) im Anhang (S.504-508).

81 Das Wortpaar Symmetrie bzw. Asymmetrie bezieht sich im folgenden immer auf die *Parameter*, nicht auf die *Gleichungen*.

mit Durchschnitts- und Differenzenbildung relativ leicht zu behandeln.[82] Die folgende asymmetrische Variante stellt einen ungleich höheren analytischen Aufwand dar:

(5-1) $Y_t = a_1 Y^*_{t-1} - a_2 i_t + a_3\left(e_t + p^*_t - p_t\right) + G \quad , \quad a_1, a_2, a_3 > 0$

(5-2) $Y^*_t = a^*_1 Y_{t-1} - a^*_2 i^*_t - a^*_3\left(e_t + p^*_t - p_t\right) + G^* \quad , \quad a^*_1, a^*_2, a^*_3 > 0$

(5-3) $M - q_t = b_1 Y_t - b_2 i_t \quad , \quad b_1, b_2 > 0$

(5-4) $M^* - q^*_t = b^*_1 Y^*_t - b^*_2 i^*_t \quad , \quad b^*_1, b^*_2 > 0$

(5-5) $i_t = i^*_t + \Delta e^e_{t+1}$, mit $\Delta e^e_{t+1} = \Delta e_t = e_t - e_{t-1}$

(5-6) $q_t = \delta p_t + (1-\delta)\left(p^*_t + e_t\right) = p_t + (1-\delta)\left(e_t + p^*_t - p_t\right) \quad , \quad \delta > 0$

(5-7) $q^*_t = \delta^* p^*_t + \left(1-\delta^*\right)\left(p_t - e_t\right) = p^*_t - \left(1-\delta^*\right)\left(e_t + p^*_t - p_t\right) \quad , \quad \delta^* > 0$

(5-8) $p_t - p_{t-1} = \gamma Y_t \quad , \quad \gamma > 0$

(5-9) $p^*_t - p^*_{t-1} = \gamma^* Y^*_t \quad , \quad \gamma^* > 0$

Das Modell beinhaltet in 9 Gleichungen:

- 9 endogene Variablen $Y, Y^*, i, i^*, p, p^*, q, q^*, e$
- 4 exogene Größen $G, G^* M, M^*$
- 14 Parameter $a_1, a_1^*, a_2, a_2^*, a_3, a_3^*, b_1, b_1^*, b_2, b_2^*, \delta, \delta^*, \gamma, \gamma^*$ (>0)

Die ersten beiden Gleichungen stellen die Gütermärkte der beiden Länder dar. Die Variable Y ist die Abweichung des Einkommens von seinem langfristigen Gleichgewicht (ab jetzt vereinfachend mit 'Einkommen' bezeichnet). Y hängt positiv vom Einkommen des anderen Landes Y^* und den eigenen exogen gesetzten Staatsausgaben G sowie negativ vom inländischen Nominalzins i ab. Eine reale Abwertung, dargestellt durch ein Ansteigen des realen Wechselkurses $E^{real} = \frac{E \cdot P^*}{P}$, in logarithmischer Schreibweise $e^{real} = e + p^* - p$, verbilligt das inländische Warenangebot und wirkt somit positiv auf das Einkommen. Die Effekte im Ausland sind entsprechend zu interpretieren, wobei der reale Wechselkurs aus der Sicht des Inlands beschrieben wird und somit in Gleichung (5-2) ein negatives Vorzeichen aufweist.

In logarithmischer Darstellung läßt sich das reale Geldangebot durch die Differenz aus nominalem Geldangebot M und Konsumentenpreisindex q bestimmen,

[82] Eine anschauliche Abhandlung mit Hilfe der Aoki-Methode bietet Turnovsky (1986). Hier soll zugunsten der Simulationsstudien auf die Darstellung der Aoki-Methode verzichtet werden.

die reale Geldnachfrage hängt positiv vom Einkommen und negativ vom inländischen Zins ab (Gleichungen 5-3 und 5-4).

Gleichung (5-5) ist die diskrete Form der ungedeckten Zinsparität (vgl. Rivera/Batiz 1985, S.56). Diese stellt das Arbitragegleichgewicht zwischen den beiden Anlagearten im In- und Ausland dar. Die nominalen Zinssätze der beiden Länder unterscheiden sich nur durch die erwartete Wechselkursänderung. In Anlehnung an Turnovsky (1986, S.140) wird im folgenden eine naive Erwartungsbildungshypothese unterstellt: die zum Zeitpunkt t beobachtete Abwertungsrate $\Delta e_t = e_t - e_{t-1}$ wird in die nächste Periode $t+1$ fortgeschrieben.[83]

In den Gleichungen (5-6) und (5-7) werden die Konsumentenpreisindizes q und q^* definiert. Es handelt sich um Linearkombinationen zwischen in- und ausländischem Preisniveau, das mit dem Wechselkurs in die jeweilige Währung umgerechnet wird. Der Warenkorb des inländischen Konsumenten besteht zu einem Anteil δ aus inländischen Waren und zu $(1-\delta)$ aus Importen. Da meist eine Präferenz zugunsten des inländischen Warenangebots vorliegt, kann die Annahme $\delta, \delta^* > 0.5$ getroffen werden.

Die letzten beiden Gleichungen stellen modifizierte lineare Phillips-Kurven dar. Übersteigt das Sozialprodukt sein langfristiges Gleichgewicht, so führt dies über Lohnerhöhungen auf dem (nicht modellierten) Arbeitsmarkt zu einem Preisanstieg.

5.3 Langfristige Betrachtung

5.3.1 Steady state

Bevor auf die Dynamik des Systems eingegangen wird, soll zuerst der steady state analysiert werden. Die Bestimmung der langfristigen, stationären Gleichgewichtspfade der beiden Volkswirtschaften vereinfacht sich dadurch, daß die Entwicklung des Einkommens anhand der Abweichungen vom steady state definiert ist. Sobald sich die Preisniveaus nicht mehr ändern, haben die Einkommen ihr Gleichgewicht erreicht und die beiden Variablen Y und Y^* nehmen nach den Gleichungen (5-8) und (5-9) den Wert 0 an.

Im steady state gilt:[84]

(5-10) $0 = -a_2 i + a_3\left(e + p^* - p\right) + G$

(5-11) $0 = -a_2^* i^* - a_3^*\left(e + p^* - p\right) + G^*$

(5-12) $M - q = -b_2 i$

---

[83] Bei Turnovsky (1986, S.140) lautet die ungedeckte Zinsparität bei stetiger Zeitführung $i = i^* + \dot{e}$.

[84] Variablen ohne Zeitindex kennzeichnen steady state-Variablen.

(5-13) $M^* - q^* = -b_2^* i^*$

(5-14) $i = i^*$

(5-15) $q = \delta p + (1-\delta)(p^* + e) = p + (1-\delta)(e + p^* - p)$

(5-16) $q^* = \delta^* p^* + (1-\delta^*)(p - e) = p^* - (1-\delta^*)(e + p^* - p)$

Die Bestimmung der Multiplikatoren kann wahlweise aus einem Systemdiagramm oder analytisch über die Cramer-Regel bestimmt werden. Eine der möglichen Zuordnungen der Variablen zu den Gleichungen zeigt das Systemdiagramm in Abbildung 5-1:

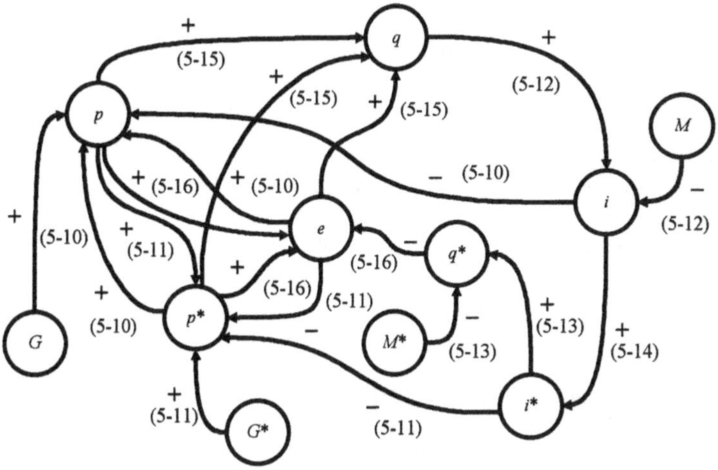

Abbildung 5-1: Systemdiagramm Zwei-Länder-Modell

Aufgrund der vielen Rückkopplungsschleifen ist eine grafische Bestimmung der Multiplikatoren, die im Abschnitt B 3.4 vorgestellt wird, nicht praktikabel. Die Multiplikatoren sollten daher analytisch hergeleitet werden.

Nach einigen elementaren Umformungen des Gleichungssystems (5-10) bis (5-16) erhält man die Gleichgewichtswerte des Systems:

$$
\begin{aligned}
e &= \left(M - M^*\right) + \frac{1}{\omega}\left\{a_2^*\left(1-\delta-\delta^*\right) + a_3^*\left(b_2 - b_2^*\right)\right\}G \\
&\quad - \frac{1}{\omega}\left\{a_2\left(1-\delta-\delta^*\right) + a_3\left(b_2^* - b_2\right)\right\}G^* \qquad (5\text{-}17) \\
&= \left(M - M^*\right) + \frac{1}{\omega}\left\{\left(1-\delta-\delta^*\right)\left(a_2^*G - a_2G^*\right) + \left(b_2 - b_2^*\right)\left(a_3^*G - a_3G^*\right)\right\}
\end{aligned}
$$

(5-18) $q = M + \dfrac{b_2}{\omega}\left[a_3^*G + a_3G^*\right]$

(5-19) $q^* = M^* + \dfrac{b_2^*}{\omega}\left[a_3^*G + a_3G^*\right]$

(5-20) $i = i^* = \dfrac{1}{\omega}\left[a_3^*G + a_3G^*\right]$

$$
\begin{aligned}
p &= M + \frac{1}{\omega}\left\{\left[a_3^*b_2 + (1-\delta)a_2^*\right]G + \left[a_3b_2 - (1-\delta)a_2\right]G^*\right\} \qquad (5\text{-}21) \\
&= M + \frac{1}{\omega}\left\{a_3^*b_2\left(G+G^*\right) + (1-\delta)\left(a_2^*G - a_2G^*\right)\right\}
\end{aligned}
$$

$$
\begin{aligned}
p^* &= M^* + \frac{1}{\omega}\left\{\left[a_3^*b_2^* - \left(1-\delta^*\right)a_2^*\right]G + \left[a_3b_2^* + \left(1-\delta^*\right)a_2\right]G^*\right\} \qquad (5\text{-}22) \\
&= M^* + \frac{1}{\omega}\left\{a_3^*b_2^*\left(G+G^*\right) - \left(1-\delta^*\right)\left(a_2^*G - a_2G^*\right)\right\}
\end{aligned}
$$

mit $\omega = a_2a_3^* + a_2^*a_3 > 0$

Aus den Gleichungen (5-17) bis (5-22) kann man die Multiplikatoren des Systems bestimmen. Auf die wichtigen Multiplikatoren bezüglich des Geldmengenangebots und der Staatsausgaben wird nun vertiefend eingegangen.

5.3.2 Die besondere Rolle der Geldpolitik

Ein Teil der Multiplikatoren kann direkt an den Gleichgewichtswerten (5-17) bis (5-22) abgelesen werden. So ist der Einfluß des Geldangebots auf die Gleichgewichtswerte des Systems unabhängig von der Symmetrieeigenschaft. Die Geldmengenmultiplikatoren sind für symmetrische und asymmetrische Länder also identisch. Dies ist ein wichtiges Ergebnis für die komparativ-statische Analyse, da es in bezug auf monetäre Lenkungsmechanismen die vereinfachende Annahme der Symmetrie zweier Länder ohne Einschränkung der Allgemeinheit erlaubt.

Bei einer Erhöhung des Geldangebots im Inland erwartet man in erster Linie einen Anstieg des inländischen Preisniveaus sowie des inländischen Konsumentenpreisindexes. Dies trifft in vollem Ausmaß der Geldmengenerhöhung zu. Der

Geldmengenmultiplikator bezüglich Preisniveau und Konsumentenpreisindex beträgt 1 (in Logarithmen), wie man an den Gleichgewichtswerten erkennt.

Das entsprechende Ergebnis erhält man für das Ausland. Eine ausländische Geldmengenerhöhung erhöht auch dort das Preisniveau und den Konsumentenpreisindex proportional. Die Geldmengenaggregate haben jedoch nur Einfluß auf das eigene Preisniveau:

$$\frac{dp}{dM} = \frac{dp^*}{dM^*} = 1 \quad , \quad \frac{dp}{dM^*} = \frac{dp^*}{dM} = 0$$

$$\frac{dq}{dM} = \frac{dq^*}{dM^*} = 1 \quad , \quad \frac{dq}{dM^*} = \frac{dq^*}{dM} = 0$$

Der zur Geldmengenerhöhung proportionale Anstieg des Konsumentenpreisindexes führt zu einem konstanten realen Angebot an inländischem Geld. Somit ist der Geldmarkt im Gleichgewicht, so daß sich die Zinssätze nicht ändern:

$$\frac{di}{dM} = \frac{di^*}{dM} = 0 \quad , \quad \frac{di}{dM^*} = \frac{di^*}{dM^*} = 0$$

Da die inländischen Waren aber im Vergleich zu ausländischen Waren teurer werden, kommt es zu einer proportionalen Abwertung der eigenen Währung. Zu einem entsprechenden Ergebnis führt eine Geldmengenerhöhung im Ausland. Da sich nun ausländische Waren verteuern, wird die ausländische Währung einer Abwertung unterliegen:

$$\frac{de}{dM} = 1 \quad , \quad \frac{de}{dM^*} = -1$$

Auf die lange Frist gesehen hat das Geldangebot nur einen Einfluß auf Preise, Preisindizes sowie auf den nominalen Wechselkurs. Der reale Wechselkurs bleibt unverändert:

$$\frac{de^{real}}{dM} = 0 \quad , \quad \frac{de^{real}}{dM^*} = 0$$

5.3.3 Fiskalpolitik in asymmetrischen Ländern

5.3.3.1 Der Referenzfall symmetrischer Länder

Der Einfluß des nominalen Geldmengenangebots auf die steady state-Lösungen ist unabhängig von den Parameterkonstellationen der beiden Länder (siehe Abschnitt 5.3.2). Ob es sich um symmetrische oder asymmetrische Länder handelt, ist ohne Bedeutung. Anders hingegen beim Einfluß der realen Staatsnachfrage. Im Fall unterschiedlicher Verhaltensparameter in beiden Ländern haben fiskalpolitische Maßnahmen im In- und Ausland voneinander abweichende Auswirkungen.

In einem ersten Schritt werden als Referenzfall symmetrische Länder unterstellt, um als Erweiterung die zusätzlichen Folgerungen aus der Asymmetrie herzuleiten. Die steady state-Lösungen der Gleichungen (5-17) bis (5-22) vereinfachen sich unter der Annahme symmetrischer Verhaltensparameter zu:

(5-23) $e=\left(M-M^{*}\right)+\frac{1-2\delta}{2a_3}\left(G-G^{*}\right)$

(5-24) $q=M+\frac{b_2}{2a_2}\left(G+G^{*}\right)$

(5-25) $q^{*}=M^{*}+\frac{b_2}{2a_2}\left(G+G^{*}\right)$

(5-26) $i=i^{*}=\frac{1}{2a_2}\left(G+G^{*}\right)$

(5-27) $p=M+\frac{1}{2a_2a_3}\left\{a_3b_2\left(G+G^{*}\right)+(1-\delta)a_2\left(G-G^{*}\right)\right\}$

(5-28) $p^{*}=M^{*}+\frac{1}{2a_2a_3}\left\{a_3b_2\left(G+G^{*}\right)-(1-\delta)a_2\left(G-G^{*}\right)\right\}$

(5-29) $e^{real}=-\frac{1+\delta}{2a_3}\left(G-G^{*}\right)$

Die Konsumentenpreisindizes und die Zinssätze werden von der Summe der beiden Staatsausgaben bestimmt. Somit steigen sie bei einer Staatsausgabenerhöhung unabhängig von deren Herkunft. Das Ausmaß des Anstiegs der Konsumentenpreisindizes

$$\frac{dq}{dG}=\frac{dq}{dG^{*}}=\frac{dq^{*}}{dG}=\frac{dq^{*}}{dG^{*}}=\frac{b_2}{2a_2}>0$$

hängt von den Zinsabhängigkeiten der Geldnachfrage b_2 und der Güternachfrage a_2 ab, die Zinssätze beider Länder werden ausschließlich durch die Zinsabhängigkeit der Güternachfrage a_2 beeinflußt:

$$\frac{di}{dG}=\frac{di}{dG^{*}}=\frac{di^{*}}{dG}=\frac{di^{*}}{dG^{*}}=\frac{1}{2a_2}>0$$

Unterstellt man eine Präferenz für Güter des eigenen Landes ($\delta > 0.5$), so führt eine Staatsausgabenerhöhung im Inland zu einer nominalen Aufwertung:

$$\frac{de}{dG}=\frac{1-2\delta}{2a_3}<0 \qquad \text{, falls } \delta>0.5$$

Eine reale Aufwertung wird durch eine Staatsausgabenerhöhung im Inland immer erreicht werden:

$$\frac{de^{real}}{dG} = -\frac{1+\delta}{2a_3} < 0$$

Findet die Ausgabensteigerung im Ausland statt, hat dies entgegengesetzte Wirkungen:

$$\frac{de}{dG^*} = -\frac{1-2\delta}{2a_3} > 0 \qquad \text{, falls } \delta > 0.5$$

$$\frac{de^{real}}{dG^*} = \frac{1+\delta}{2a_3} > 0$$

Eine Staatsausgabensteigerung eines Landes erhöht im Falle symmetrischer Länder zwingend das eigene Preisniveau:

$$\frac{dp}{dG} = \frac{dp^*}{dG^*} = \frac{a_3 b_2 + (1-\delta) a_2}{2a_2 a_3} > 0$$

Anders hingegen die Reaktion des Preisniveaus des anderen Landes. Dort ist der Einfluß nicht eindeutig:

$$\frac{dp}{dG^*} = \frac{dp^*}{dG} = \frac{a_3 b_2 - (1-\delta) a_2}{2a_2 a_3} > 0 \qquad \text{, falls } a_3 b_2 > (1-\delta) a_2$$

Für eine Preisniveausteigerung im jeweiligen Ausland muß die Bedingung $a_3 b_2 > (1-\delta) a_2$ erfüllt sein. Mit hinreichend großer Präferenz für jeweils inländische Güter wird dies jedoch zutreffen.

5.3.3.2 Asymmetrische Länder

Es bleibt zu überprüfen, ob sich an den Multiplikatoren entscheidende Änderungen ergeben, wenn asymmetrische Länder unterstellt werden. Hierzu greift man auf die steady state-Werte (5-17) bis (5-22) des allgemeinen Falls zurück.

Das inländische Preisniveau p wird durch eine verstärkte Nachfrage des eigenen Staates immer erhöht:[85]

$$\frac{dp}{dG} = \frac{a_3^* b_2 + (1-\delta) a_2^*}{\omega} > 0$$

Die preistreibende Auswirkung einer expansiven Fiskalpolitik tritt unabhängig von der Frage nach Symmetrie oder Asymmetrie ein.

Dies steht im Gegensatz zur unbestimmten Wirkung einer Staatsausgabenerhöhung im Ausland:

---

[85] Es gilt $0 < \delta, \delta^* < 1$. Die Systemdeterminante $\omega = a_2^* a_3 + a_2 a_3^*$ nimmt im vorliegenden Modell nur positive Werte an.

$$\frac{dp}{dG^*} = \frac{a_3 b_2 - (1-\delta) a_2}{\omega}$$

Das Preisniveau im Inland steigt in Folge einer Staatsausgabenerhöhung im Ausland nur dann, wenn der Ausdruck $a_3 b_2 - (1-\delta) a_2$ positiv ist. Dies trifft für Werte von δ nahe bei 1 zu, d.h. wenn eine hohe Präferenz der privaten Nachfrage für inländische Güter δ vorliegt.

Im Ausland gelten die entsprechenden Bedingungen für ein steigendes Preisniveau p^*. Auch dort führt eine Ausgabensteigerung des eigenen Staates zu Inflation im Sinne einer Preissteigerung:

$$\frac{dp^*}{dG^*} = \frac{a_3 b_2^* + (1-\delta^*) a_2}{\omega} > 0$$

Falls der andere Staat seine Ausgaben erhöht, wird bei einer hohen Präferenz für eigene Güter das Preisniveau steigen, bei einer geringen Präferenz ist eine Preisniveausenkung möglich:

$$\frac{dp^*}{dG} = \frac{a_3^* b_2^* - (1-\delta^*) a_2^*}{\omega}$$

Der Einfluß der Staatsausgaben auf den Wechselkurs ist ungewiß:

$$\frac{de}{dG} = \frac{a_2^*(1-\delta-\delta^*) + a_3^*(b_2 - b_2^*)}{\omega}$$

$$\frac{de}{dG^*} = -\frac{a_2(1-\delta-\delta^*) + a_3(b_2^* - b_2)}{\omega}$$

Unter Symmetrieannahmen (d.h. $b_2 = b_2^*$) und genügend hohen Präferenzen für eigene Güter wird eine Staatsausgabenerhöhung im Inland zu einer Aufwertung, eine Staatsausgabenerhöhung im Ausland zu einer Abwertung der Inlandswährung führen. Dieses Ergebnis wird mit zunehmender Asymmetrie bezüglich der Zinsabhängigkeiten der Geldnachfrage ungewiß. Eine starke Abhängigkeit der inländischen Nachfrage nach Geld vom inländischen Zinsniveau in Kombination mit einer schwach ausgeprägten Zinsabhängigkeit der Geldnachfrage im Ausland kann zu einer Abwertung des Wechselkurses bei einer Erhöhung der ausländischen Staatsnachfrage führen.

Es zeigt sich also, daß Unterschiede in der langfristigen Multiplikatorwirkung der Staatsausgaben bestehen, wenn man symmetrische und asymmetrische Länder vergleicht. Solange die Bedingung $a_2^*(1-\delta-\delta^*) < a_3^*(b_2 - b_2^*)$ gilt, bleiben die Effekte jedoch auch bei Asymmetrie erhalten.

Eine expansive Fiskalpolitik im In- oder Ausland erhöht den jeweiligen Konsumentenpreisindex und das Zinsniveau. Das Vorzeichen der Multiplikatoren ist jedoch unabhängig von der Höhe der Parameter:

$$\frac{dq}{dG} = \frac{b_2 a_3^*}{\omega} > 0 \quad , \quad \frac{dq}{dG^*} = \frac{b_2 a_3}{\omega} > 0$$

$$\frac{dq^*}{dG} = \frac{b_2^* a_3^*}{\omega} > 0 \quad , \quad \frac{dq^*}{dG} = \frac{b_2^* a3}{\omega} > 0$$

Die Erhöhung der Konsumentenpreisindizes ist darauf zurückzuführen, daß der dortige vermutliche Preisanstieg bzw. die Änderung des Wechselkurses Importwaren verteuert und somit zu einem Warenkorb führt, der bei gleicher Zusammensetzung teurer wird.[86]

Die Staatsausgabenmultiplikatoren bezüglich der Zinssätze lauten

$$\frac{di}{dG} = \frac{di^*}{dG} = \frac{a_3^*}{\omega} > 0$$

$$\frac{di}{dG} = \frac{di^*}{dG} = \frac{a_3}{\omega} > 0$$

und sind weiterhin positiv. Die Übereinstimmung der beiden Zinssätze im steady state kommt aufgrund der Arbitragebedingung (5-5) zustande und ist somit unabhängig von der Symmetrieannahme.

In bezug auf die Frage der Ausgestaltung der beiden Länder kommt man zusammengefaßt zu folgenden Ergebnissen: Geldmengenänderungen haben bei symmetrischen und asymmetrischen Ländern identische Wirkungen. Für die Modellierung solcher Systeme hat dies die Folge, daß auf die strenge Annahme der Symmetrie in bezug auf Auswirkungen der Geldpolitik ohne Einschränkung der Allgemeinheit zurückgegriffen werden kann.

Bei der Fiskalpolitik ist die Annahme der Symmetrie jedoch von Bedeutung. Zum einen können die numerischen Werte der Multiplikatoren je nach Parameterkonstellation stark voneinander abweichen. Zum anderen ist die Wirkung auf den Wechselkurs ungewiß. Unter Symmetrieannahmen führt eine Ausgabensteigerung des Staates zwangsläufig zu einer Aufwertung der inländischen Währung. Wird diese Annahme fallengelassen, kann es bei zunehmender Asymmetrie der beiden Länder sogar zu einer Umkehrung dieses Ergebnisses kommen.

[86] Konstante Parameter a_1 und a_1^* bedeuten gleichbleibende Import- bzw. Exportquoten. Die Zusammensetzung der Warenkörbe, die aus jeweils zwei Waren bestehen, bleibt daher gleich. Es kommt nur zu Preis- und Mengenanpassungen, nicht zu Verhaltensänderungen.

5.4 Die Bestimmung eines Parameterquaders

5.4.1 Exemplarische Vorgehensweise

Während die Bestimmung des steady state mit analytischen Mitteln noch möglich ist, bleibt dieser Weg für die dynamische Betrachtung versperrt. Selbst Mathematikprogramme wie MAPLE sind aus Speichergründen bislang nicht in der Lage, eine analytische Lösung beispielsweise der Eigenwerte des obigen Systems herzuleiten. Daher ist eine numerische Analyse notwendig, deren Vorgehensweise in Kapitel 3 besprochen wurde.

Für den numerisch-statistischen Ansatz benötigt man einen zulässigen Parameterquader. Dessen Bestimmung erfolgt in mehreren, z.T. alternativen Schritten, die bislang nur angedeutet wurden. Die Darstellung soll in diesem Abschnitt vertieft werden.

Als erstes geht man von der steady state-Lösung unter der Annahme vollständiger Symmetrie der beiden Länder aus, d.h. die Symmetrieannahme soll auch für Geldmengen und Staatsausgaben gelten. So reduziert sich das Gleichungssystem (5-17) bis (5-22) zu:

$$e = 0$$

$$p = p^* = q = q^* = M + \frac{b_2}{a_2} G$$

$$i = i^* = \frac{1}{a_2} G$$

Der Vorteil dieser Vorgehensweise ist offensichtlich. Als Sonderfall immerhin denkbar, muß auch diese Modellversion unter vollständigen Symmetrieannahmen zu sinnvollen Gleichgewichtswerten der endogenen Variablen führen. Die Anzahl der Parameter reduziert sich im steady state von 14 auf 2, so daß numerische Werte für diese beiden Parameter festgelegt werden können.

Unterstellt man denkbare Gleichgewichtswerte für das Preisniveau, den Zinssatz und den Konsumentenpreisindex sowie Werte für die Staatsausgaben und den Logarithmus der Geldmenge, so erhält man eine Vorstellung von der Größenordnung der Zinsabhängigkeiten der privaten Güternachfrage a_2 (somit auch a_2^*) sowie der Geldnachfrage b_2 (bzw. b_2^*).

In einem zweiten Schritt kann man die Symmetrieannahme insoweit aufheben, daß man zwar identische Staatsausgaben und Geldmengen unterstellt, die Parameter aber (geringfügig) voneinander abweichen läßt. In diesem zweiten Schritt variiert man im Rahmen einer Monte-Carlo-Simulation einige Parameter in festgelegten Intervallen und bestimmt für plausible steady state-Werte die Größenordnung der bislang noch nicht numerisch spezifizierten Parameter. Der umgekehrte Weg der Annahme unterschiedlicher Staatsausgaben und Geldmengen und Symmetrieforderung der beiden Länder bezüglich der Verhaltensparameter ist ebenso möglich. Ob beide Vorgehensweisen notwendig sind und welche von beiden gegebenenfalls sinnvoller ist, ist vom Einzelfall abhängig.

Zusätzlich sollten statt einzelnen Gleichgewichtswerten plausible Intervalle für die steady state-Werte vorgegeben und hieraus die Parameterbereiche bestimmt werden.

Der dritte Schritt berücksichtigt das dynamische Gleichungssystem, ohne jedoch Simulationsläufe durchzuführen. So kann man isoliert für jede Gleichung (5-1) bis (5-9) plausible numerische Parameter- und Variablenwerte festlegen, wobei man auf die bislang erzielten Ergebnisse aus der steady state-Betrachtung zurückgreift und diese gegebenenfalls einsetzt.

Man beginnt sinnvollerweise mit den Gleichungen (5-6) bis (5-9), die jeweils nur einen Parameter beinhalten. Bei den Konsumentenpreisindizes handelt es sich um eine gewichtete Mischung der beiden Preisniveaus im eigenen und im Nachbarland, wobei das Preisniveau des letzteren mit dem Wechselkurs auf Inlandspreise umgerechnet wird. Die Gewichtungsparameter δ und δ^* liegen definitionsgemäß zwischen 0 und 1. Da der Warenkorb privater Konsumenten eher mit heimischen Gütern bestückt ist, ist die Einschränkung der Intervalle für die Gewichtungsparameter auf 0.5 bis 1 plausibel.

Der vierte Schritt berücksichtigt die Dynamik des Systems mit Hilfe von Simulationsrechnungen. So werden plausible Anfangswerte der endogenen Variablen in der Nähe der Gleichgewichtswerte festgelegt, die Mittelwerte der bislang gefundenen Parameterintervalle eingesetzt und die Zeitpfade der endogenen Variablen bestimmt.

Es muß an dieser Stelle betont werden, daß dies nur eine einfache von vielen denkbaren Vorgehensweisen ist, ein System mit plausiblen Werten auszustatten, ohne ökonometrische Schätzungen durchführen zu müssen. Die vorgestellte Methode der Bestimmung der Parameter soll keine Alternative für den Einsatz der Ökonometrie darstellen, sondern einen schnellen Einstieg in die numerische Behandlung von komplexen Systemen bieten, die mit analytischen Methoden ohne vereinfachende Annahmen nicht mehr lösbar wären. Die ökonometrische Schätzung des Systems wäre eine mögliche Erweiterung, die aber nicht Gegenstand der vorliegenden Arbeit ist.

5.4.2 Der Parametersatz

Im Abschnitt 5.4.1 wurde eine einfache Methode zur Bestimmung eines Parameterquaders vorgestellt. Die zulässigen Parameterintervalle wurden anhand von Plausibilitätsüberlegungen zuerst für (vollständig) symmetrische Länder, dann für asymmetrische Länder im steady state und schließlich für das dynamische System ermittelt.

Als ein möglicher Parameterquader folgt mit dieser Vorgehensweise:

Tabelle 5-1: Parameterquader Zwei-Länder-Modell

Parameter	Intervall
a_1, a_1^*	0.2 ; 0.9
a_2, a_2^*	20 ; 30
a_3, a_3^*	60 ; 70
b_1, b_1^*	0.000 ; 0.005
b_2, b_2^*	0.0 ; 0.6
δ, δ^*	0.8 ; 0.9
γ, γ^*	0.1 ; 0.2

Die Intervalle sind wie in den bisherigen Kapiteln relativ groß, so daß die tatsächlichen Werte einer konkreten Volkswirtschaft mit großer Wahrscheinlichkeit in diesem Intervall zu finden sein werden. Weiterhin sollte der Parameterquader so gewählt werden, daß er die stabile Teilmenge zu umschließt. Der eigentliche Grund ist jedoch die Verallgemeinerungsfähigkeit der Ergebnisse. Da in der empirischen Forschung die Festlegung eines Parameters auf einen einzelnen Punkt mit einer gewissen Unsicherheit verbunden ist, besitzen Aussagen für einzelne Parameterkonstellationen einer Volkswirtschaft nur punktuelle Gültigkeit. Die Verwendung eines weitgefaßten Parameterquaders verallgemeinert die erzielten Ergebnisse.

5.5 Stabilitätsuntersuchung des Zwei-Länder-Modells

Wie in den vorangegangenen Modellen offener Volkswirtschaften stellt sich die Frage nach dem Einfluß der Verhaltensparameter auf die Stabilität des Modells. Hierzu kann man eine Serie von Simulationsläufen über den festgelegten Parameterquader durchführen und zu deren Auswertung die statistischen Verfahren aus Kapitel 3 anwenden.

Für die gewählte Parameterwolke wird wiederum eine große Anzahl (1 Mio.) an gleichverteilten Parameterkonstellationen generiert und das System für jeden Parametersatz auf Stabilität getestet.[87] Die beiden resultierenden Teilmengen der stabilen bzw. instabilen Fälle werden mit statistischen Verfahren verglichen, die ausführlich in Kapitel 3 dargestellt wurden.

Zur Bestimmung der stabilen und instabilen Teilmenge können die Eigenwerte des Systems herangezogen werden.

Die Eigenwerte des Systems (5-1) bis (5-9), das in der Form

[87] Der Stichprobenumfang von 1 Mio. führt bei 14 Parametern wegen k^{14} = 1 Mio. zu einer vergleichbaren Dichte der Parameterpunkte bei einer systematischen Parametervariation von k = 2.68 Punkten pro Intervall. Bei einem geringeren Stichprobenumfang von beispielsweise 10 000 würde sich eine Dichte von k = 1.64 einstellen (vgl. Abschnitt 3.3.1).

$$A_0 y_t = A_1 y_{t-1} + b_t$$

mit konstanter Inhomogenität vorliegt, können mit unterschiedlichen Verfahren berechnet werden. Eine Möglichkeit besteht darin, pro Parametersatz die Matrizen A_0 und A_1 numerisch zu bestimmen, die Matrix A_0 der unverzögerten endogenen Variablen zu invertieren und mit A_1 zu multiplizieren. Aus der resultierenden Systemmatrix $A = A_0^{-1} A_1$ können die Eigenwerte bestimmt werden. Ein Testlauf mit MAPLE läßt erkennen, daß der Zeitbedarf für die Matrizeninversion und -multiplikation pro Parametersatz relativ hoch ist, vergleicht man dies mit der hier durchgeführten zweiten Methode: Dazu wird mit MAPLE die parametrische Form der Systemmatrix $A = A_0^{-1} A_1$ hergeleitet, ein Parametersatz pro Lauf in die Matrix A eingesetzt und die Eigenwerte bestimmt. Da die Bestimmung der numerischen Systemmatrix über das Einsetzen des Parametersatzes in die parametrische Form nur geringe Zeit erfordert, lohnt sich bei einem größeren Stichprobenumfang die zeitintensive Bestimmung der Systemmatrix in der parametrischen Darstellung (mehrere Minuten). Dennoch benötigt ein Simulationslauf mit einem Stichprobenumfang von 1 Mio. über 100 Stunden Rechenzeit.

Im folgenden soll nur eine Auswahl der vorgestellten Verfahren zur Stabilitätsüberprüfung durchgeführt werden. Hierzu gehören der Mittelwerttest, die Korrelationsanalyse der stabilen Teilmenge, eine grafische Darstellung der Verteilungen beider Teilmengen in Form von Histogrammen sowie die Berechnung eines Informationsmaßes bezüglich der Stabilität des Systems.

5.5.1 Vergleich der Mittelwerte

Eine Monte-Carlo-Simulation mit 1 Mio. gleichverteilten Parameterkonstellationen aus dem angenommenen Parameterquader führt zu 71.8% stabilen und 28.2% instabilen Fällen.

Die Mittelwerte der stabilen und instabilen Teilmengen, deren Differenz sowie die berechneten Prüfgrößen (vgl. Abschnitt 3.4.2.1)

$$t = \frac{\bar{x}_i - \bar{x}_s}{\sqrt{\frac{s_i^2}{n_i} + \frac{s_s^2}{n_s}}}$$

für einen Mittelwerttest sind in Tabelle 5-2 abgebildet.

Um die Mittelwerte und Mittelwertdifferenzen vergleichbar zu machen, werden die Parameterintervalle in Tabelle 5-3 auf das Intervall [0 ; 1] normiert (Index *n*). Die berechneten Prüfgrößen und die Signifikanz der Ergebnisse bleiben von der Normierung unbeeinflußt.

Tabelle 5-2: Mittelwertvergleich Zwei-Länder-Modell

Parameter	Mittelwert instabil	Mittelwert stabil	Mittelwert-differenz	berechneter t-Wert	statistisch signifikante Wirkung
a_1	0.5458	0.5515	-0.0057	-12.6348	stabilisierend
a_1^*	0.5450	0.5517	-0.0067	-14.9953	stabilisierend
a_2	25.1957	24.9227	0.2730	42.6395	destabilisierend
a_2^*	25.1881	24.9293	0.2588	40.4174	destabilisierend
a_3	64.9260	65.0314	-0.1053	-16.4098	stabilisierend
a_3^*	64.9281	65.0259	-0.0979	-15.2580	stabilisierend
b_1	0.0025	0.0025	0.0000	-15.1425	stabilisierend
b_1^*	0.0025	0.0025	0.0000	-11.5345	stabilisierend
b_2	0.4485	0.2420	0.2064	760.0028	destabilisierend
b_2^*	0.4483	0.2419	0.2064	759.6796	destabilisierend
δ	0.8515	0.8495	0.0020	30.9673	destabilisierend
δ^*	0.8515	0.8495	0.0020	30.9459	destabilisierend
γ	0.1501	0.1499	0.0002	2.7523	destabilisierend
γ^*	0.1502	0.1499	0.0002	3.8460	destabilisierend

Tabelle 5-3: Normierte Parameterintervalle Zwei-Länder-Modell

Parameter	Mittelwert instabil (normiert)	Mittelwert stabil (normiert)	Mittelwert-differenz (normiert)	berechneter t-Wert	statistisch signifikante Wirkung
a_1^n	0.4940	0.5021	-0.0081	-12.6348	stabilisierend
a_1^{*n}	0.4929	0.5025	-0.0096	-14.9953	stabilisierend
a_2^n	0.5196	0.4923	0.0273	42.6395	destabilisierend
a_2^{*n}	0.5188	0.4929	0.0259	40.4174	destabilisierend
a_3^n	0.4926	0.5031	-0.0105	-16.4098	stabilisierend
a_3^{*n}	0.4928	0.5026	-0.0098	-15.2580	stabilisierend
b_1^n	0.4934	0.5031	-0.0097	-15.1425	stabilisierend
b_1^{*n}	0.4945	0.5019	-0.0074	-11.5345	stabilisierend
b_2^n	0.7475	0.4034	0.3441	760.0028	destabilisierend
b_2^{*n}	0.7471	0.4032	0.3439	759.6796	destabilisierend
δ^n	0.5146	0.4947	0.0199	30.9673	destabilisierend
δ^{*n}	0.5153	0.4955	0.0198	30.9459	destabilisierend
γ^n	0.5010	0.4992	0.0018	2.7523	destabilisierend
γ^{*n}	0.5019	0.4995	0.0025	3.8460	destabilisierend

Beim vorliegenden Stichprobenumfang von 1 Mio. haben alle Parameter auf dem 5%-Niveau (t_{krit} = 1.96) einen signifikanten Einfluß auf das Stabilitätsverhalten des Systems.[88]

Die Exportquote, also die Abhängigkeit der Güternachfrage vom Auslandseinkommen a_1, scheint das Stabilitätsverhalten im Fall des großen Landes signifikant zu beeinflussen.[89] Ein wichtiger Aspekt der Globalisierung ist die zunehmende Handelsverflechtung der Staaten, die in diesem Modell über eine Erhöhung der Exportquoten simuliert werden kann. Falls es sich bei dem zu analysierenden System um zwei große, sich gegenseitig beeinflussende Länder handelt, so führt eine Zunahme des Außenhandels zu einer Stabilisierung der Wirtschaft.

Der Einfluß des Nominalzinses hat sowohl auf dem Gütermarkt als auch auf dem Geldmarkt eine nicht unerhebliche Bedeutung für das Stabilitätsverhalten. Die Zinsabhängigkeit der Güternachfrage a_2 destabilisiert das System ebenso wie die Zinsabhängigkeit der Geldnachfrage b_2, wenn auch in geringerem Ausmaß.

Im Fall eines kleinen Landes hat die Zinsabhängigkeit der Geldnachfrage keinen erkennbaren Einfluß auf das Stabilitätsverhalten. Im Fall eines großen Landes besitzt der Parameter b_2 jedoch eine stark destabilisierende Wirkung. Die Zinsabhängigkeit der Geldnachfrage ist vergleichbar mit dem Akzelerationskoeffizienten der Modelle in den Kapiteln 3 und 4 hochsignifikant destabilisierend.

Nimmt die Präferenz der privaten Nachfrage für inländische Waren δ zu, so wirkt dies in Richtung einer Destabilisierung des Systems. Eine erhöhte Präferenz für inländische Güter führt dazu, daß inländische Preiserhöhungen sich stärker auf den Konsumentenpreisindex (gewichtetes Mittel aus in- und ausländischem Preisniveau in inländischer Währung) auswirken. Dies hat eine Verknappung des realen Geldangebots zur Folge, das nach Gleichung (5-3) mit dem Konsumentenpreisindex deflationiert wird. Das Ungleichgewicht auf dem Geldmarkt destabilisiert das System.

Dieses Ergebnis ist ein weiterer Hinweis auf die möglichen Vorteile, die aus einer Internationalisierung der Wirtschaft entstehen können. Im Fall eines großen Landes führt eine abnehmende Präferenz für *in*ländische Güter und somit eine zunehmende Präferenz für *aus*ländische Waren ($1-\delta$) zu einer Stabilisierung.

---

[88] Die Signifikanz der Mittelwertdifferenzen sagt jedoch nichts über deren Relevanz aus. Eine Verschiebung der (normierten) Parameterwolke vom Mittelwert der stabilen zum Mittelwert der instabilen Teilmenge für den Parameter γ um 0.0002 Einheiten ändert deren Lage nicht in einem relevantem Ausmaß. Weiterhin muß darauf hingewiesen werden, daß Zufallszahlengeneratoren, die selbst geringfügige Fehler aufweisen (z.B. Autokorrelation der Stichprobenrealisationen weicht von Null ab), zu signifikanten Abweichungen der Mittelwerte führen können. Daher sollten mehrere Simulationsläufe mit variierendem Stichprobenumfang durchgeführt werden und die Prüfgrößen daraufhin untersucht werden, ob sie mit zunehmendem Stichprobenumfang ebenfalls ansteigen (Konsistenzforderung an eine Prüfgröße).

[89] Da die beiden Länder identische Verhaltensgleichungen aufweisen, haben die analogen Parameter, z.B. a_1 und a_1^*, im Durchschnitt den gleichen Einfluß auf die Stabilität des Gesamtsystems. Die Größenordnung der t-Werte muß für einen ausreichend großen Stichprobenumfang übereinstimmen.

Zu den stabilisierenden Parametern zählt auch die Abhängigkeit der Güternachfrage vom realen Wechselkurs a_3. Wird in die Entscheidungen bezüglich der privaten Güternachfrage der reale Wechselkurs stärker mit einbezogen, so hat dies eine stabilisierende Wirkung. Dieser Effekt ist wiederum abhängig von der Größe des Landes. Im Mundell-Fleming-Modell konnte für die Wechselkursabhängigkeit des Einkommens kein signifikanter Einfluß auf das Stabilitätsverhalten ermittelt werden.

Der im Mundell-Fleming-Modell festgestellte stabilisierende Effekt der Einkommensabhängigkeit der Geldnachfrage b_1 bleibt hingegen in einem Zwei-Länder-Modell erhalten. Die negativen Mittelwertdifferenzen weisen auf einen stabilisierenden Einfluß hin.

Der Zusammenhang zwischen Einkommen und der Entwicklung des Preisniveaus wird durch die Phillips-Kurve abgebildet. Ein destabilisierender Einfluß ist auch für die Steigung der Phillips-Kurve γ nachweisbar, jedoch mit einem relativ geringen t-Wert.

5.5.2 Korrelation der Parameter

Da es sich bei der stabilen Teilmenge um eine konvexe Menge handelt (Beweis siehe Abschnitt A 3.1), kann man auch mit Hilfe der Korrelationsanalyse Zusammenhänge zwischen den Parametern aufdecken. Ein Korrelationsanalyse mit dem Stichprobenumfang von 1 Mio. führt zu folgender Korrelationstabelle:

Tabelle 5-4: Korrelationstabelle Zwei-Länder-Modell

	a_1	a_1^*	a_2	a_2^*	a_3	a_3^*	b_1	b_1^*	b_2	b_2^*	δ	δ^*	γ	γ^*
a_1	1.0000													
a_1^*	-0.0006	1.0000												
a_2	-0.0004	0.0007	1.0000											
a_2^*	0.0012	0.0010	-0.0016	1.0000										
a_3	-0.0009	0.0019	0.0004	0.0025	1.0000									
a_3^*	0.0014	0.0004	0.0005	-0.0014	-0.0019	1.0000								
b_1	-0.0013	0.0000	-0.0006	0.0033	-0.0002	-0.0009	1.0000							
b_1^*	0.0008	0.0003	0.0019	0.0005	-0.0004	-0.0009	-0.0005	1.0000						
b_2	0.0014	0.0120	-0.0062	-0.0343	0.0025	0.0134	0.0084	0.0057	1.0000					
b_2^*	0.0119	0.0019	-0.0362	-0.0080	0.0150	0.0036	0.0074	0.0081	-0.3997	1.0000				
δ	-0.0022	0.0024	-0.0014	-0.0034	-0.0001	0.0018	-0.0015	0.0017	-0.0129	-0.0177	1.0000			
δ^*	-0.0002	-0.0001	-0.0029	-0.0020	0.0015	0.0018	0.0010	-0.0008	-0.0154	-0.0176	-0.0013	1.0000		
γ	-0.0008	-0.0009	0.0011	-0.0002	0.0018	-0.0010	-0.0006	0.0001	-0.0052	0.0009	-0.0004	0.0004	1.0000	
γ^*	-0.0018	-0.0012	-0.0006	-0.0005	-0.0011	-0.0024	-0.0008	0.0001	0.0032	-0.0083	0.0001	0.0000	0.0013	1.0000

Die unterlegten Korrelationskoeffizienten weichen auf dem 5%-Niveau signifikant von 0 ab, wobei die Prüfgröße (vgl. Abschnitt 3.4.2.2)

$$t = \frac{\operatorname{cor}(x_S, y_S)}{\sqrt{1-\operatorname{cor}(x_S, y_S)^2}} \sqrt{n_S - 2}$$

für einen zweiseitigen Test der Korrelationskoeffizienten auf den Wert 0 verwendet wurde. Tabelle 5-5 gibt die berechneten Prüfgrößen wieder:

Tabelle 5-5: *t*-Werte Korrelationstabelle Zwei-Länder-Modell

	a_1	a_1^*	a_2	a_2^*	a_3	a_3^*	b_1	b_1^*	b_2	b_2^*	δ	δ^*	γ	γ^*
a_1	-													
a_1^*	-0.4716	-												
a_2	-0.3482	0.6237	-											
a_2^*	1.0151	0.8869	-1.3600	-										
a_3	-0.7207	1.6067	0.3223	2.1266	-									
a_3^*	1.1938	0.3145	0.4081	-1.2114	-1.5946	-								
b_1	-1.0819	-0.0405	-0.4765	2.7840	-0.1334	-0.7270	-							
b_1^*	0.6725	0.2520	1.5905	0.3852	-0.3111	-0.7238	-0.4367	-						
b_2	1.1820	10.1601	-5.2170	-29.0609	2.1481	11.3138	7.1150	4.8721	-					
b_2^*	10.0653	1.6130	-30.7315	-6.7728	12.6939	3.0299	6.2797	6.8269	-369.4534	-				
δ	-1.8692	2.0190	-1.1563	-2.9127	-0.0652	1.4987	-1.2772	1.4469	-10.9042	-14.9804	-			
δ^*	-0.2071	-0.0800	-2.4391	-1.6822	1.2997	1.5544	0.8051	-0.6740	-13.0514	-14.9441	-1.1361	-		
γ	-0.6961	-0.7613	0.9004	-0.1394	1.5070	-0.8282	-0.4949	0.1023	-4.4062	0.7954	-0.3753	0.3619	-	
γ^*	-1.5080	-1.0145	-0.5028	-0.4414	-0.9184	-2.0246	-0.6853	0.0822	2.6845	-6.9935	0.0436	-0.0239	1.1149	-

Wie im Abschnitt 3.4.2.2 erläutert wurde, stehen positive Korrelationskoeffizienten für eine entgegengesetzte Wirkung auf die Stabilität des Systems, negative Korrelationskoeffizienten für eine gleichgerichtete Wirkung.

Das höchste Signifikanzniveau weist der Korrelationskoeffizient zwischen den beiden Parameter der Zinsabhängigkeit der Geldnachfrage für das In- und Ausland b_2 und b_2^* auf. Da der Korrelationskoeffizient negativ ist, deutet dies auf eine gleichgerichtete Wirkungsrichtung hin. Dies wird durch den Mittelwertvergleich bestätigt.

Die Vorzeichen der weiteren signifikanten Korrelationskoeffizienten bestätigen weitgehend die Ergebnisse des Mittelwertvergleichs, wenn auch der Stichprobenumfang von 1 Mio. für diese Art der Untersuchung nicht ausreichend ist. Zweite Momente wie der Korrelationskoeffizient benötigen einen sehr hohen Stichprobenumfang, wenn die Ergebnisse stabil werden sollen. Die geringfügigen Abweichungen können bei der Berechnung der Prüfgrößen zu Widersprüchen führen.

5.5.3 Visualisierung der Ergebnisse

Der Einfluß der einzelnen Parameter auf die Stabilität des Systems kann mit Hilfe von Histogrammen grafisch dargestellt werden. Hierzu werden die zulässigen Intervalle der Parameter in jeweils 10 Klassen eingeteilt und die absoluten Häufigkeiten der Parameter in beiden Teilmengen festgestellt. Bezieht man pro Klasse die absoluten Häufigkeiten einer Teilmenge auf die Summe der Häufigkeiten beider Teilmengen, so erhält man die relativen Häufigkeiten pro Klasse, die in den folgenden Abbildungen für die instabile Teilmenge dargestellt sind.

Die Exportquoten der beiden Länder a_1 bzw. a_1^* können Werte zwischen 0.2 und 0.9 annehmen. Unterteilt man dieses Intervall in 10 Klassen mit äquidistanten Abständen (0.07) und bezieht die Anzahl der instabilen Fälle pro Klasse auf die Summe aus instabilen und stabilen Fälle pro Klasse, so erhält man das folgende Histogramm:

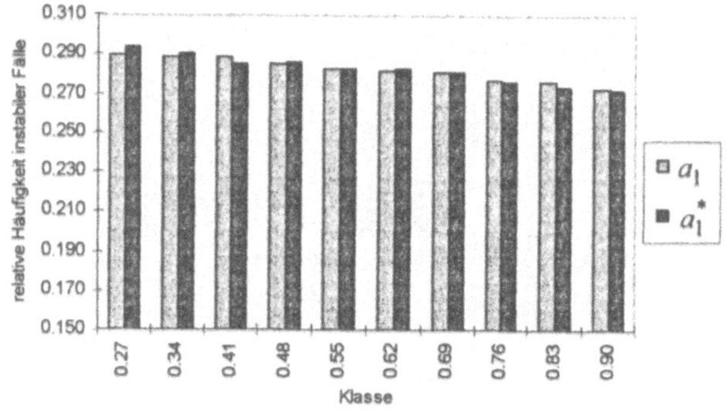

Abbildung 5-2: Einkommensabhängigkeit der Güternachfrage bei einem Stichprobenumfang von 1 Mio.

Die relative Häufigkeit der instabilen Parameterkonstellationen nimmt mit zunehmendem Parameter a_1 bzw. a_1^* ab. Somit handelt es sich um einen stabilisierenden Einfluß der Exportquoten.

An dieser Stelle soll ein Hinweis auf die Sensitivität der Ergebnisse vom Stichprobenumfang angeführt werden. Der verwendete Stichprobenumfang von 1 Mio. ist notwendig, um die Ergebnisse zu stabilisieren. So besitzt ein Histogramm für die Parameter a_1 bzw. a_1^* mit einem um den Faktor 100 verkleinerten Stichprobenumfang von 10000 einen deutlich geringeren Aussagegehalt:

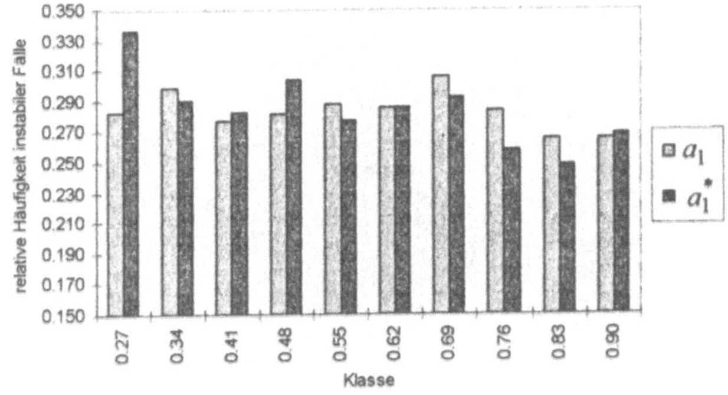

Abbildung 5-3: Einkommensabhängigkeit der Güternachfrage bei einem Stichprobenumfang von 10000

Bei einem Stichprobenumfang von 1000 ist das Ergebnis in einem noch größeren Ausmaß vom Zufalls bestimmt, so daß eine Einflußrichtung nicht erkennbar ist (vgl. Abbildung 5-4).

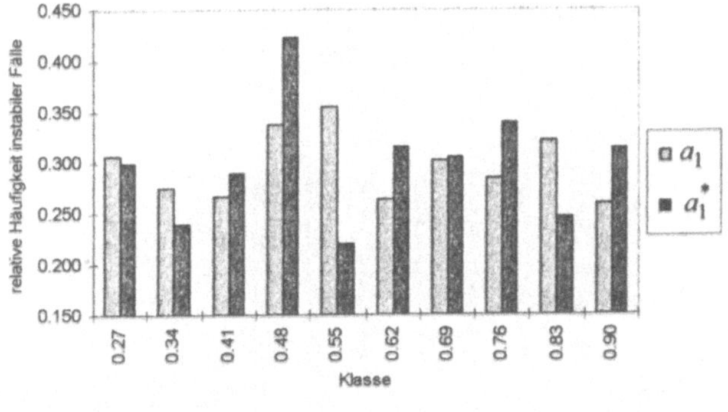

Abbildung 5-4: Einkommensabhängigkeit der Güternachfrage bei einem Stichprobenumfang von 1000

Die Tendenz zu einem vermehrten Auftreten stabiler Parameterkonstellationen ist bei diesem Stichprobenumfang noch nicht zu erkennen. Dies bestätigt ein Mittelwertvergleich, der bei diesem Stichprobenumfang nicht zu einer signifikanten Prüfgröße führt.

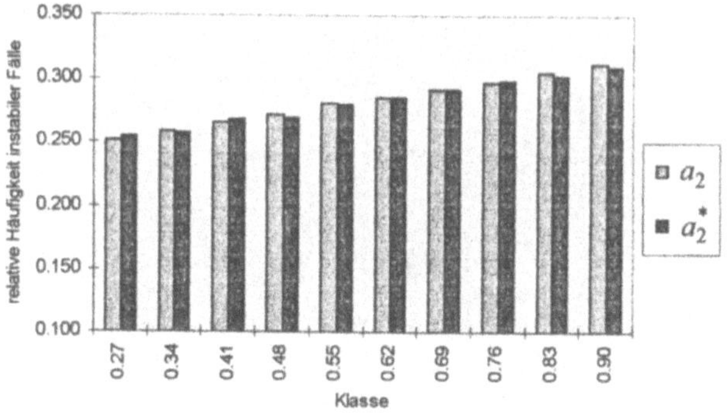

Abbildung 5-5: Zinsabhängigkeit der Güternachfrage

Im Abschnitt 5.5.1 wurde die Abhängigkeit der Güternachfrage vom Nominalzins a_2 als destabilisierender Parameter ermittelt. Dies bedeutet, daß mit zunehmendem Wert die Anzahl der instabilen Fälle zunimmt. Die Histogrammdarstellung in Abbildung 5-5 bestätigt dieses Ergebnis.

Eine Zunahme der Wechselkursabhängigkeit der Nachfrage nach Gütern hat einen erkennbar stabilisierenden Einfluß auf das System:

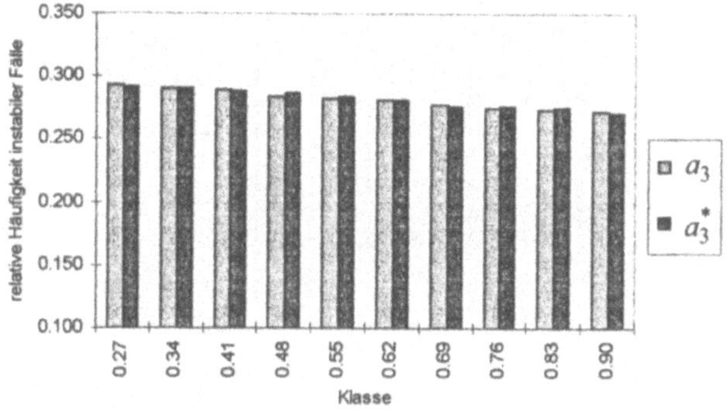

Abbildung 5-6: Wechselkursabhängigkeit der Güternachfrage

Ein Anstieg des Einflusses des Einkommens auf die Geldnachfrage b_1 scheint zu einer Stabilisierung beizutragen. Im Mittelwertvergleich ist diese Wirkung auf dem 5%-Niveau signifikant.

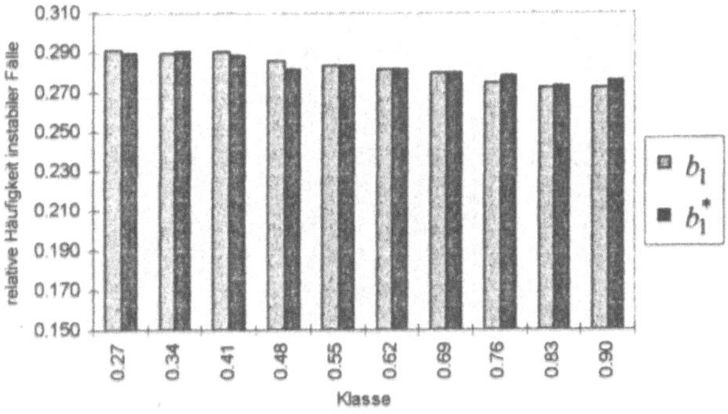

Abbildung 5-7: Einkommensabhängigkeit der Geldnachfrage

In den vorangehenden Abschnitten wurde die Zinsabhängigkeit der Geldnachfrage b_2 als ausschlaggebender Parameter bezüglich der Stabilität ermittelt. Die folgende Abbildung bestätigt dieses Ergebnis eindrucksvoll:

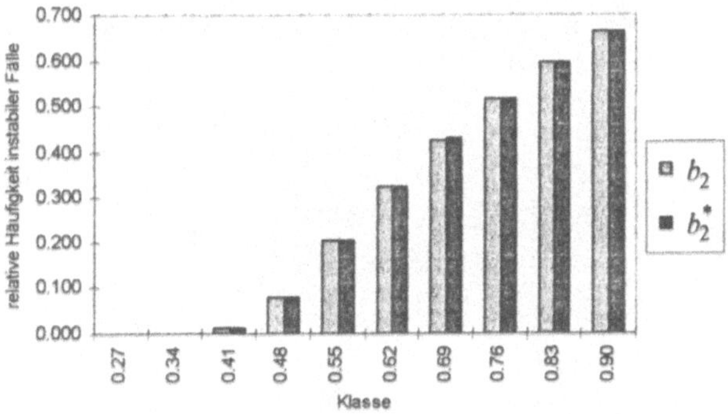

Abbildung 5-8: Zinsabhängigkeit der Geldnachfrage

Eine geringe Zinsabhängigkeit der Geldnachfrage ist nahezu ein Garant für eine stabile Entwicklung des Systems. Unterhalb von 0.27 tritt bei einem Stichprobenumfang von 1 Mio. kein instabiler Fall auf. Steigende Werte dieses Parameters führen jedoch zu einer starken Zunahme instabiler Fälle. Sollte einer der beiden Parameter im In- oder Ausland über 0.54 liegen, kommt es im Durchschnitt zu über 70% instabilen Parameterkonstellationen.

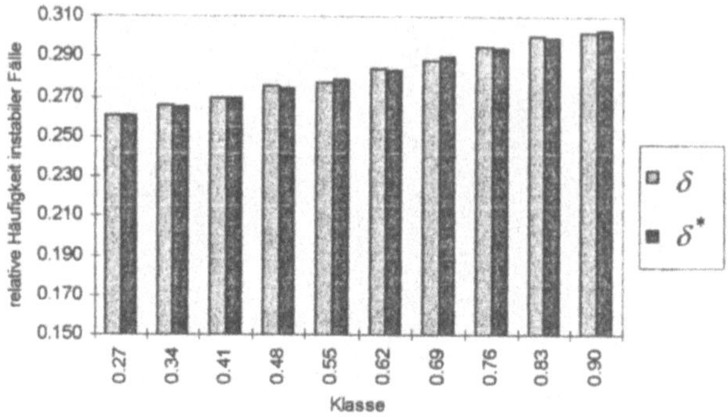

Abbildung 5-9: Präferenzparameter

Die destabilisierende Wirkung des Präferenzparameters, die sich im Mittelwertvergleich als signifikant erwiesen hat, bleibt über den gesamten Intervallbereich erhalten (siehe Abbildung 5-9).

Für die Steigung der Phillips-Kurve γ ergibt sich aus dem Mittelwertvergleich ein geringfügig signifikanter destabilisierender Einfluß. Das Histogramm aus Abbildung 5-10 bestätigt dieses Ergebnis.

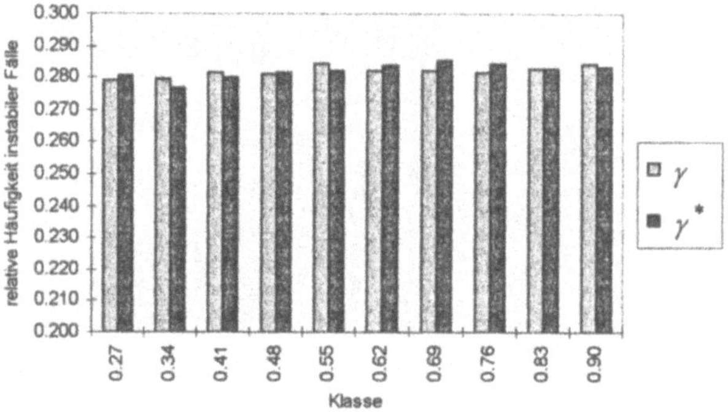

Abbildung 5-10: Steigung der Phillips-Kurve

So bleibt festzuhalten, daß eine Histogrammuntersuchung in erster Linie dazu dient, die aus den anderen Untersuchungen gewonnenen Ergebnisse zu verifizieren. Als zweites können Wirkungsumkehrungen aufgedeckt werden, die dem Mittelwertvergleich bzw. der Korrelationsanalyse verborgen bleiben. Das vorgestellte Modell weist jedoch für den betrachteten Parameterquader keine derartigen Wirkungsumkehrungen auf, so daß eine Untersuchung von Teilintervallen nicht notwendig ist.

5.5.4 Informationsgehalt bei geringer Datenbasis

Verfügt man nur über begrenzte Möglichkeiten oder Mittel zur Beschaffung von Daten, so kann die Kenntnis, welche der Parameter ausschlaggebend für bestimmte Untersuchungsgegenstände sind, sehr hilfreich sein. So konnte gezeigt werden, daß allein durch die Ermittlung des Akzelerationskoeffizienten und der (leicht zu bestimmenden) Konsumquote einer der beiden Regionen in einem Zwei-Regionen-Modell ein Informationsmaß von nahezu 40% erreicht wird (vgl. Abschnitt 4.5.4). Im Modell eines kleinen Landes aus Kapitel 3 dominierte ein einzelner Parameter die Stabilitätseigenschaft zu über 90% (vgl. Abschnitt 3.4.2.7). Die Kenntnis über die Auswahl der zu ermittelnden Parameter reduziert den Aufwand für diese Art von Untersuchungen.

Die folgenden Ergebnisse wurden mit dem in Kapitel 3 eingeführten Informationsmaß

$$E(\alpha)=1-\frac{\sum_{i=1}^{m} p_i(\alpha)\cdot\ln p_i(\alpha)}{m\cdot\bar{p}\cdot\ln\bar{p}} \qquad \text{mit} \qquad \bar{p}=\frac{1}{m}\sum_{i=1}^{m} p_i(\alpha)$$

ermittelt, das Werte zwischen 0 (keine Information) und 1 (vollständige Information) annehmen kann.

Man benötigt wie in den Fällen des kleinen Landes und der zwei Regionen nur eine geringe Anzahl an Parametern, um ein hohes Maß an Information über das Stabilitätsverhalten des Systems zu erhalten. Die Informationsmaße der einzelnen Parameter für die stabile Teilmenge lauten (in Prozent):

$$E(\alpha)=\begin{pmatrix} 0.042\\ 0.165\\ 0.170\\ 0.104\\ 0.103\\ 0.038\\ 0.044\\ 0.063\\ 37.228\\ 37.497\\ 0.131\\ 0.086\\ 0.049\\ 0.040 \end{pmatrix}$$

mit $\alpha=(a_1, a_1^*, a_2, a_2^*, a_3, a_3^*, b_1, b_1^*, b_2, b_2^*, \delta, \delta^*, \gamma, \gamma^*)^T$.

Man sieht wiederum die Bedeutung der beiden Zinsabhängigkeiten der Geldnachfrage b_2 bzw. b_2^* . Kennt man einen der beiden Parameter, so ist ein Informationsmaß von über 37% erreicht. Isolierte Informationen über einen der anderen Parameter führen hingegen nur zu vernachlässigbaren Informationswerten.

Im Zwei-Regionen-Modell von Kapitel 4 hat die Zusammenfassung der zwei Parameter mit dem höchsten Informationsmaß einen Wert zur Folge, der knapp über der Addition der beiden Werte liegt. Daß dieses Ergebnis übertroffen werden kann, zeigt das vorliegende Zwei-Länder-Modell. Die Kenntnis der beiden Zinsabhängigkeiten der Geldnachfrage führt zu einem über die pure Addition deutlich hinausgehenden Maß an Information:

$$E\left(b_2, b_2^*\right) = 88.33$$

Alternative Kombinationen zweier Parameter ohne Berücksichtigung der Zinsabhängigkeiten der Geldnachfrage ergeben nur Werte im Promillebereich, so z.B. für die Zusammenfassung der beiden Präferenzparameter:

$$E\left(\delta, \delta^*\right) = 0.69$$

Die Hinzunahme eines weiteren Parameters erhöht das Informationsmaß $E\left(b_2, b_2^*\right)$ nur geringfügig. Den stärksten Zuwachs an Information erhält man durch die Kombination der Zinsabhängigkeiten der Geldnachfrage b_2 und b_2^* mit einer der beiden Zinsabhängigkeiten der Güternachfrage a_2 bzw. a_2^*:

$$E\left(b_2, b_2^*, a_2\right) = 90.76$$

Im Gegensatz zum Modell aus Kapitel 4 existiert keine 'länderspezifische' Kombination von Parametern mit hohem Informationsmaß. Die Kenntnis mehrerer Parameter eines einzelnen Landes genügt also nicht, um ein hohes Maß an Information zu erreichen.

Zusammenfassend kann man feststellen, daß die notwendige Auswahl der Parameter für das vorgeschlagene Informationsmaß nur geringen Gesetzmäßigkeiten unterliegt. Ein erkennbares Muster ist jedoch die Zusammenfassung der beiden Parameter mit dem höchsten Informationsmaß, was im günstigen Fall zu einem Wert führt, der die Summe der beiden Einzelmaße stark übersteigt. So führt im vorliegenden Modell die Kenntnis der Zinsabhängigkeiten der Geldnachfrage in den zwei betrachteten Ländern, also nur 2 von 14 Parametern, zu einem Informationsmaß von nahezu 90%.

Weiterhin sollte geprüft werden, ob die Datenerfassung eines der beiden Länder bzw. Regionen ähnlich hohe Werte wie die Zusammenfassung der beiden Parameter mit den höchsten Einzelmaßen erbringt.

5.6 Schwingungsverhalten des Zwei-Länder-Modells

Bislang wurde der Aspekt des Schwingungsverhaltens nur am Rande betrachtet, da der Schwerpunkt dieser Arbeit auf der Stabilitätsanalyse liegt. Auf das Schwingungsverhalten dynamischer Systeme mit diskreter Zeitführung soll nun anhand des vorliegenden Zwei-Länder-Modells eingegangen werden, da es diesbezüglich interessante Aspekte bietet.

In linearen Systemen überlagern sich Fremdschwingungen aus der Inhomogenität mit den aus dem System generierten Eigenschwingungen (vgl. Abschnitt A 1.8). Falls die Inhomogenität einem stationären Verlauf folgt, weisen lineare Systeme monotone, alternierende oder zyklische Zeitpfade auf, wobei sich (mehrere) Schwingungen und alternierende Zeitpfade überlagern können.

Zu einer Analyse des Schwingungsverhaltens des vorliegenden linearen Systems wird das System (5-1) bis (5-9) nach dem Vektor der unverzögerten endogenen Variablen aufgelöst.

$$y_t = Ay_{t-1} + b_t \quad , \quad \text{mit } b_t = B$$

Auf der rechten Seite stehen die Inhomogenität sowie endogene Variablen mit einperiodiger Verzögerung. Da das System (5-1) bis (5-9) ausschließlich Verzögerungen erster Ordnung aufweist, ist die Einführung von Hilfsvariablen nicht notwendig, um auf die reduzierte Form zu gelangen.[90]

Die Systemmatrix A enthält alle Informationen bezüglich der Dynamik und des Stabilitätsverhaltens. Diese Eigenschaften können mit unterschiedlichen Methoden ermittelt werden, von denen eine Auswahl im Abschnitt A 2 dargestellt wird.

Die meisten Verfahren basieren auf der Berechnung oder Abschätzung der Eigenwerte der Systemmatrix A (vgl. die ausführlichen Erläuterungen in Anhang A). Treten nur *positive* reelle Eigenwerte auf, besitzt das System ausschließlich monotone Zeitpfade. Sollten *negative* reelle Eigenwerte vorhanden sein, führt dies zu einem alternierenden Verlauf der endogenen Variablen. Im Fall konjugiert-komplexer Paare von Eigenwerten weist das System Schwingungen auf. Eine *parametrische* Bestimmung der Eigenwerte des vorliegenden Systems ist mit den bekannten Mathematikprogrammen, wie beispielsweise MAPLE, nicht möglich, da (bislang) der Speicherplatz nicht ausreicht. Eine *numerische* Berechnung der Eigenwerte ist daher unumgänglich.

In einer Monte-Carlo-Simulation mit einem Stichprobenumfang von 1 Mio. werden die Eigenwerte der Matrix A somit approximativ numerisch berechnet.[91] Hierbei können bei einer Differenzengleichung fünfter Ordnung, auf die sich das Differenzengleichungssystem theoretisch reduzieren läßt, fünf Eigenwerte von 0

---

[90] Das homogene System der reduzierten Form wird Normalform genannt. Vgl. zu den unterschiedlichen Begriffsabgrenzungen Abschnitt A 1.2.

[91] Die Systemmatrix wurde mit Hilfe von MAPLE parametrisch bestimmt, so daß pro Simulationslauf der jeweilige Parametersatz in die Systemmatrix eingesetzt wird und hieraus die numerischen Eigenwerte bestimmt werden (vgl. Abschnitt 5.5).

abweichen und somit maximal zwei konjugiert-komplexe Paare auftreten. Dies bedeutet, daß sich bis zu zwei Schwingungen überlagern.

Die resultierenden Parameterkonstellationen werden nach unterschiedlichen Kriterien eingeteilt:

So wurden abhängig vom betragsgrößten Eigenwert (größer/kleiner 1) zwei Teilmengen der instabilen und stabilen Fälle gebildet und die Parameter in Abschnitt 5.5 auf ihren Einfluß bezüglich der Stabilität überprüft.

Untersucht man die reellen Eigenwerte des Systems, so führen negative reelle Eigenwerte zu alternierenden Zeitpfaden. Die komplementäre Teilmenge beinhaltet Parameterkonstellationen mit ausschließlich positiven reellen Eigenwerten. Diese zweite Unterteilung dient der Ermittlung der Einflußgrößen für das Auftreten alternierender Zeitfolgen (vgl. Abschnitt 5.6.3).

Eine weitere Unterteilung kann nach der Anzahl der Schwingungen getroffen werden. Im vorliegenden System können abhängig vom Parametersatz null, eine oder zwei Schwingungen auftreten. Zur Trennung des Parameterquaders in die drei Teilmengen wird die Anzahl der konjugiert-komplexen Eigenwertpaare pro Parametersatz verwendet. Da die Periodendauer der Schwingungen ein wichtiges Kriterium für die dynamische Entwicklung des Systems darstellt, wird diese für jedes konjugiert-komplexe Eigenwertpaar berechnet und mit dem Parametersatz ausgegeben. Im Falle zweier sich überlagernder Schwingungen werden diese nach 'kleiner' bzw. 'großer' Schwingung sortiert und einander gegenübergestellt (vgl. Abschnitt 5.6.1).

5.6.1 Überlagerung von Konjunkturschwingungen

Es stellt sich heraus, daß ausgehend von einer Ungleichgewichtssituation alternierende Zeitpfade den Regelverlauf darstellen. Da die Norm dieser Eigenwerte nahezu in jedem Fall größer ist als die Norm der konjugiert-komplexen Eigenwerte, dominieren die alternierenden Zyklen die Zeitpfade des Systems. Der Versuch, das reale Konjunkturverhalten mit Hilfe dieses Zwei-Länder-Modells vereinfachend nachzubilden, führt somit bezüglich der alternierenden Zeitpfade zu einem unbefriedigenden Ergebnis.

Eine monotone Anpassung an den steady state, erkennbar an ausschließlich reellen und zusätzlich nicht-negativen Eigenwerten, tritt nur für 5 von 1 Mio. Konstellationen aus dem betrachteten Parameterquader auf.[92] Da der zugehörige Parametersatz keine speziellen Eigenschaften aufzuweisen scheint, wird dieser Fall als Ausreißer von den weiteren Untersuchungen ausgeschlossen.

Die alternierenden Zeitpfade werden immer von mehrperiodigen Schwingungen überlagert. In über 99% aller betrachteten Fälle existiert eine einzelne Schwingung, einige wenige Parameterkonstellationen führen zu zwei sich überlagernden Zyklen. Die Ergebnisse werden in Tabelle 5-6 zusammengefaßt.

---

[92] Von Zyklen, die auf die Wahl des Anfangswertvektors zurückgehen, wird hierbei abgesehen.

Tabelle 5-6: Häufigkeit unterschiedlicher Schwingungen im Zwei-Länder-Modell

Anzahl	0	1	2	Σ
Häufigkeit	5	997 502	2 493	1 Mio.

Das Schwingungsverhalten kann weiter analysiert werden. Hierzu wird der Parameterquader nach dem Kriterium der Schwingungsanzahl unterteilt.

Falls der Regelfall einer Schwingung vorliegt, liegt deren Periodenlänge nach Tabelle 5-7 im Durchschnitt bei 4.77, wobei Werte zwischen 1.01 und 31.13 auftreten. Eine Schwingungsdauer über 7 Perioden stellt jedoch eine Ausnahme dar.

Tabelle 5-7: Schwingungsverhalten bei nur einer Schwingung

	Schwingung
Mittelwert	4.77
Minimum	1.01
Maximum	31.13
Standardabweichung	0.90

Über 99% aller Fälle weisen eine 4- bis 6-periodige Schwingung auf, wie das Histogramm des Schwingungsverhaltens in Abbildung 5-11 zeigt:

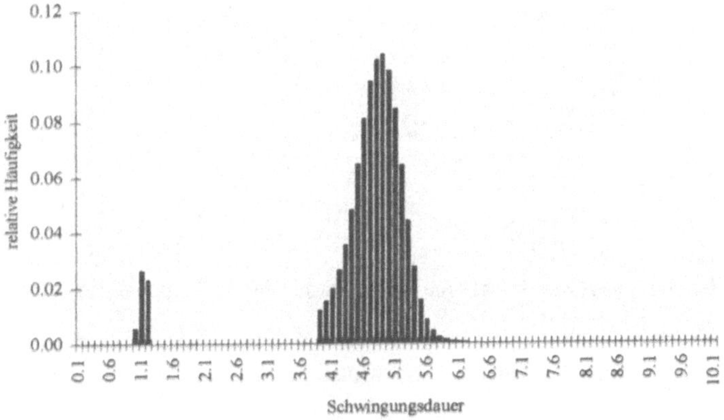

Abbildung 5-11: Schwingungsverhalten bei nur einer Schwingung

Im Falle zweier konjugiert-komplexer Eigenwertpaare werden die beiden Zyklenlängen berechnet, pro Parametersatz aufsteigend geordnet und die beiden resultierenden Teilmengen der kleineren und größeren Schwingung einander gegenübergestellt. Die mittlere Dauer der kürzeren Schwingungen beträgt 1.04, die der längeren Schwingungen 2.82 Perioden:

Tabelle 5-8: Schwingungsverhalten bei zwei Schwingungen

	kleinere Schwingung	größere Schwingung
Mittelwert	1.04	2.82
Minimum	1.00	1.08
Maximum	1.17	5.16
Standardabweichung	0.03	1.60

Die größere der sich überlagernden Schwingungen hat in den meisten Fällen eine Dauer zwischen 4 und 5 Perioden (vgl. Abbildung 5-12). Aber auch kürzere Schwingungsverläufe mit 1 bis 1.5 Perioden Länge können vermehrt auftreten.

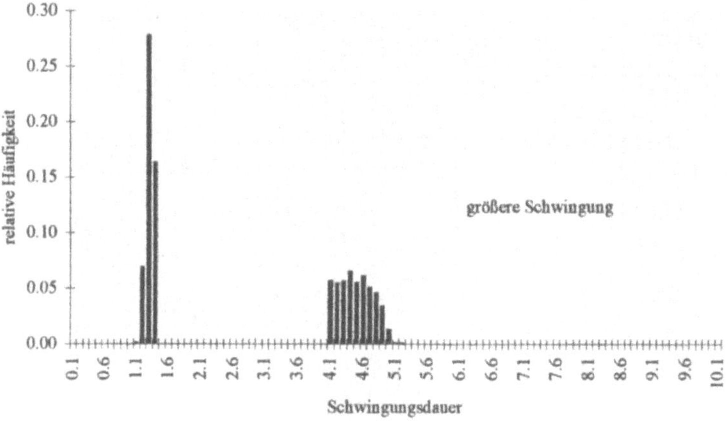

Abbildung 5-12: Größere Schwingungen im Zwei-Schwingungs-Fall

Die kleinere der sich überlagernden Schwingungen hat nahezu immer eine Periodendauer von knapp über einer Periode (vgl. Abbildung 5-13).

Unterstellt man eine Periodenlänge von einem Jahr, so können die hier ermittelten (größeren) Schwingungen als sog. Kitchin-Zyklen interpretiert werden. Eine Überlagerung mehrerer Konjunkturzyklen mit divergierender Periodendauer im Sinne von Kitchin-, Juglar- und Kondratieff-Zyklen wird mit diesem Modell und dem verwendeten Parameterquader nicht erreicht.

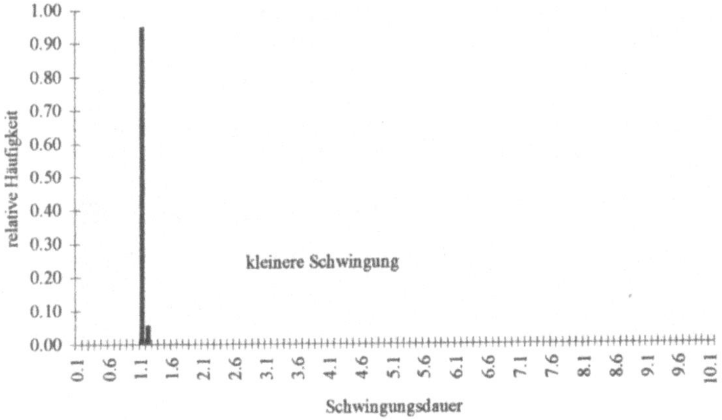

Abbildung 5-13: Kleinere Schwingung im Zwei-Schwingungs-Fall

Für das Verhalten des zugrundeliegenden Systems stellen die Untersuchungsergebnisse des dynamischen Verhaltens dieses Modells ein wichtiges Ergebnis bezüglich der Verallgemeinerungsfähigkeit der Ergebnisse dar. Es zeigt sich, daß das Schwingungsverhalten des Zwei-Länder-Modells weitgehend unabhängig von der Parameterkonstellation ist. Es treten in fast 100% aller Fälle alternierende Zyklen auf, die von einem meist 4- bis 5-Periodenzyklus überlagert werden.

5.6.2 Einfluß einzelner Parameter auf das Konjunkturverhalten

Nach dieser Übersicht über Anzahl und Dauer der Schwingungen stellt sich die Frage, welche der Parameter einen Einfluß auf die Anzahl der Schwingungen aufweisen.

Das in Kapitel 3 vorgestellte Instrumentarium für den Vergleich der beiden stabilen und instabilen Teilmengen kann man, wie immer wieder betont wurde, auf jeglichen Teilmengenvergleich anwenden. Im folgenden soll der Einfluß der Parameter auf die Anzahl der Schwingungen mit der Methode des Mittelwertvergleichs analysiert werden. Dazu benötigt man jeweils die Mittelwerte und Standardabweichungen für die einzelnen Parameter in den zwei Teilmengen mit einer und zwei Schwingungen (der Ausnahmefall ohne Schwingung wird nicht als eigene Teilmenge analysiert, sondern als Ausreißer eliminiert).

Die folgende Tabelle 5-9 gibt die Mittelwerte aller Parameter der beiden Teilmengen mit einer ($\bar{x}_1$) bzw. zwei Schwingungen ($\bar{x}_2$) sowie deren Differenzen ($\bar{x}_2 - \bar{x}_1$) wieder. Um die Mittelwerte und ihre Differenzen vergleichbar zu machen, werden auch die auf das Intervall [0 ; 1] normierten Werte ausgegeben. In der letzten Spalte findet man die dazugehörigen Prüfgrößen des Tests auf Abweichung der Mittelwerte.

Tabelle 5-9: Mittelwertvergleich der Schwingungsdauern

	Mittelwert			Mittelwert normiert				
Parameter	2 Schw.	1 Schw.	Differenz	2 Schw.	1 Schw.	Differenz	t-Wert	Wirkung
a_1	0.7220	0.5494	0.1726	0.7458	0.4992	0.2466	46.7171	+
a_1^*	0.7216	0.5494	0.1722	0.7452	0.4992	0.2461	46.9738	+
a_2	22.3961	25.0062	-2.6101	0.2396	0.5006	-0.2610	-56.4991	-
a_2^*	22.4965	25.0086	-2.5121	0.2496	0.5009	-0.2512	-53.9882	-
a_3	65.6766	65.0000	0.6766	0.5677	0.5000	0.0677	11.8666	+
a_3^*	65.7575	64.9964	0.7611	0.5758	0.4996	0.0761	13.4330	+
b_1	0.0025	0.0025	0.0000	0.5036	0.5003	0.0033	0.5707	0
b_1^*	0.0025	0.0025	0.0000	0.4997	0.4998	-0.0002	-0.0295	0
b_2	0.2072	0.3005	-0.0933	0.3454	0.5008	-0.1555	-23.6343	-
b_2^*	0.2096	0.3004	-0.0908	0.3493	0.5006	-0.1513	-23.0452	-
δ	0.8498	0.8500	-0.0002	0.4982	0.5003	-0.0021	-0.3607	0
δ^*	0.8511	0.8501	0.0009	0.5105	0.5010	0.0095	1.6340	0
γ	0.1309	0.1500	-0.0191	0.3092	0.5002	-0.1910	-35.5596	-
γ^*	0.1311	0.1501	-0.0189	0.3114	0.5006	-0.1893	-34.7810	-

Die berechnete Prüfgröße[93]

$$t = \frac{\bar{x}_2 - \bar{x}_1}{\sqrt{\frac{s_2^2}{n_2} + \frac{s_1^2}{n_1}}}$$

ist asymptotisch t-verteilt mit

$$\nu = \frac{\left(\frac{s_2^2}{n_2} + \frac{s_1^2}{n_1}\right)^2}{\left(\frac{s_2^2}{n_2}\right)^2 \Big/ (n_2 - 1) + \left(\frac{s_1^2}{n_1}\right)^2 \Big/ (n_1 - 1)}$$

Freiheitsgraden. Bei einer Irrtumswahrscheinlichkeit von (zweiseitig) $\alpha = 5\%$ und ν Freiheitsgraden sind die in der oberen Tabelle dunkel schraffierten t-Werte betragsmäßig größer als der kritische Wert $t_{\nu;1-\alpha} = 1.96$.

---

[93] Vgl. Abschnitt 5.5.1. Die Verwendung dieses strengen Tests für unbekannte und ungleiche Varianzen erweist sich in diesem Fall als notwendig, da die beiden Teilmengen stark voneinander abweichen.

Ein Pluszeichen (Minuszeichen) steht für eine signifikant positive, schwingungsvermehrende (negative, schwingungsvermindernde) Mittelwertdifferenz, eine 0 bedeutet, daß die Mittelwertdifferenz nicht signifikant von 0 abweicht und der entsprechende Parameter keinen Einfluß auf die Anzahl der Schwingungen aufweist.

Da das Modell symmetrisch ist, weichen die Mittelwerte, Standardabweichungen und somit auch die Prüfgrößen der jeweiligen Parameter für das In- und Ausland nicht bedeutend voneinander abweichen.

Eine signifikante positive Mittelwertdifferenz beim Parameter a_1 bedeutet, daß eine Vergrößerung der Exportabhängigkeit im statistischen Mittel zu einer Zunahme der Anzahl der Schwingungen führt. Dasselbe gilt für die Zinselastizität der Güternachfrage a_2.

5.6.3 Die Ursache für alternierende Zyklen

Das Auftreten dominierender negativer reeller Wurzeln ist ein Ergebnis der Auswertung, das weiter analysiert werden sollte. Das hierzu benötigte Instrumentarium lehnt sich an die vorigen Untersuchungen an. Hierzu werden zwei Gruppen mit einem dominierenden negativen Eigenwert unter -0.8 und einem zwischen -0.8 und 0 gebildet.[94] Dies führt zu 69% Parameterkonstellationen mit einem betragsgrößeren sowie 31% mit einem betragskleineren reellen Eigenwert. Die beiden Teilmengen werden über einen Mittelwerttest verglichen.

Eine Tendenz zum Auftreten alternierender Zeitpfade ist bei der Erhöhung von vier Parametern (pro Land) zu erkennen. Hierzu zählen die Zinsabhängigkeiten der Güternachfrage (Investitionsnachfrage) und der Geldnachfrage, der Präferenzparameter und die Steigung der Phillips-Kurve. Eine abnehmende Neigung des Systems zu alternierenden Folgen wird durch eine Erhöhung der Exportquote oder der Einkommensabhängigkeit der Geldnachfrage erreicht.

Vergleicht man die Ergebnisse aus Tabelle 5-10 mit denen des Stabilitätstests aus Tabelle 5-2 oder Tabelle 5-3 in Abschnitt 5.5.1, so stellt man eine weitgehende Übereinstimmung des Einflusses auf eine Destabilisierung des Systems und auf eine Zunahme alternierender Zyklen fest.[95] Dies bedeutet, daß ein destabilisierender Parameter gleichzeitig eine erhöhte Tendenz zu alternierenden Zeitpfaden bedeutet. Der Versuch, das System durch eine Änderung einzelner Parameter zu stabilisieren, führt gleichzeitig zu einer Abnahme alternierender Zyklen.

[94] Die Grenze stellt den Mittelwert der reellen negativen Eigenwerte dar.

[95] Mit Ausnahme der Abhängigkeit der Güternachfrage vom Wechselkurs a_3, für die kein signifikanter Einfluß auf das Schwingungsverhalten nachzuweisen ist.

Tabelle 5-10: Mittelwerttest für alternierende Zeitfolgen

Parameter	Mittelwert bei			Normierter Mittelwert bei			t-Wert	Wirkung
	betrags-größerem Eigenwert	betrags-kleinerem Eigenwert	Differenz	betrags-größerem Eigenwert	betrags-kleinerem Eigenwert	Differenz		
a_1	0.5467	0.5562	-0.0095	0.4953	0.5088	-0.0135	-2.1490	-
a_1^*	0.5471	0.5726	-0.0255	0.4958	0.5322	-0.0364	-5.7975	-
a_2	25.1398	24.6512	0.4886	0.5140	0.4651	0.0489	7.7940	+
a_2^*	25.1442	24.7095	0.4347	0.5144	0.4710	0.0435	6.9844	+
a_3	64.9928	65.0432	-0.0505	0.4993	0.5043	-0.0050	-0.7999	0
a_3^*	64.9657	65.0667	-0.1009	0.4966	0.5067	-0.0101	-1.6007	0
b_1	0.0025	0.0026	-0.0001	0.4996	0.5191	-0.0195	-3.1043	-
b_1^*	0.0024	0.0025	-0.0001	0.4992	0.5049	-0.0220	-3.5218	-
b_2	0.3624	0.1637	0.1987	0.6040	0.2728	0.3312	64.1656	+
b_2^*	0.3600	0.1611	0.1989	0.6001	0.2685	0.3316	64.7434	+
δ	0.8509	0.8479	0.0031	0.5093	0.4788	0.0306	4.8878	+
δ^*	0.8510	0.8484	0.0027	0.5105	0.4838	0.0267	4.2582	+
γ	0.1504	0.1486	0.0018	0.5040	0.4860	0.0180	2.8873	+
γ^*	0.1505	0.1488	0.0017	0.5054	0.4885	0.0170	2.7036	+

5.7 Zusammenfassung der Ergebnisse für das Zwei-Länder-Modell

Zwei-Länder-Modell werden üblicherweise unter der Annahme der symmetrischen Verhaltensparameter der beiden Länder analysiert, da dies analytische, d.h. parametrische Lösungen mit Hilfe der Methode von Aoki ermöglicht.

In diesem Kapitel wurde der Vorteil einer numerischen Simulationsstudie mit anschließender statistischer Auswertung der Simulationsergebnisse besonders deutlich, da die einschränkende Annahme der Symmetrie mit vergleichsweise geringem Aufwand aufgehoben werden konnte.

Es stellt sich heraus, daß die Ergebnisse des asymmetrischen Zwei-Länder-Modells mit dessen symmetrischer Variante weitgehend übereinstimmen. Die Voraussetzungen hierfür wurden für die komparativ-statische Analyse explizit ermittelt.

In der Literatur treten im Rahmen der komparativ-statischen Modelle wiederholt Widersprüche der Wirkungsmechanismen bei kleinen bzw. großen Ländern auf. In bezug auf die zunehmende Verflechtung der Weltwirtschaft weisen die Ergebnisse bezüglich der Stabilität der entwickelten analysierten dynamischen Modelle eines kleinen Landes (Kapitel 3) und des Modells zweier großer Länder (Kapitel 5) keine Widersprüche auf. Eine zunehmender Außenhandel führt unabhängig von der Größe des Landes nie zu einer Destabilisierung der Weltwirtschaft, im Fall zweier großer Länder sogar zu einer Stabilisierung.

Das behandelte Zwei-Länder-Modell weist jedoch neben der weitgehenden Übereinstimmung der Stabilitätsanalyse ein Problem bezüglich des Schwingungsverhaltens auf: Die nahezu in jedem Fall auftretenden Konjunkturzyklen werden von alternierenden Zeitpfaden überlagert. Deren Einfluß ist nicht unbedeutend, wie eine Analyse der Normen der reellen negativen und der komplexen Wurzeln ergeben hat.

Eine Verschiebung des Parameterquaders, so daß die in der Realität selten beobachteten alternierenden Zeitpfade reduziert werden, war die Aufgabe weiterer Untersuchungen, die jedoch kein abweichendes Ergebnis erbracht haben. Die bislang erzielten Ergebnisse lassen darauf schließen, daß nicht die Lage des Parameterquaders, sondern die Modellierung des Systems selbst die Ursache für alternierende - und somit recht unrealistische - Folgen sind.

Zusammenfassung

Die zunehmende Verflechtung der Weltwirtschaft ist ein Phänomen, das nicht nur in den Wirtschaftswissenschaften auf ein breites Interesse trifft. Aus ökonomischer Sicht zählen die langfristig positiven Folgen der Internationalisierung zu den gesicherten Ergebnissen der Forschung. Die Auswirkungen auf die mittelfristige konjunkturelle Entwicklung der über internationalen Handel verbundenen Staaten stellen ein Thema dar, das nicht im selben Ausmaß Beachtung findet. Selbst wenn die auf die lange Frist positiven Aspekte akzeptiert werden, ist weiterhin von 'schmerzhaften Anpassungsprozessen' die Rede. Dies impliziert das Auftreten kurz- oder mittelfristiger Nachteile. In dieser Arbeit wird ein Versuch unternommen, den mittelfristigen konjunkturellen Aspekt anhand mehrerer dynamischer Modelle zu untersuchen.

Hierzu werden drei eigene dynamische lineare Modelle offener Volkswirtschaften entwickelt. Als erstes wird in Kapitel 3 das Modell eines kleinen Landes (Mundell-Fleming-Modell) mit flexiblen, aber trägen Wechselkursen besprochen. In Kapitel 4 wird ein Zwei-Regionen-Modell mit fixen Wechselkursen unter Vernachlässigung von Ausgleichsmechanismen vorgestellt. Dieses wird als Exkurs auf ein Mehr-Regionen-Modell erweitert. Das Zwei-Regionen-Modell dient als Übergang zu einem monetären, asymmetrischen Zwei-Länder-Modell mit flexiblen Wechselkursen im abschließenden Kapitel 5.

Ein zunehmender Außenhandel zeigt sich in diesen güterwirtschaftlichen Modellen in erster Linie an steigenden Import- bzw. Exportquoten. Im Fall flexibler Wechselkurse ist auch die Anpassungsgeschwindigkeit des Wechselkurses von besonderem Interesse. Somit werden die Auswirkungen einer Erhöhung dieser Parameter auf die langfristigen Gleichgewichtswerte und die Stabilität der beteiligten Länder sowie die Auswirkungen bezüglich ihrer konjunkturellen Entwicklung analysiert.

Der Versuch, eindeutige Aussagen über die mittelfristigen Auswirkungen einer Internationalisierung der Weltwirtschaft anhand einer Variation dieser Parameter zu treffen, scheitert an der Komplexität der zugrundeliegenden Modelle. Obwohl die entwickelten dynamischen Modelle offener Volkswirtschaften scheinbar sehr einfach modelliert sind, ist eine analytische Lösung bzw. deren Interpretation ohne einschränkende Annahmen nicht mehr möglich. Daher wird in dieser Arbeit ein numerischer Ansatz vorgeschlagen, der eine Monte-Carlo-Simulation mit einer Auswahl statistischer Analysemethoden verbindet.

Bei den erzielten Ergebnissen handelt es sich somit um Wahrscheinlichkeitsaussagen. Beispielsweise bedeutet die Aussage, daß eine erhöhte Exportquote in einem Zwei-Länder-Modell zu einer Stabilisierung beiträgt, eine statistisch gesicherte Zunahme stabiler Fälle unabhängig von der Höhe der anderen Parameter. Somit stellt der verwendete Simulationsansatz ein Hilfsmittel für die Analyse dynamischer Modell dar, die auf analytischem Weg nicht mehr lösbar wären.

Die Vorgehensweise der einfachen dynamischen Simulation besteht darin, daß für das betreffende Modell ein numerischer Parametersatz gewählt wird. Dieser wird in die Modellgleichungen eingesetzt und die resultierenden Zeitpfade der makroökonomischen Größen auf Stabilität und Schwingungsverhalten analysiert.

Die Simulation vieler Realisationen innerhalb eines Parameterquaders kann dazu verwendet werden, die erzielten Ergebnisse über die punktuelle Aussage eines einzelnen Parametersatzes hinaus zu verallgemeinern. Hierzu benötigt man in einem ersten Schritt für jeden Parameter ein zulässiges Intervall, aus dem die Parameterwerte gezogen werden. Im Rahmen einer Monte-Carlo-Simulation werden aus dem Parameterquader eine Vielzahl an unabhängig gleichverteilten Parametersätzen gezogen und jede Parameterkonstellation hinsichtlich eines Merkmals untersucht. Um den Einfluß der einzelnen Parameter beispielsweise auf die Stabilität zu überprüfen, wird eine Trennung des Parameterquaders in zwei Teilmengen durchgeführt. Die stabile und die instabile Teilmenge stellen zwei neue, sich teilweise überlappende Parameterwolken dar, die mit unterschiedlichen statistischen Methoden untersucht und verglichen werden können. Eine geringe Auswahl einfacher Methoden wird in dieser Arbeit vorgestellt, wobei viele weitere Verfahren möglich wären.

Im Falle eines höherdimensionalen Parameterquaders benötigt man einen entsprechen hohen Stichprobenumfang, um den interessierenden Bereich möglichst umfassend analysieren zu können. Der für die vorgestellten Untersuchungen verwendete Stichprobenumfang von 1 Mio. führt zu stabilen Ergebnissen in dem Sinne, daß eine unabhängige Laufwiederholung mit neuen Zufallszahlen die erzielten Ergebnisse bestätigt. Der Vorteil stabiler Ergebnisse wird durch zwei Nachteile erkauft: Zum einen benötigt ein Simulationslauf eines dynamischen Modells mit 1 Mio. Parameterkonstellationen selbst bei heutigen Computern eine hohe Rechenzeit. Als zweites steht zur Auswertung von Beobachtungsreihen dieser Größenordnung nur eine begrenzte Auswahl an Statistiksoftware zur Verfügung. Dies führt dazu, daß die Ermittlung der statistischen Größen sowie die Berechnung der verwendeten Prüfgrößen zu einem nicht unerheblichen Teil selbst programmiert werden mußten.

Nach einem Überblick über den heutigen Stand der Konjunkturtheorie offener Volkswirtschaften in Kapitel 2 wird in Kapitel 3 ein dynamisches Modell einer kleinen offenen Volkswirtschaft mit Güter- und Geldmarkt bei flexiblen, aber trägen Wechselkursen vorgestellt. Die zunehmende Internationalisierung der Weltwirtschaft kann an diesem Modell anhand einer Zunahme der Importquote simuliert werden. Es stellt sich heraus, daß eine Änderung dieses Parameters keine signifikante Wirkung auf die Stabilität des Modells hat. Daher ist eine Destabilisierung des Systems durch einen zunehmenden Außenhandel nicht zu befürchten. Es kann allerdings nachgewiesen werden, daß eine exogene Änderung des Auslandseinkommens bei zunehmender Importquote zu einer kurzfristig verstärkten Reaktion des Einkommens im Inland führt. Dieser Effekt ist jedoch von seiner Größenordnung her gesehen vernachlässigbar.

Die Dauer des Anpassungsprozesses an ein neues Gleichgewicht nach einem exogenen Schock aus dem Ausland ist bei flexiblen, aber trägen Wechselkursen in großem Ausmaß von der Anpassungsgeschwindigkeit des Wechselkurses abhängig. Eine Einkommenssteigerung im Ausland führt zu einer erhöhten Nachfrage nach Exporten und somit zu einer Aufwertungstendenz der eigenen Währung. Bei trägen Wechselkursen findet diese Aufwertung verzögert statt, so daß sich ein vorübergehender Wettbewerbsvorteil für das Inland einstellt. Es zeigt sich also, daß bei trägen Wechselkursen eine positive Konjunkturübertragung auftreten kann. Es darf jedoch nicht übersehen werden, daß eine Rezession im Ausland bei trägen Wechselkursen ebenso ins Inland übertragen wird. Eine dauerhafte Einkommenssenkung im Ausland, die langfristig durch eine Wechselkursanpassung absorbiert wird, kann bei trägen Wechselkursen die Einkommensentwicklung im Inland vorübergehend schwächen, wobei die Auswirkung sich über mehrere Perioden erstrecken kann. Eine zunehmende Unabhängigkeit der konjunkturellen Lage im Ausland kann trotz der zu beobachtenden Zunahme der außenwirtschaftlichen Verknüpfungen durch eine Flexibilisierung des Wechselkurse erreicht werden. Je flexibler die Wechselkurse sind, desto eher kann das Inland seine Konjunktur von der des Auslands abkoppeln.

Bezüglich der Stabilität eines kleinen Landes stellt sich heraus, daß die Transmissionsmechanismen der internationalen Konjunkturübertragung keinen signifikanten Einfluß auf das Verhalten des Modells besitzen. Für die Abhängigkeit der Handelsbilanz vom inländischen Einkommen und vom Wechselkurs ist ebensowenig ein Einfluß auf die Stabilität nachzuweisen wie für die Anpassungsgeschwindigkeiten des Wechselkurses und der Kapitalbilanz. Eine Stabilisierung der eigenen Wirtschaft ist durch eine verstärkte Internationalisierung der Wirtschaft zwar nicht zu erreichen. Eine befürchtete Destabilisierung findet jedoch ebenso nicht statt.

Bei dem in Kapitel 4 vorgestellten Zwei-Regionen-Modell, das auch als Zwei-Länder-Modell mit fixen Wechselkursen interpretiert werden kann, entfällt der 'Puffer' einer Wechselkursanpassung. Exogene Schocks können nicht durch eine Änderung der relativen Preise zwischen in- und ausländischen Gütern absorbiert werden. Ein zunehmender interregionaler Warenverkehr, simuliert durch eine steigende Importquote, führt im Falle zweier Regionen zu einer Destabilisierung des Systems. Das Modell zweier Regionen kann weiterhin dazu verwendet werden, die Unterschiede zwischen globalen und regionalen Schocks herauszuarbeiten. Bei globalen Schocks, welche die beiden Regionen gleichermaßen beeinflussen, stellt sich eine gleichlaufende Konjunkturentwicklung ein. Asymmetrische, lokale Schocks führen zu einem Auseinanderfallen der Konjunkturen. Im Mehr-Regionen-Modell, das für den Spezialfall dreier Regionen simuliert wird, stellt sich darüber hinaus eine Umlenkung der Handelsströme ein, die zu einer weiteren Asymmetrie der konjunkturellen Entwicklung führt. Die Zeitpfade der regionalen Einkommen der drei Regionen weichen als Reaktion auf exogene Schocks, die nur eine Region betreffen, stark voneinander ab.

In Kapitel 5 wird ein dynamisches Zwei-Länder-Modell mit flexiblen Wechselkursen und flexiblen Preisniveaus im In- und Ausland analysiert. Durch einen Vergleich mit den bislang analysierten Modellen zeigt sich, daß die Ausgestaltung des Wechselkurssystems sowie die Größe des Landes für den Einfluß eines zunehmenden Außenhandels auf die Stabilität des Systems entscheidende Bedeutung aufweisen. So führt eine Erhöhung der Exportquote bei einem Zwei-Länder-Modell mit flexiblen Wechselkursen in Kapitel 5 zu einer Stabilisierung der konjunkturellen Entwicklung in beiden Ländern. Bei einem kleinen Land, das die ökonomischen Variablen des großen Auslands nicht beeinflussen kann, kann dieser Effekt nicht nachgewiesen werden. Weiterhin ist die Wechselkursabhängigkeit der Güternachfrage im Fall zweier Länder eine stabilisierende Größe. Dieser Einfluß ist im Modell eines kleinen Landes ebenfalls nicht zu erkennen.

Wenn aber der Außenhandel nicht als destabilisierendes Moment in Betracht kommt, so stellt sich die Frage nach der Abhängigkeit der betrachteten Modelle von den anderen Modellbausteinen.

Sowohl im dynamischen Mundell-Fleming-Modell als auch im Zwei-Regionen-Modell des Kapitels 4 wird die private Nachfrage nach Investitionen nach dem Akzelerationsprinzip modelliert. Dieses aus dem grundlegenden Konjunkturmodell von Hicks (1950) bekannte Element ist für die Stabilität der beiden Modelle ausschlaggebend. Ein steigender Akzelerationskoeffizient führt jeweils zu einer Destabilisierung. Beim Überschreiten gewisser Werte ist das zugrundeliegende System durchgehend instabil.

Die Kenntnis über die destabilisierende Wirkung der Investitionsnachfrage nach dem Akzelerationsprinzip könnte eine Regierung dazu benutzen, eine antizyklische Stabilisierungspolitik zur Dämpfung der Konjunkturzyklen durchzuführen. Im Rahmen des Zwei-Regionen-Modells wurde in Anlehnung an Baumol (1961) eine 'counter accelerator policy' implementiert. Eine stabilisierende Wirkung wird durch diese Art der Fiskalpolitik zwar erzielt, bei bestimmten Parameterkonstellationen kann ein 'Zuviel' an Staatsausgaben die Wirkung jedoch umkehren und zu einer Destabilisierung führen.

Bezüglich der Stabilität hat ein weiterer Parameter einen von der Größe des Landes abhängigen Einfluß. Die Zinsabhängigkeit der Geldnachfrage hat im Fall eines kleinen Landes keinen erkennbaren Einfluß auf das Stabilitätsverhalten. Betrachtet man das Modell zweier großer Länder, so besitzt dieser Parameter eine stark destabilisierende Wirkung. Die Zinsabhängigkeit der Investitionsnachfrage hingegen wirkt unabhängig von der Größe des betrachteten Landes destabilisierend.

Der in dieser Arbeit verwendete Ansatz erlaubt die Analyse auch komplizierter Modelle. So kann als Erweiterung zu der in der Literatur üblichen Vorgehensweise die Annahme der Symmetrie von Zwei-Regionen- oder Zwei-Länder-Modellen aufgehoben werden. Es stellt sich heraus, daß das Verhalten asymmetrischer Länder bzw. Regionen von dem bei Symmetrie in Einzelfällen beträchtlich abweichen kann. Die vereinfachende Annahme der Symmetrie hat zwar den nicht zu unterschätzenden Vorteil, daß viele Modelle dadurch analytisch lösbar werden; die asymmetrische Modellvariante sollte aber dennoch nicht vernachlässigt werden, um mögliche Abweichungen vom symmetrischen Fall zu erkennen.

In bezug auf das Schwingungsverhalten der analysierten Modelle konnte festgestellt werden, daß ausgehend von Ungleichgewichtssituationen eine Anpassung an ein neues Gleichgewicht in den meisten Fällen mit Konjunkturschwingungen verbunden ist. Die analysierten Parameterwolken der vorgestellten Modelle führen zu Konjunkturzyklen mit kurzer Zyklendauer, die als Kitchin-Zyklen interpretiert werden können. Als ein wichtiges Ergebnis stellt sich heraus, daß die Zyklenlänge relativ unabhängig von der Wahl der Parameter innerhalb der weit gefaßten Parameterwolke ist.

Die Bedeutung des vorgestellten Ansatzes besteht darin, daß Modelle einer Größenordnung bzw. Komplexität analysiert werden können, deren parametrische Lösung nicht mehr oder nur unter vereinfachenden Annahmen bestimmt werden kann. Beispielsweise kann die in der Literatur häufig verwendete vereinfachende Annahme der Symmetrie zweier Länder ohne großen zusätzlichen Aufwand in eine Simulationsstudie implementiert und mit dem statistischen Ansatz dieser Arbeit untersucht werden.

Zusammenfassend stellt sich für die betrachteten drei dynamischen Modelle offener Volkswirtschaften heraus, daß eine Destabilisierung der Weltwirtschaft durch eine zunehmende Internationalisierung im Sinne einer Ausweitung des Außenhandels nicht auftritt. Einige der erzielten Ergebnisse lassen sogar den Schluß zu, daß eine Stabilisierung der Weltwirtschaft durch eine Ausweitung des internationalen Handels unabhängig von der Größe des betrachteten Landes erreicht werden kann.

Anhang

A Allgemeine Eigenschaften linearer Systeme mit diskreter Zeitführung

Der mathematische Anhang A behandelt ausgewählte Themen aus dem Gebiet linearer dynamischer Systeme mit diskreter Zeitführung.

Anhang A besteht aus drei Teilen. Zuerst wird ein Überblick zu linearen dynamischen Systemen mit diskreter Zeitführung gegeben. Neben Definitionen und Abgrenzungen der wichtigsten Begriffe werden Eigenschaften bezüglich Stabilität und Schwingungsverhalten erläutert. Im zweiten Teil werden alternative Methoden zur Bestimmung der Stabilität dieser Art dynamischer Systeme vorgestellt. Im dritten Teil wird auf einige Herleitungen, die im Hauptteil vorausgesetzt werden, vertiefend eingegangen. Abschnitt A 3.1 enthält einen Beweis zur Konvexität der stabilen Teilmenge in linearen Systemen, der als Grundlage für einige Analysen im Hauptteil dieser Arbeit dient. Für die komparativ-statische Analyse wird im Abschnitt B 3 ein alternatives und insbesondere aus der Sicht der Systemtheorie interessantes Verfahren zur Ermittlung von Totalmultiplikatoren vorgestellt. Abschnitt A 3.2 zeigt eine mathematische Umformung geometrisch verteilter Verzögerungen in einen einfachen Ausdruck. Im Abschnitt A 3.3 wird die Reduktion eines linearen Systems mit Verzögerungen höherer Ordnung auf die sog. Normalform des Systems mit ausschließlich Verzögerungen erster Ordnung anhand eines konkreten Beispiels vorgestellt.

A 1 Übersicht

A 1.1 Abgrenzung

In dynamischen Systemen sind die Variablen Funktionen der Zeit. Die Umsetzung dynamischer Systeme in mathematische Modelle kann in stetiger, diskreter oder ereignisgesteuerter (oder -orientierter) Zeitführung erfolgen.

Bei stetiger Zeitführung geht man von kontinuierlichen Systemen aus, die zu jedem Zeitpunkt definiert und auch meßbar sind. Dem kann man entgegenstellen, daß bei vielen Systemen nur diskrete Messungen möglich sind, also die Bestimmung der Systemgrößen zu bestimmten Zeitpunkten. Für Systeme, bei denen der Zeitpunkt der Ereignisse eine höhere Bedeutung hat als deren Ausprägung (z.B. Warteschlangenmodelle), wird auf die ereignisgesteuerte Zeitführung zurückgegriffen.

Da sich diese Arbeit mit diskreten dynamischen Systemen befaßt, konzentriert sich der mathematische Anhang auf die Darstellung der diskreten Variante der Zeitführung. Eine umfassende Behandlung ökonomischer diskreter dynamischer Systeme findet man u.a. bei Gandolfo (1996), Sandefur (1990) oder Kenkel (1974). Für eine fundierte Abhandlung über stetige Zeitführung sei auf Smirnow

(1966), für den Sonderfall der ereignisgesteuerten Zeitführung auf Fishman (1972) verwiesen.

Neben den unterschiedlichen Zeitführungsformen kann eine Unterteilung dynamischer Systeme in lineare und nichtlineare[96] Systeme vorgenommen werden. Reale Systeme sind in der Regel nichtlinear. Jedes nichtlineare System kann jedoch in der Nähe des Gleichgewichts durch eine Taylor-Entwicklung linear approximiert werden.[97] Somit stellen lineare Systeme eine zulässige Vereinfachung des tatsächlichen Zusammenhangs dar, wenn man sich in einer hinreichend kleinen Umgebung des Gleichgewichts befindet.[98]

A 1.2 Definition eines linearen dynamischen Systems mit diskreter Zeitführung

Def.: Ein lineares System mit diskreter Zeitführung ist definiert als

(A-1) $$M_0 y_t + M_1 y_{t-1} + \ldots + M_{T_y} y_{t-T_y} = B_0 x_t + B_1 x_{t-1} + \ldots + B_{T_x} x_{t-T_x}$$ bzw.

(A-2) $$\sum_{\tau=0}^{T_y} M_\tau y_{t-\tau} = \sum_{\tau=0}^{T_x} B_\tau x_{t-\tau}$$ (vollständige Form),

wobei $y_{t-\tau}$, $\tau = 0,1,\ldots,T_y$, einen n-dimensionalen Vektor

$$\left(y_{1,t-\tau}, y_{2,t-\tau}, \ldots y_{n,t-\tau}\right)^T$$

der n endogenen Variablen und $x_{t-\tau}$, $\tau = 0,1,\ldots,T_x$, einen m-dimensionalen Vektor

$$\left(x_{1,t-\tau}, x_{2,t-\tau}, \ldots x_{m,t-\tau}\right)^T$$

der m exogenen Größen jeweils zum Zeitpunkt $t-\tau$ darstellen. T_y und T_x sind die maximal auftretenden Verzögerungen der endogenen bzw. exogenen Variablen. M_τ und B_τ sind Matrizen der Ordnung $n \times n$ bzw. $n \times m$ mit konstanten Koeffizienten.

---

96 Eine umfassende Einführung in die Analyse nichtlinearer Systeme bietet Tong (1990).

97 Vgl. Smirnow (1966, S.16).

98 Statt eines stationären Gleichgewichts kann auch ein Wachstumspfad oder ein zyklischer Gleichgewichtspfad vorliegen. Weiterhin wird bei der Definition des Gleichgewichts immer unterstellt, daß es sich um ein deterministisches und nicht um ein stochastisches Gleichgewicht handelt.

Für die folgenden Betrachtungen des linearen inhomogenen Differenzengleichungssystems[99] (A-2) wird die rechte Seite vereinfachend als ein bekannter Vektor der Zeit $g_t = \left[g_{1,t}, g_{2,t}, \dots g_{n,t}\right]^T$ aufgefaßt. Somit gilt:

$$\text{(A-3)} \quad \sum_{\tau=0}^{T_y} M_\tau y_{t-\tau} = g_t$$

Durch die Einführung von Hilfsvariablen läßt sich jedes lineare System n-ter Ordnung der Form (A-3) in ein lineares System erster Ordnung überführen:

$$\text{(A-4)} \quad A_0 Y_t = A_1 \cdot Y_{t-1} + k_t \quad ,$$

bzw. bei Existenz der Inversen von A_0 nach Multiplikation mit derselben:

$$\text{(A-5)} \quad Y_t = A \cdot Y_{t-1} + h_t \qquad \text{(reduzierte Form)}\,,$$

wobei Y_t den um die Hilfsvariablen verlängerten Vektor der N endogenen Variablen und die Systemmatrix A eine quadratische Matrix der Ordnung $N \times N$ darstellen. Der homogene Teil der reduzierten Form (A-7) wird im folgenden als Normalform bezeichnet.[100]

A 1.3 Ableitung der Normalform linearer diskreter Systeme

Satz: Jedes lineare homogene Differenzengleichungssystem

$$\text{(A-6)} \quad \sum_{\tau=0}^{T_y} M_\tau y_{t-\tau} = 0$$

läßt sich mit den folgenden Rechenschritten[101] in die Normalform

$$\text{(A-7)} \quad Y_t = A \cdot Y_{t-1}$$

umformen, falls M_0 invertierbar, d.h. regulär ist.[102]

Das System besitzt genau dann eine eindeutige Lösung, wenn der Rang der Systemmatrix der Anzahl der Unbekannten entspricht.[103] Die Forderung nach der

---

[99] Da im folgenden ausschließlich Differenzengleichungssysteme behandelt werden, werden die Begriffe 'System' und 'Differenzengleichungssystem' als Synonyme verwendet.

[100] Die Bezeichnungen lehnen sich an die Abgrenzungen von Samuelson (1983, S.386), Zwicker (1981, S.36) und Frohn (1995, S.150-157) an. Für die reduzierte Form ist auch der Ausdruck finale Form gebräuchlich (Schönfeld 1969a, S.14). Da dies den anderen genannten Autoren widerspricht, soll auf diesen Begriff verzichtet werden. Die Inhomogenität h_t beinhaltet sowohl exogene Größen als auch Zufallsterme (in stochastischen Systemen). Weitere Abgrenzungen findet man bei Schönfeld (1969b, S.152-158).

[101] Zur Vorgehensweise vgl. Gandolfo (1996, S.130-131) oder Collar/Simpson (1987). Den Fall einzelner Hilfsvariablen behandelt Samuelson (1983, S.286-287).

[102] Anhand eines einfachen Beispiels werden die einzelnen Rechenschritte im Abschnitt A 3.3 beschrieben.

[103] Vgl. Smirnow (1954, S.29).

Invertierbarkeit der quadratischen Matrix M_0 ist somit eine notwendige Voraussetzung für die Eindeutigkeit der Lösung.

Beweis: Nach Multiplikation von (A-6) mit der Inversen von M_0 folgt:

$$\text{(A-8)} \quad y_t = \sum_{\tau=1}^{T_y} A_\tau y_{t-\tau}$$

mit $A_\tau = -M_0^{-1} M_\tau \quad , \quad \tau = 1,2,\ldots,T_y$

Um das System (A-8) der Ordnung T_y in ein System erster Ordnung umzuformen, führt man für den Vektor y_{t-1} der endogenen Variablen den Hilfsvektor $z_{1,t}$ ein:[104]

$$z_{1,t} = y_{t-1}$$

Für die höheren Verzögerungen bildet man die verzögerten Hilfsvektoren:

$$z_{r,t} = y_{t-r} = z_{r-1,t-1} \qquad \text{für} \quad r = 2,3,\ldots,T_y - 1$$

Somit gilt:

$$z_{2,t} = y_{t-2} = z_{1,t-1}$$

$$z_{3,t} = y_{t-3} = z_{2,t-1}$$

$$\vdots$$

$$z_{T_y-1,t} = y_{t-(T_y-1)} = z_{T_y-2,t-1}$$

Zusammengefaßt erhält man das folgende Schema:

$$\text{(A-9)} \quad \begin{aligned} z_{1,t} &= y_{t-1} \\ z_{r,t} &= y_{t-r} = z_{r-1,t-1} \qquad \text{für} \quad r = 2,3,\ldots,T_y - 1 \end{aligned}$$

Gleichungssystem (A-8) läßt sich hiermit darstellen als:

$$\text{(A-10)} \quad y_t = A_1 y_{t-1} + \sum_{r=2}^{T_y} A_r z_{r-1,t-1}$$

Das System beinhaltet ausschließlich Verzögerungen erster Ordnung. Somit kann (A-10) unter Berücksichtigung von (A-9) in die Normalform umgeformt werden:

$$\text{(A-7)} \quad Y_t = AY_{t-1}$$

mit dem erweiterten Vektor der endogenen Variablen

$$\text{(A-11)} \quad Y_t \equiv \left[y_1, z_{1,t}, z_{2,t}, \ldots, z_{T_y-1,t} \right]^T$$

und der sog. Systemmatrix

---

[104] Treten Verzögerungen nur bei wenigen endogenen Größen auf, so genügt es, einzelne Hilfsvariablen statt Hilfsvektoren einzuführen. Der vorgestellte Weg stellt den allgemeinen Fall dar.

$$\text{(A-12)}\quad A \equiv \begin{bmatrix} A_1 & A_2 & \cdots & A_{T_y-2} & A_{T_y-1} & A_{T_y} \\ I & 0 & \cdots & 0 & 0 & 0 \\ 0 & I & \cdots & 0 & 0 & 0 \\ 0 & 0 & \cdots & 0 & 0 & 0 \\ \cdots & \cdots & \cdots & \cdots & \cdots & \cdots \\ 0 & 0 & \cdots & 0 & I & 0 \end{bmatrix}$$

Der Vorteil dieser Vorgehensweise ist offensichtlich: Da jedes lineare Differenzengleichungssystem in die Normalform transformiert werden kann, benötigt man für die Untersuchung eines Differenzengleichungssystems höherer Ordnung nur die Analysemethoden für ein System in der Normalform.

In der vorliegenden Arbeit ist es beispielsweise nicht notwendig, für die vorgestellten Systeme höherer als erster Ordnung eigene Stabilitätskriterien zu ermitteln. Für jedes lineare System können nach der entsprechenden Transformation die im Abschnitt A 2 besprochenen Stabilitätskriterien für Differenzengleichungssysteme in der Normalform angewendet werden.

A 1.4 Allgemeine Lösung eines linearen diskreten Systems

Satz: Ist U_t eine Lösung des homogenen Systems (A-7) und Y_t^* eine Partikularlösung des inhomogenen Systems (A-5), so entspricht die allgemeine Lösung des inhomogenen linearen Systems

$$\text{(A-5)}\quad Y_t = A \cdot Y_{t-1} + h_t$$

der Summe von U_t und Y_t^*:[105]

$$\text{(A-13)}\quad Y_t = Y_t^* + U_t$$

Beweis: Sei Y_t^* eine Partikularlösung des Systems (A-5). Dann ist diese von der Form:

$$\text{(A-14)}\quad Y_t^* = AY_{t-1}^* + h_t$$

Die Differenz von (A-5) und (A-14) ergibt

$$\underbrace{Y_t - Y_t^*}_{U_t} = A\underbrace{\left(Y_{t-1} - Y_{t-1}^*\right)}_{U_{t-1}}$$

und somit die Lösung des homogenen Systems $U_t = A \cdot U_{t-1}$.

[105] Vgl. Gandolfo (1996, S.12 und S.126-130) oder Goldberg (1958, S.123).

Einen Partikularlösungsvektor Y_t^* des Systems (A-5) erhält man über die Methode der unbestimmten Koeffizienten. Bei dieser Vorgehensweise setzt man als Lösungsansatz die funktionale Form der Inhomogenität mit unbestimmten Konstanten in (A-5) ein und löst nach dem Vektor der endogenen Variablen auf.[106]

Die Lösung des homogenen Gleichungssystems (A-7) erfolgt mit dem Ansatz:[107]

$$Y_t = \alpha\lambda^t \qquad \text{mit } \alpha = (\alpha_1, \alpha_2, ..., \alpha_N)^T \neq 0_{N\times 1}$$

Durch Substitution in (A-7) erhält man

$$\alpha\lambda^t = A\alpha\lambda^{t-1} \quad \text{bzw.}$$

$$\lambda^t(A - \lambda I)\alpha = 0 \qquad (I = \text{Einheitsmatrix}) \ .$$

Für $\lambda \neq 0$ gilt somit:

(A-15) $(A - \lambda I)\alpha = 0$ oder $Ax = \lambda x$

Das Gleichungssystem (A-15) hat dann und nur dann eine nichttriviale Lösung für α, wenn die Determinante der charakteristischen Matrix $(A - \lambda I)$ verschwindet:[108]

(A-16) $|A - \lambda I| = 0$

Dies führt in ausmultiplizierter Schreibweise zum charakteristischen Polynom n-ter Ordnung:

(A-17) $(-1)^n \lambda^n + c_1(-1)^{n-1}\lambda^{n-1} + ... + c_{n-2}(-1)^2\lambda^2 + c_{n-1}(-1)\lambda + c_n = 0$

Die n Nullstellen des Polynoms (A-17) sind die Eigenwerte λ_i, $i = 1, 2, ..., n$, der Systemmatrix A.[109] Die Eigenwerte können sowohl reell als auch komplex sein.[110]

Def.: Eine Zahl λ heißt Eigenwert der Matrix A, wenn der zugehörige Eigenvektor $\alpha \neq 0$ eine nichttriviale Lösung des Systems (A-15) darstellt.

Aus Gleichung (A-15) kann zu jedem Eigenwert λ_i der zugehörige Eigenvektor $\alpha^{(i)}$ bestimmt werden. Die Bestimmung der Eigenvektoren und der allgemeinen Lösung des Systems (A-3) ist für den Untersuchungsgegenstand der Stabilität nicht notwendig. Bei der Analyse des Schwingungsverhaltens linearer Systeme im Abschnitt A 1.8 wird dieser Aspekt genauer betrachtet.

Für Stabilitätsuntersuchungen genügt eine Aussage über den betragsmäßig größten Eigenwert. Darauf wird im Abschnitt A 1.5 vertiefend eingegangen.

---

106 Vgl. Gandolfo (1996, S.84-87).

107 Vgl. Gandolfo (1996, S.111-114).

108 Vgl. Smirnow (1954, S.86).

109 Mehrfache Nullstellen werden entsprechend ihrer Vielfachheit gezählt.

110 Eine ausführliche Behandlung der Eigenwerte erfolgt im Abschnitt A 1.8.

Die allgemeine Lösung des inhomogenen linearen Systems (A-5) kann bei Kenntnis der Anfangsbedingungen und der Inhomogenität h_t rekursiv ermittelt werden. Aus

(A-5) $Y_t = A \cdot Y_{t-1} + h_t$

folgt für $t = 1$

$$Y_1 = A \cdot Y_0 + h_1$$

und somit:

$$Y_2 = A \cdot Y_1 + h_2 = A^2 Y_0 + Ah_1 + h_2$$

$$Y_3 = A \cdot Y_2 + h_3 = A^3 Y_0 + A^2 h_1 + Ah_2 + h_3$$

$$\ldots$$

$$Y_t = A \cdot Y_{t-1} + h_t = A^t Y_0 + A^{t-1} h_1 + A^{t-2} h_2 + \ldots + A^1 h_{t-1} + A^0 h_t$$

Die allgemeine Lösung des Systems (A-5) ergibt sich daher als:

(A-18) $Y_t = A^t Y_0 + \sum_{j=0}^{t} A^{t-j} h_j$

A 1.5 Stabilität linearer Systeme bei diskreter Zeitführung

Satz: Ein lineares Differenzengleichungssystem (A-5) ist stabil,[111] wenn die Eigenwerte der Systemmatrix A der zugehörigen Normalform des Systems

(A-7) $Y_t = A \cdot Y_{t-1}$

betragsmäßig unter 1 liegen, d.h. wenn die Eigenwerte im Einheitskreis der komplexen Zahlenebene liegen.

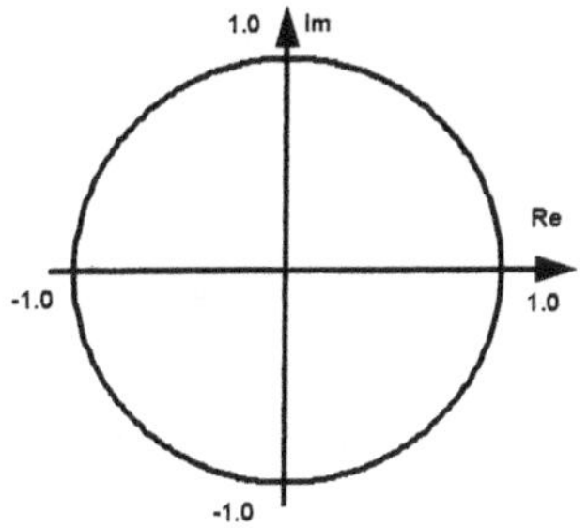

Abbildung A-1: Einheitskreis der komplexen Zahlenebene

[111] Auf unterschiedliche Stabilitätsbegriffe wird im nächsten Abschnitt eingegangen.

Nach Gleichung (A-18) nähert sich ein System für einen hinreichend großen Zeitindex t der Partikularlösung an, wenn die Potenzmatrix A^t ($Y_t = A^t Y_0$ ist die Lösung des homogenen Systems) gegen die Nullmatrix strebt. Jedes lineare System besitzt somit einen eindeutigen Lösungsvektor.

Da die numerische Bestimmung der t-ten Potenzen der reellwertigen Matrix A mit einem geringeren Rechenaufwand verbunden ist als die Berechnung der Nullstellen[112] des charakteristischen Polynom n-ter Ordnung (A-16), kann die Frage nach den Stabilitätseigenschaften des Systems alternativ über die Potenzmatrix beantwortet werden.

Die Verwendung der Potenzmatrix zur Bestimmung der Stabilität kann mit dem folgenden Satz gerechtfertigt werden:

Satz: Die Bedingung $\lim_{t \to \infty} (A)^t = 0_{n \times n}$ ist äquivalent zur Forderung nach einem maximalen Eigenwert der Systemmatrix A unter Eins.[113]

Für den Beweis benötigt man den folgenden Hilfssatz:

Hilfssatz: Für jede Matrixnorm[114] gilt, daß man den Spektralradius $\rho(A)$, definiert als das Maximum der Beträge der Eigenwerte der Systemmatrix A,

$$\rho(A) = \max|\lambda_i| \quad ,$$

aus der folgenden Gleichung bestimmen kann:

$$\rho(A) = \lim_{t \to \infty} \left\| A^t \right\|^{1/t}$$

Es soll also gezeigt werden, daß bei Stabilität folgende Bedingung erfüllt ist:

$$\rho\left(A^k\right) = \left(\rho(A)\right)^k \to 0$$

Ist λ_1 ein betragsgrößter Eigenwert von A, so ist λ_1^k ein betragsgrößter Eigenwert von A^k, da aus $Ay = \lambda_1 y$ folgt, daß

$$A^2 y = A(Ay) = A(\lambda_1 y) = \lambda_1 Ay = \lambda_1^2 y \quad \text{usw.}$$

Geht nun A^k gegen $0_{n \times n}$, also $\rho\left(A^k\right) \to 0$, so gilt auch $\left(\rho(A)\right)^k \to 0$.

Das gilt dann und nur dann, wenn der Spektralradius $\rho(A) < 1$ ist, der betragsmäßig maximale Eigenwert also unter 1 liegt.

---

[112] Vgl. Abschnitt A 1.8.

[113] Vgl. Caspary/Wichmann (1994, S.63).

[114] Auf Normen von Matrizen wird im Abschnitt A 2.1 eingegangen.

A 1.6 Abgrenzung unterschiedlicher Stabilitätsbegriffe

Der Begriff der Stabilität ist keineswegs eindeutig. Es gibt eine Vielzahl unterschiedlicher Stabilitätsbegriffe. Eine allgemeine Definition und einige in der Literatur verwendete Stabilitätsbegriffe sollen kurz vorgestellt werden.

Üblicherweise geht man für die Definition eines Stabilitätsbegriffes von einem 'ungestörtem Zustand' (im Sinne eines Gleichgewichtspfades) eines Systemvektors aus.[115] Dieser Zustand wird einer Störung in Form eines Anstoßvektors ausgesetzt. Der resultierende gestörte Zeitpfad wird mit dem ungestörten Zeitpfad verglichen und die Abweichung der beiden Zeitpfade voneinander anhand eines zu definierenden Maßes gemessen. Sobald dieses Maß eine bestimmte Norm nicht überschreitet, ist das System im Sinne des definierten Stabilitätsmaßes stabil, ansonsten instabil.

In dieser Arbeit benötigt man den enger gefaßten Begriff der asymptotischen Stabilität.

Def.: Ein System heißt asymptotisch stabil, wenn für jeden Störvektor ε jeder beliebig klein gewählte Abweichungsvektor $\delta > 0$ mit ausreichend großem Zeitindex unterschritten wird:

$$\forall \varepsilon \in R^n \ , \ \forall \delta > 0, \ \forall Y_0 \ \exists T:$$

$$\left|Y_t(Y_0 + \varepsilon) - \overline{Y}\right| < \delta \quad \forall t \geq T \quad , \text{ d.h. } \lim_{t \to \infty} Y_t(Y_0 + \varepsilon) = \overline{Y}$$

Bei asymptotischer Stabilität konvergiert das System ausgehend von einem Gleichgewichtspfad nach einer Störung[116] mit zunehmendem Zeitindex gegen den Gleichgewichtspfad. Der Gleichgewichtspfad, der nach Gleichung (A-13) der Partikularlösung entspricht, kann sowohl stationär sein als auch einen Wachstumspfad oder zyklischen Verlauf darstellen.

Die beiden folgenden Begriffe sind von Bedeutung, da insbesondere in ökonomischen Fragestellungen weder die Anfangsbedingungen exakt bestimmt werden können noch die Zeitkonsistenz der Parameter vorausgesetzt werden kann.

Man unterscheidet zwischen orbitaler und struktureller Stabilität. Ausgehend von einem Gleichgewichtspfad können entweder die Anfangsbedingungen oder die Systemparameter geändert werden. Ein System besitzt orbitale Stabilität, wenn es sich nach einer Änderung der Anfangswerte wieder zum Gleichgewichtspfad zurückbewegt. Die Unabhängigkeit der Gleichgewichtslösung von den Anfangswerten ist eine wichtige Eigenschaft linearer Systeme. Variieren hingegen die Parameter des Systems, ohne die Stabilitätseigenschaft zu ändern, so spricht man von struktureller Stabilität.

---

[115] Vgl. Leipholz (1968, S.13).

[116] Die Forderung nach einer Störung, die das System von einem Gleichgewichtspfad entfernt, ist gleichbedeutend mit der Annahme eines beliebigen Anfangsvektors.

Ein oft verwendetes Begriffspaar ist das der lokalen und globalen Stabilität. Bei globaler Stabilität ist das Erreichen des Gleichgewichtspfades immer gewährleistet, die Stabilitätseigenschaft ist also unabhängig vom Ausmaß der Störung und von den Anfangsbedingungen. Bei lokaler Stabilität hingegen können Anfangswerte, die weit genug vom Gleichgewicht entfernt liegen, oder ausreichend große Schocks das Systemverhalten ändern.[117]

Die Differenzierung zwischen globaler und lokaler Stabilität entfällt bei linearen Systemen, da diese im Fall lokaler Stabilität auch immer global stabil sind. Die asymptotische Stabilität linearer Systeme ist demnach von der Größe eines exogenen Schocks und von den Anfangsbedingungen unabhängig. Somit weisen lineare Systeme bei einem Vorliegen von asymptotischer Stabilität auch zugleich orbitale Stabilität auf.

Eine weitere Unterscheidung[118] betrifft den ungestörten Zustand, der entweder ein Gleichgewichtsniveau oder einen Gleichgewichtspfad (z.B. bei Wachstumsmodellen) darstellt. So bedeutet Niveaustabilität, daß ausgehend von einem ungestörten Zustand die Variablen[119] eines Systems sich nach einem exogenen Schock (in Abbildung A-2 in Periode 10) einem stationären Gleichgewichtswert annähern.[120]

Unter Evolutionsstabilität versteht man die Annäherung an einen Gleichgewichtspfad, der einen steigenden (fallenden) oder auch zyklischen Verlauf aufweisen kann (Abbildung A-3).

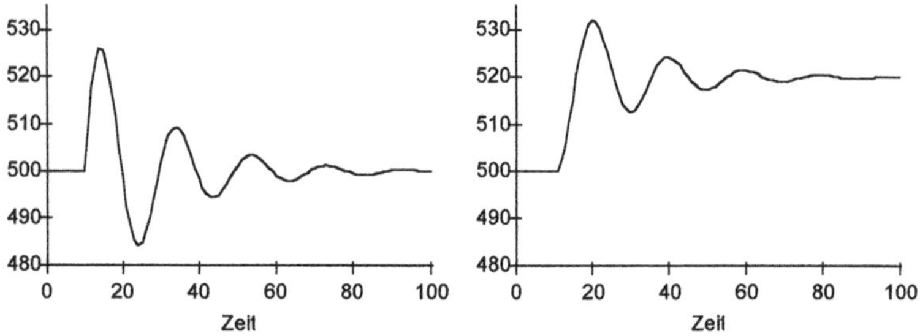

Abbildung A-2: Niveaustabilität

---

117 Man bezeichnet global stabile Systeme auch als 'im großen stabil' im Gegensatz zu 'im kleinen stabil' bei lokaler Stabilität.

118 Die folgenden Ausführungen lehnen sich an Zwicker (1981, S.75-83) an.

119 In den Abbildungen wird stellvertretend für den Vektor der endogenen Variablen der Zeitpfad einer Variablen abgebildet.

120 Für den Begriff der Stabilität spielt es keine Rolle, ob das neue Gleichgewicht mit dem alten identisch ist oder davon abweicht.

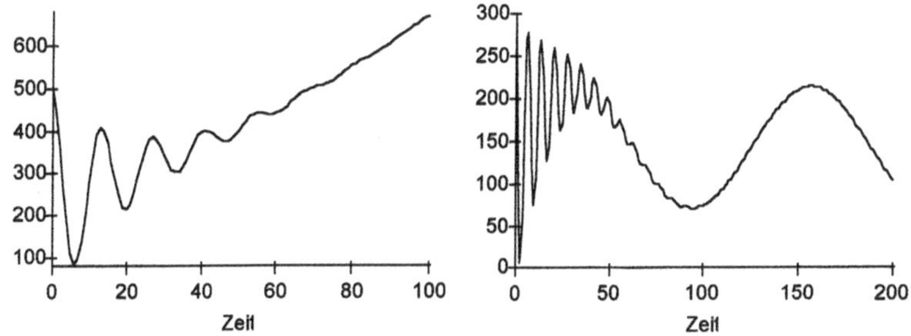

Abbildung A-3: Evolutionsstabilität eines Wachstums- bzw. zyklischen Systems

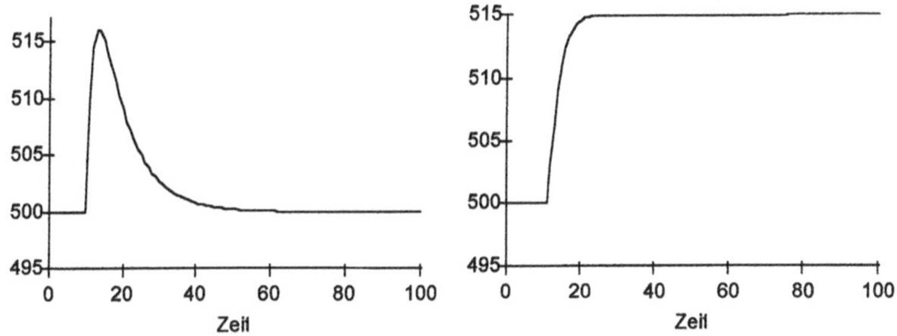

Abbildung A-4: Monotone Stabilität

Anhand der Anpassung an den Gleichgewichtspfad kann ebenfalls eine Unterscheidung getroffen werden. Bei einer schwingungsfreien Approximation an den Gleichgewichtspfad spricht man von monotoner Stabilität (siehe Abbildung A-4), bei gedämpften Schwingungen von oszillativer Stabilität (siehe Abbildungen A-2 und A-3).

Der Begriff der Stabilität wird im folgenden immer mit (globaler) asymptotischer (oder orbitaler) Stabilität gleichgesetzt, d.h. ausgehend von einem beliebigen Anfangsvektor Y_0 nähern sich die Variablen mit zunehmendem Zeitindex t immer ihrem Gleichgewichtspfad an, der durch die Partikularlösung Y_t^* gegeben ist.

A 1.7 Folgerungen

Bei der Analyse dynamischer Systeme beschränkt man sich i.a. auf stabile Parameterkonstellationen. Instabile Parameterkombinationen werden für die Abbildung realer Systeme generell ausgeschlossen, da diese Fälle zu unrealistischen

Schlußfolgerungen führen:[121] "A mathematical unstable system does not fluctuate; it just breaks down."

Die Kenntnis der Stabilitätseigenschaft eines linearen dynamischen Systems hat auch Auswirkungen auf die komparativ-statische Analyse. Das Korrespondenzprinzip von Samuelson sagt aus, daß das Vorzeichen der Systemdeterminante eines linearen Systems festgelegt ist, wenn man Aussagen über die Stabilität des System besitzt.[122] Beim Vorliegen stabiler Parameterkonstellationen ist der Nenner der Multiplikatoren positiv. Dies erleichtert die Bestimmung des Vorzeichens der Multiplikatoren, da bei stabilen Systemen nur noch das Vorzeichen der Zählerdeterminante hergeleitet werden muß. Eine systemtheoretische Abhandlung der komparativ-statischen Analyse findet man im Abschnitt B 3.

A 1.8 Schwingungsverhalten linearer Modelle

Dynamische Systeme können zwei Arten von Schwingungen aufweisen, die sog. Eigen- und Fremdschwingungen, die sich bei linearen Systemen additiv überlagern. Die Eigenschwingungen des Systems (A-5) werden aus dem homogenen System (A-7) ermittelt, die Fremdschwingungen stammen aus der Partikularlösung Y_t^* des inhomogenen Systems (A-3) und folgen somit der Inhomogenität. Die Additionseigenschaft zeigt Gleichung

(A-13) $Y_t = Y_t^* + U_t$,

nach der sich die allgemeine Lösung eines Systems (A-3) als Summe der Lösung U_t des homogenen Systems zuzüglich der Partikularlösung Y_t^* des inhomogenen Systems darstellen läßt.

Die allgemeine Lösung des homogenen Systems soll ohne Einschränkung der Allgemeinheit exemplarisch für ein 2×2-System dargestellt werden:[123]

Das lineare homogene System

(A-7) $Y_t = A \cdot Y_{t-1}$

oder ausführlich

$$Y_{1,t} = A_{11} \cdot Y_{1,t-1} + A_{12} \cdot Y_{2,t-1}$$

$$Y_{2,t} = A_{21} \cdot Y_{1,t-1} + A_{22} \cdot Y_{2,t-1}$$

läßt sich mit dem Lösungsansatz $Y_{1,t} = \alpha_1 \lambda^t$, $Y_{2,t} = \alpha_2 \lambda^t$, $\alpha_1, \alpha_2 > 0$, überführen in[124]

[121] Siehe Hicks (1949, S.108).

[122] Siehe Samuelson (1983, S.257-269).

[123] Vgl. Gandolfo (1996, S.106-110).

[124] Vgl. auch Abschnitt A 1.4.

$$\left[(A_{11}-\lambda)\alpha_1 + A_{12}\cdot\alpha_2\right]\lambda^t = 0$$
$$\left[A_{21}\alpha_1 + (A_{22}-\lambda)\alpha_2\right]\lambda^t = 0 \ ,$$

woraus für $\lambda \neq 0$ folgt:

$$\begin{aligned}(A_{11}-\lambda)\alpha_1 + A_{12}\cdot\alpha_2 &= 0\\ A_{21}\alpha_1 + (A_{22}-\lambda)\alpha_2 &= 0\end{aligned} \qquad \text{oder} \qquad (A-\lambda I)\alpha = 0$$

Nichttriviale Lösungen $\alpha_1, \alpha_2 \neq 0$ treten nur auf, falls gilt:

$$\det(A-\lambda I) = \begin{vmatrix} A_{11}-\lambda & A_{12} \\ A_{21} & A_{22}-\lambda \end{vmatrix} = 0$$

Hieraus folgt die für beide Variablen $Y_{1,t}$, $Y_{2,t}$ gleichermaßen gültige charakteristische Gleichung n-ter Ordnung

$$(A_{11}-\lambda)(A_{22}-\lambda) - A_{12}A_{21} = \lambda^2 \underbrace{-(A_{11}+A_{22})}_{a_1}\lambda \underbrace{+(A_{11}A_{22}-A_{12}A_{21})}_{a_2} = 0$$

mit $n = 2$ Nullstellen:

$$\begin{aligned}\lambda_{1,2} &= \frac{A_{11}+A_{22}}{2} \pm \sqrt{\frac{(A_{11}+A_{22})^2}{4} - (A_{11}A_{22}-A_{12}A_{21})}\\ &= -\frac{a_1}{2} \pm \sqrt{\frac{a_1^2}{4} - a_2}\\ &= -\frac{a_1}{2} \pm \sqrt{D} \qquad \text{mit} \quad D = \frac{a_1^2}{4} - a_2\end{aligned}$$

Die zwei Nullstellen λ_1, λ_2 der charakteristischen Gleichung zweiter Ordnung sind die Eigenwerte der Systemmatrix A.

Man unterscheidet drei Fälle:

A: reelle und voneinander verschiedene Eigenwerte $\lambda_1 \neq \lambda_2$ (für $D > 0$)

B: reelle und gleiche Eigenwerte $\lambda_1 = \lambda_2$ (für $D = 0$)

C: konjugiert-komplexe Eigenwerte $\lambda_1 = \gamma + i\beta$, $\lambda_2 = \gamma - i\beta$ (für $D < 0$)

mit $i = \sqrt{-1}$, γ= Realteil von λ, β= Imaginärteil von λ

Für die Ermittlung der allgemeinen Lösung greift man auf den Superpositionssatz zurück:

Satz: Sind λ_1 und λ_2 die Nullstellen der charakteristischen Gleichung, so hat das System (A-7) die Lösungen $Y_t^{(1)} = \lambda_1^t$, $Y_t^{(2)} = \lambda_2^t$. Dann ist auch jede Linearkombination $Y_t = c_1\lambda^t + c_2\lambda^t$ mit konstanten Koeffizienten c_1, c_2 eine Lösung von (A-7).[125]

Im Fall A läßt sich die allgemeine Lösung somit darstellen als:

$$Y_t = c_1\lambda_1^t + c_2\lambda_2^t$$

Im Fall B führt $Y_t^{(1)} = \lambda_1^t$, $Y_t^{(2)} = t \cdot \lambda_1^t$ zu der allgemeinen Lösung:

$$Y_t = (c_1 + c_2 t)\lambda_1^t$$

Bei ausschließlich reellen Wurzeln stellt sich ein monotoner Verlauf der endogenen Variablen ein. Für die Stabilität sind die Eigenwerte ausschlaggebend. Bei Werten von λ_1 oder λ_2 größer als 1 explodiert das System.

Bei konjugiert-komplexen Wurzeln (Fall C) gilt

$$Y_t = c_1\lambda^t + \bar{c}_1\bar{\lambda}^t \quad ,$$

wobei $\bar{c}_1$ und $\bar{\lambda}$ konjugiert-komplexe Zahlen zu c_1 bzw. λ sind.

Die Konstanten sind jeweils durch die Anfangsbedingungen festgelegt.

Im konjugiert-komplexen Fall läßt sich die allgemeine Lösung über die Eulersche Relation und den Satz von de Moivre umformen zu:

$$Y_t = k\varphi^t[\cos(\omega t + \varepsilon)]$$

mit $\varphi = |\lambda_1| = |\lambda_2| = \sqrt{a_2}$, $\cos(\omega) = -\dfrac{a_1}{2\sqrt{a_2}}$

Die Variable φ stellt den Betrag der Eigenwerte $|\lambda_1| = |\lambda_2|$ dar. Für Werte von $\varphi > 1$ explodiert das System, für Werte $\varphi < 1$ liegen gedämpfte Schwingungen vor. Somit sind die Beträge der Eigenwerte entscheidend für die Stabilität des Systems. Eigenwerte dem Betrag nach unter 1 führen zu gedämpften Schwingungen, über 1 liegen zunehmende Schwingungen vor und nur für den Spezialfall von exakt 1 treten (Eigen-)Schwingungen mit konstanter Amplitude auf.

Die Vorgehensweise gilt entsprechend auch für den allgemeinen Fall mit n Variablen. Für $n > 3$ können sich mehrere Eigenschwingungen unterschiedlicher Frequenz überlagern. Die Anzahl der sich überlagernden Schwingungen entspricht der Anzahl der konjugiert-komplexen Paare der charakteristischen Gleichung. Eine charakteristische Gleichung beispielsweise dritter Ordnung weist höchstens drei Nullstellen und somit maximal ein konjugiert-komplexes Paar zuzüglich einer reellen Lösung auf. Bei einer charakteristischen Gleichung vierter oder fünfter Ordnung können sich zwei Schwingungen mit verschiedenen Zyklenlängen überlagern. Allgemein ist die maximale Anzahl k unterschiedlicher

[125] Die Variablenbezeichnung Y_t steht stellvertretend für beide Variablen $Y_{1,t}$, $Y_{2,t}$.

Schwingungen einer charakteristischen Gleichung n-ter Ordnung nach dem Gaußschen Wurzelsatz $k = \text{int}(n/2)$.

Wenn man vom Grenzfall komplexer Eigenwerte mit dem Betrag 1 absieht, sind lineare Systeme nicht in der Lage, persistierende Eigenschwingungen zu generieren. Jeder exogene Schock, der das System im Stabilitätsfall und beim Vorliegen konjugiert-komplexer Wurzeln von einem Gleichgewichtspfad entfernt, hat Schwingungen zur Folge, die nach einer gewissen Anpassungszeit abklingen und das System zurück zum Gleichgewichtspfad führen.

Zu einer Erklärung dauerhafter Konjunkturzyklen mit Hilfe linearer Systeme müssen daher eine Vielzahl erratischer Schocks zu unterschiedlichen Zeitpunkten auf die Volkswirtschaft einwirken. Diese Annahme ist allerdings keineswegs unplausibel, da reale Volkswirtschaften einer großen Anzahl exogener Einflüsse ausgesetzt sind. Im Gegensatz zu deterministischen Konjunkturmodellen, bei denen die Reaktion der Volkswirtschaft auf einzelne exogene Schocks untersucht werden soll (wie dies in der vorliegenden Arbeit der Fall ist), werden für die Generierung dauerhafter Konjunkturbewegungen stochastische Systeme modelliert. Darüber hinaus können auch stochastische Systeme modelliert werden, deren erratische Komponenten einem autoregressiven Prozeß folgen und somit selbst einen zyklischen Verlauf aufweisen.

A 1.9 Abschätzung des Polynomgrads

Die maximale Anzahl der sich überlagernden Eigenschwingungen kann anhand des linearen Systems über eine Abschätzung des Polynomgrads der zugehörigen charakteristischen Gleichung ermittelt werden: Hierzu greift man alternativ auf die Darstellung des Systems in der vollständigen Form

(A-4) $A_0 Y_t = A_1 \cdot Y_{t-1} + k_t$,

in der reduzierten Form

(A-5) $Y_t = A \cdot Y_{t-1} + h_t$

oder in der Normalform

(A-7) $Y_t = A \cdot Y_{t-1}$

zurück. Die maximale Anzahl der von 0 verschiedenen Koeffizienten der Zeilen der Matrix A_1 oder der Systemmatrix A stellt den Polynomgrad dar.

Alternativ kann man die maximalen Lagdifferenzen pro Variable an beliebigen Darstellungen des Systems bestimmen.[126] Die Summe der maximalen Lagdifferenzen entspricht der Ordnung der charakteristischen Gleichung und somit der Anzahl der charakteristischen Wurzeln des Polynoms. Beispielsweise läßt sich

[126] Bei einer Gleichung $y_{t+1} = ay_{t-2} + b$ beträgt die maximale Lagdifferenz $(t+1) - (t-2) = 3$.

ein Konjunkturmodell, das in der Konsumfunktion das einfach verzögerte Einkommen, in der Investitionsfunktion das zweifach verzögerte Einkommen und in einer weiteren Gleichung den Wechselkurs der Vorperiode verwendet, auf eine Differenzengleichung dritter Ordnung (2 + 1) reduzieren.

A 2 Stabilitätskriterien für diskrete lineare Systeme

A 2.1 Mises-Verfahren

Die Bestimmung der Nullstellen des charakteristischen Polynoms wird für große Polynomgrade n zunehmend kompliziert. Je nach Verfahren können dabei auch numerische Ungenauigkeiten auftreten. Da für Stabilitätsuntersuchungen nur der betragsgrößte Eigenwert von Interesse ist, kann man unter bestimmten Voraussetzungen auf das Mises-Verfahren[127] zurückgreifen. Dieses einfache Iterationsverfahren ersetzt die speicher- und zeitintensive Berechnung aller Eigenwerte des charakteristischen Polynoms.

Beim Mises-Verfahren geht man davon aus, daß die Systemmatrix A reellwertig und diagonalähnlich ist, d.h. n linear unabhängige Eigenvektoren α_i aufweist:

$$A\alpha_i = \lambda_i \alpha_i \quad , \quad i = 1,2,\ldots n$$

Die zugehörigen Eigenwerte λ_i sind der Größe nach sortiert:

$$|\lambda_1| \geq |\lambda_2| \geq \ldots \geq |\lambda_n|$$

Als Voraussetzung im Fall verschiedener dem Betrag nach dominanter Eigenwerte

$$|\lambda_1| = |\lambda_2| = \ldots = |\lambda_r| > |\lambda_{r+1}| \geq |\lambda_{r+2}| \geq \ldots \geq |\lambda_n| \qquad , \quad 1 \leq r \leq n$$

muß auch

$$\lambda_1 = \lambda_2 = \ldots = \lambda_r$$

gelten. Weiterhin gilt bei diesem einfachen Verfahren die einschränkende Voraussetzung, daß der größte Eigenwert λ_1 eine reelle Zahl ungleich 0 ist.[128]

Dann gilt für die Iterationsfolge

$$\alpha^{(j+1)} = A\alpha^{(j)} \quad , \quad j = 0,1,2,\ldots$$

mit einem beliebigen Startvektor $\alpha^{(0)}$, daß die Folge

$$y^{(j)} = \frac{\alpha^{(j)}}{\lambda_1^j}$$

[127] Eine ausführliche Beschreibung des Verfahrens findet man bei Zurmühl (1964, S.279-283).

[128] Eine modifizierte Version des Verfahrens beim Auftreten komplexer Eigenwerte findet man bei Zurmühl (1964, S.283-287).

gegen den zu λ_1 gehörenden Eigenvektor oder gegen den Nullvektor konvergiert.

Die Iterationsfolge kann für ein Computerprogramm implementiert werden (vgl. Weissinger 1984, S.64-66). Da der größte Eigenwert laut Voraussetzung jedoch reell sein muß, besitzt das Verfahren nur eingeschränkte Gültigkeit. Weiterhin können nahe beieinander liegende Eigenwerte $\lambda_1 \approx \lambda_2$ bei der numerischen Ermittlung oft nicht getrennt werden.

Falls das Auftreten konjugiert-komplexer Eigenwerte nicht ausgeschlossen werden kann, muß eine modifizierte Version des Mises-Verfahrens durchgeführt werden, die einen erhöhten Rechenaufwand erfordert.[129]

A 2.2 Normen

Bei komplizierten Systemmatrizen empfiehlt sich die Abschätzung der Eigenwerte unter Verwendung von leicht zu ermittelnden Matrixnormen, da folgender Satz gilt:

Satz: Jede Matrixnorm $\| A \|$ stellt eine obere Schranke für alle Eigenwerte der Systemmatrix A dar.

Dies läßt sich zeigen, indem man die Definition von Matrix- und Vektornormen berücksichtigt.[130]

Def.: Unter einer Matrixnorm versteht man eine reelle Funktion, die jeder quadratischen reellen Matrix A eine nichtnegative reelle Zahl $\| A \|$ zuordnet, die folgende Bedingungen erfüllt:

1. $\| A \| > 0 \qquad \forall A \neq 0$
2. $\| \lambda A \| = |\lambda| \cdot \| A \| \qquad \forall \lambda \in \Re$
3. $\| A + B \| \leq \| A \| + \| B \|$
4. $\| AB \| \leq \| A \| \cdot \| B \|$

Für Vektornormen eines Vektor y gilt entsprechend:

1. $\| y \| > 0 \qquad \forall x \neq 0$
2. $\| \lambda y \| = |\lambda| \cdot \| y \| \qquad \forall \lambda \in \Re$
3. $\| y + z \| \leq \| y \| + \| z \|$

Aus der Definition des Eigenwerts λ aus der Lösung y des Eigenwertproblems ist die Beziehung

$$\lambda y = Ay$$

---

[129] Vgl. Fußnote128.

[130] Vgl. Zurmühl (1964, S.202-205) oder Varga (1962, S.7-16).

bekannt. Unter Berücksichtigung der oberen Definitionen von Vektor- und Matrixnormen und der Voraussetzung der Verträglichkeit von Matrix- und Vektornormen folgt:

$$|\lambda| \cdot \| y \| = \| \lambda y \| = \| Ay \| \leq \| A \| \cdot \| y \|$$

Somit gilt die Beziehung

$$|\lambda| \leq \| A \| \quad \text{für alle Eigenwerte } \lambda \text{ von } A \,.$$

Die Norm der Systemmatrix A ist größer oder gleich dem Betrag aller Eigenwerte λ und somit $\| A \| \geq \rho(A)$.

Wenn jede Matrixnorm eine obere Schranke für die Eigenwerte der Matrix ist, stellt sich die Frage nach alternativen, leicht berechenbaren Normen für Matrizen.

Eine Auswahl an Matrixnormen gibt die folgende Aufzählung:[131]

- $\| A \| := n \cdot \max\limits_{i,j} |a_{ij}|$ Gesamtnorm
- $\| A \| := \max\limits_{j} \sum\limits_{i=1}^{n} |a_{ij}|$ Spalten(summen)norm
- $\| A \| := \max\limits_{i} \sum\limits_{j=1}^{n} |a_{ij}|$ Zeilen(summen)norm
- $\| A \| := \mathrm{sp}\left(A^T A\right)^{1/2}$ Euklidische Norm
- $\| A \| := \max\limits_{i} (\delta_i)^{1/2}$ Spektralnorm oder Hilbert-Norm

  (δ_i sind die Eigenwerte von $A^T A$)

A 2.3 Schursche Ungleichungen

Wenn es mit vertretbarem Aufwand möglich ist, das Gleichungssystem auf eine Differenzengleichung zu reduzieren, bietet sich das Verfahren der Schurschen Ungleichungen an. Differenzengleichungen beliebiger Ordnung können mit dem sog. Schurschen Kriterium auf Stabilität geprüft werden. Es handelt sich dabei um ein Ungleichungssystem, das die hinreichenden Bedingungen dafür gibt, daß die Eigenwerte eines charakteristischen Polynoms dem Betrage nach kleiner 1 sind.

---

[131] Vgl. Zurmühl (1964, S.204). Weiterhin Caspary/Wichmann (1994, S.62).

Das Berechnungsverfahren für Differenzengleichungen beliebiger Ordnung findet man z.B. bei Richter/Schlieper/Friedman (1981, S.669-672). Dieses Verfahren ist allerdings nur für Differenzengleichungen bis zu vierter Ordnung sinnvoll, darüber hinaus nimmt der Rechenaufwand stark zu. Eine vereinfachte Form der Schurschen Bedingungen stammt von Jury (1962). Dabei werden die redundanten Gleichungen eliminiert. Die Schurschen Kriterien in der Form von Jury sollen für den Fall zweiter bis vierter Ordnung aufgeführt werden, da sie für einfache lineare Gleichungssysteme oft Verwendung finden:

a) Schursche Kriterien für Differenzengleichungen zweiter Ordnung der Form

$$y_t + a_1 y_{t-1} + a_2 y_{t-2} = b_t \quad :$$

1. $1 + a_1 + a_2 > 0$
2. $1 - a_1 + a_2 > 0$
3. $1 - a_2 > 0$

Sind alle drei Ungleichungen erfüllt, ist die obere Differenzengleichung stabil.

b) Schursche Kriterien für Differenzengleichungen dritter Ordnung der Form

$$y_t + a_1 y_{t-1} + a_2 y_{t-2} + a_3 y_{t-3} = b_t \quad :$$

1. $1 + a_1 + a_2 + a_3 > 0$
2. $1 - a_1 + a_2 - a_3 > 0$
3. $1 - a_2 + a_1 a_3 - a_3^2 > 0$
4. $|a_3| < 1$

c) Schursche Kriterien für Differenzengleichungen vierter Ordnung der Form

$$y_t + a_1 y_{t-1} + a_2 y_{t-2} + a_3 y_{t-3} + a_4 y_{t-4} = b_t \quad :$$

1. $1 + a_1 + a_2 + a_3 + a_4 > 0$
2. $1 - a_1 + a_2 - a_3 + a_4 > 0$
3. $1 - a_4^2 + a_4 a_1 - a_3 > 0$
4. $1 - a_4^2 - a_4 a_1 + a_3 > 0$
5. $1 + a_4^3 + 2a_4 a_2 + a_3 a_1 - a_4$
   $-a_2 - a_4 a_1^2 - a_4^2 - a_4^2 a_2 - a_3^3 + a_4 a_3 a_1 > 0$

A 2.4 Routh-Kriterium

Das für kontinuierliche Systeme gebräuchliche Routh-Kriterium kann nach einer Transformation auch auf diskrete Systeme angewendet werden. Bei diesem Stabilitätstest werden die Koeffizienten der charakteristischen Gleichung eines Differentialgleichungssystems in eine Matrix, dem sog. Routh-Schema, eingeordnet und die erste Spalte des Schemas auf Vorzeichenwechsel überprüft (vgl. Bossel 1994, S.372-373):

Die charakteristische Gleichung eines linearen Differenzengleichungssystems kann in der folgenden Form geschrieben werden:

$$\delta_n \lambda^n + \delta_{n-1}\lambda^{n-1} + \ldots + \delta_1 \lambda + \delta_0 = 0$$

Mit Hilfe der Transformation

$$v = \frac{\lambda + 1}{\lambda - 1}$$

wird der stabile Bereich des diskreten Systems (innerhalb des Einheitskreises der komplexen Zahlenebene) in die negative Halbebene der komplexen Zahlenebene überführt (stabiler Bereich für stetige Systeme). Nach dieser Transformation kann man für die charakteristische Gleichung des stetigen Systems,

$$v^n + a_{n-1}v^{n-1} + \ldots + a_1 v + a_0 = 0 \quad ,$$

das Routh-Schema aufstellen:

$$\begin{array}{c|cccc}
n & a_n & a_{n-2} & a_{n-4} & \cdots \\
n-1 & a_{n-1} & a_{n-3} & a_{n-5} & \cdots \\
n-2 & b_1 & b_2 & b_3 & \cdots \\
n-3 & c_1 & c_2 & \cdots & \cdots \\
\vdots & \vdots & & & \\
1 & f_1 & & & \\
0 & g_1 & & &
\end{array}$$

Die Koeffizienten ergeben sich aus den folgenden Gleichungen:

$$b_1 = \left(1/a_{n-1} \right)\left(a_{n-1}a_{n-2} - a_n a_{n-3} \right)$$

$$b_2 = \left(1/a_{n-1} \right)\left(a_{n-1}a_{n-4} - a_n a_{n-5} \right)$$

$$\ldots$$

$$c_1 = \left(1/b_1 \right)\left(b_1 a_{n-3} - a_{n-1} b_2 \right)$$

$$c_2 = \left(1/b_1 \right)\left(b_1 a_{n-5} - a_{n-1} b_3 \right)$$

$$\ldots$$

Von Interesse für die Stabilität ist nur die erste Spalte der Matrix. Die Anzahl der Vorzeichenwechsel der ersten Spalte des Routh-Schemas entspricht der Anzahl der positiven Eigenwerte des Systems. Somit genügt die Existenz eines einzelnen Vorzeichenwechsels, um Instabilität nachzuweisen.

A 2.5 Simulatorische Stabilitätsanalyse

Für sehr komplizierte und umfangreiche Systeme bietet sich die Beobachtung der Systemvariablen im Zeitverlauf an (vgl. Niemeyer 1977, S.204). Das mathematische Modell wird mit einem gewählten Parametersatz über einen gewissen Zeithorizont simuliert, der Zeitpfad einer endogenen Variablen beobachtet und der zugrundeliegende Parametersatz der stabilen bzw. instabilen Teilmenge zugeordnet. Diese Methode besitzt zwar nur punktuelle Gültigkeit, ist aber für einen 'ersten Eindruck' - vor allem bei visueller Simulationssoftware - durchaus hilfreich und üblich.

Es existiert eine Vielzahl weiterer Verfahren, die aber vorwiegend für nichtlineare Systeme konzipiert sind und daher nicht vorgestellt werden sollen. Hierfür sei auf die angegebene Literatur verwiesen, insbesondere auf Willems (1973) und Brock/Malliaris (1989).

A 3 Einige Herleitungen

A 3.1 Konvexität der stabilen Teilmenge des Parameterraums

Die Unterteilung eines Parameterquaders in stabile und instabile Parameterkonstellationen führt zu der Frage, ob die stabile Teilmenge ein zusammenhängendes Gebilde ist, oder ob 'Stabilitätsfenster' wie bei nichtlinearen Systemen (Chaos-Theorie) auftreten können. Dies spielt insbesondere eine Rolle für die Frage, welche der beiden Teilmengen für einzelne Untersuchungszwecke (z.B. Korrelations- und Regressionsanalyse) verwendet werden kann.

Eine Regressionsgerade durch eine nicht-zusammenhängende Punktewolke hat nur eine geringe Aussagekraft. Daher sollten nur zusammenhängende, möglichst konvexe Teilmengen Untersuchungsgegenstand sein.

Es läßt sich zeigen, daß in linearen Systemen die stabile Teilmenge im Parameterraum eine konvexe Punktewolke bildet. Zum Nachweis wird das homogene lineare Gleichungssystem in der Normalform verwendet:

$$Y_t = A \cdot Y_{t-1}$$

Die Systemmatrix A der Ordnung $n \times n$ legt die Stabilität des Systems fest. Für zwei stabile Matrizen A' und A'' gehen deren Potenzen für $t \rightarrow \infty$ gegen 0 (siehe Abschnitt A 1.5):

$$\lim_{t\to\infty}(A')^t = 0_{n\times n} \quad , \quad \lim_{t\to\infty}(A'')^t = 0_{n\times n}$$

Es wird behauptet, daß die Linearkombination

$$A = \lambda A' + (1-\lambda)A''$$

der beiden Matrizen weiterhin stabil ist im Sinne von

$$\lim_{t\to\infty}(A)^t = \lim_{t\to\infty}(\lambda A' + (1-\lambda)A'')^t = 0_{n\times n} \; .$$

Zur Beweisführung kann man auf das Konzept der Matrixnormen zurückgreifen (vgl. Abschnitt A 2.2).

Die Normen der beiden stabilen Systemmatrizen A' und A'' sind kleiner als 1:

$$\| A' \| < 1$$

$$\| A'' \| < 1$$

Aus der Definition von Matrixnormen gilt die Abschätzung:

$$\| A' + A'' \| \le \| A' \| + \| A'' \| \text{ sowie}$$

$$\| \lambda \cdot A' \| = |\lambda| \cdot \| A' \| \qquad \forall \lambda \in \Re$$

Da jede Matrixnorm eine obere Schranke für alle Eigenwerte der Matrix darstellt, folgt daraus:

$$\begin{aligned} \| \lambda \cdot A' + (1-\lambda)A'' \| &\le \| \lambda \cdot A' \| + \| (1-\lambda)A'' \| \\ &\le |\lambda| \cdot \| A' \| + |1-\lambda| \cdot \| A'' \| \\ &\le \lambda \cdot \| A' \| + (1-\lambda) \cdot \| A'' \| && \text{, da } 0 < \lambda < 1 \\ &< \lambda + (1-\lambda) && \text{, da } \| A' \| \text{ und } \| A'' \| < 1 \text{ n.V.} \\ &< 1 \end{aligned}$$

Somit gilt für die Norm der Linearkombination:

$$\| A \| \le 1$$

Aus der Abschätzung der Norm eines Matrizenprodukts

$$\| AB \| \le \| A \| \cdot \| B \|$$

folgt

$$\| A^2 \| \le \| A \|^2$$

bzw. für allgemeine Potenzen:

$$\| A^t \| \le \| A \|^t$$

Da oben nachgewiesen wurde, daß die Norm der Linearkombination unter 1 liegt,

$$\| A \| < 1 \ ,$$

folgt für die t-te Potenz dieser Linearkombination ebenfalls eine Norm unter 1:

$$\| A^t \| \leq \| A \|^t < 1$$

Somit ist die Linearkombination

$$A = \lambda A' + (1-\lambda)A''$$

zweier stabiler Matrizen A' und A'' ebenfalls stabil.

Damit wurde bewiesen, daß der stabile Matrixbereich konvex ist.

A 3.2 Geometrische Verzögerung

Im dynamischen Mundell-Fleming-Modell von Kapitel 3 wird der Wechselkurs durch eine Differenzengleichung erster Ordnung erklärt:

(A-19) $e_t = \lambda \cdot \bar{e}_t + (1-\lambda) \cdot e_{t-1}$

Die folgende Umformung (vgl. Allen 1968, S.86-88) zeigt, daß es sich hierbei um eine geometrisch abnehmende Verzögerung handelt, die auch in der folgenden Form einer unendlichen Folge der verzögerten Gleichgewichtswerte dargestellt werden kann:

(A-20) $e_t = \lambda_1 \bar{e}_t + \lambda_2 \bar{e}_{t-1} + \ldots = \sum_{i=1}^{\infty} \lambda_i e_{t-i+1}$

Diese allgemeine verteilte Verzögerung besitzt die konstanten Gewichte λ_i mit

(A-21) $0 \leq \lambda_i \leq 1$,

wobei für die Summe der Gewichte gilt:

(A-22) $\sum_{i=1}^{\infty} \lambda_i = 1$

Setzt man den Sonderfall einer geometrisch abnehmenden Reihe mit

(A-23) $\lambda_i = \lambda \cdot r^{i-1}$, $0 < \lambda, r < 1$

in Gleichung (A-22) ein, so folgt:

(A-24) $\lambda\left(1 + r + r^2 + \ldots\right) = 1$ oder $\frac{\lambda}{1-r} = 1$ <=> $r = 1 - \lambda$

Eingesetzt in die allgemeine verteilte Verzögerung (A-20) ergibt sich:

(A-25) $e_t = \lambda\left[\bar{e}_t + (1-\lambda)\bar{e}_{t-1} + (1-\lambda)^2 \bar{e}_{t-2} + \ldots\right]$

Diese Differenzengleichung wird um eine Periode verzögert und mit $(1-\lambda)$ multipliziert:

(A-26) $(1-\lambda)e_{t-1} = \lambda\left[(1-\lambda)\bar{e}_{t-1} + (1-\lambda)^2\bar{e}_{t-2} + \ldots\right]$

Die Differenz der beiden Gleichungen (A-26) und (A-25) ergibt die gesuchte Differenzengleichung erster Ordnung (A-19) für den Wechselkurs:

(A-27) $e_t - (1-\lambda)\cdot e_{t-1} = \lambda \cdot \bar{e}_t$

A 3.3 Ableitung der Normalform linearer diskreter Systeme anhand eines konkreten Beispiels

Im Abschnitt A 1.3 wurde eine allgemeine Rechenvorschrift für die Bestimmung der Normalform eines linearen diskreten Systems vorgestellt. Die einzelnen Rechenschritte sollen in diesem Anhang anhand eines einfachen Beispiels des elementary case des Hicks-Modells durchgeführt werden, um die Vorgehensweise zu verdeutlichen.

Der elementary case des Hicks-Modells (zu einer Beschreibung des Modells vgl. Abschnitt B 2.3) besteht aus drei Gleichungen mit den drei endogenen Variablen des Einkommens Y, des Konsums C und der Investitionen I. Unter Vernachlässigung der autonomen Investitionen lautet das zugehörige homogene Gleichungssystem:

(A-28) $Y_t = C_t + I_t$

(A-29) $C_t = cY_{t-1}$

(A-30) $I_t = v(Y_{t-1} - Y_{t-2})$

Das System (A-28) bis (A-30) beinhaltet Verzögerungen erster und zweiter Ordnung. Für die meisten Analysemethoden im Hauptteil dieser Arbeit benötigt man jedoch Systeme mit ausschließlich Verzögerungen erster Ordnung, der sog. Normalform:[132]

(A-31) $Y_t' = AY_{t-1}'$

Um das System (A-28) bis (A-30) umzuformen, verwendet man es in der Matrixdarstellung:

(A-32) $$\underbrace{\begin{pmatrix} 1 & -1 & -1 \\ 0 & 1 & 0 \\ 0 & 0 & 1 \end{pmatrix}}_{M_0}\underbrace{\begin{pmatrix} Y_t \\ C_t \\ I_t \end{pmatrix}}_{y_t} = \underbrace{\begin{pmatrix} 0 & 0 & 0 \\ c & 0 & 0 \\ v & 0 & 0 \end{pmatrix}}_{M_1}\underbrace{\begin{pmatrix} Y_{t-1} \\ C_{t-1} \\ I_{t-1} \end{pmatrix}}_{y_{t-1}} + \underbrace{\begin{pmatrix} 0 & 0 & 0 \\ 0 & 0 & 0 \\ -v & 0 & 0 \end{pmatrix}}_{M_2}\underbrace{\begin{pmatrix} Y_{t-2} \\ C_{t-2} \\ I_{t-2} \end{pmatrix}}_{y_{t-2}}$$

132 Y_t' ist der um den Vektor der Hilfsvariablen verlängerte Vektor y_t der endogenen Variablen.

oder in Kurzschreibweise

(A-33) $M_0 y_t = M_1 y_{t-1} + M_2 y_{t-2}$

mit dem Vektor der endogenen Variablen:

$$\text{(A-34)} \quad y_t = \begin{pmatrix} y_{1,t} \\ y_{2,t} \\ y_{3,t} \end{pmatrix} = \begin{pmatrix} Y_t \\ C_t \\ I_t \end{pmatrix}$$

Da M_0 regulär und somit invertierbar ist $(\det M_0 \neq 0)$, kann das Gleichungssystem (A-32) mit der Inversen von M_0 multipliziert werden. Man erhält eine teilweise reduzierte Form, bei der auf der linken Seite des Systems der Vektor der endogenen Variablen zum Zeitpunkt t steht ('distributed lag form'):

$$\text{(A-35)} \quad \underbrace{\begin{pmatrix} Y_t \\ C_t \\ I_t \end{pmatrix}}_{y_t} = \underbrace{\begin{pmatrix} c+v & 0 & 0 \\ c & 0 & 0 \\ v & 0 & 0 \end{pmatrix}}_{A_1} \underbrace{\begin{pmatrix} Y_{t-1} \\ C_{t-1} \\ I_{t-1} \end{pmatrix}}_{y_{t-1}} + \underbrace{\begin{pmatrix} -v & 0 & 0 \\ 0 & 0 & 0 \\ -v & 0 & 0 \end{pmatrix}}_{A_2} \underbrace{\begin{pmatrix} Y_{t-2} \\ C_{t-2} \\ I_{t-2} \end{pmatrix}}_{y_{t-2}}$$

mit $A_1 = M_0^{-1} M_1$, $A_2 = M_0^{-1} M_2$

Substituiert man die Variablenbezeichnungen gemäß Gleichung (A-34), so erhält man:

$$\text{(A-36)} \quad \underbrace{\begin{pmatrix} y_{1,t} \\ y_{2,t} \\ y_{3,t} \end{pmatrix}}_{y_t} = \underbrace{\begin{pmatrix} c+v & 0 & 0 \\ c & 0 & 0 \\ v & 0 & 0 \end{pmatrix}}_{A_1} \underbrace{\begin{pmatrix} y_{1,t-1} \\ y_{2,t.1} \\ y_{3,t-1} \end{pmatrix}}_{y_{t-1}} + \underbrace{\begin{pmatrix} -v & 0 & 0 \\ 0 & 0 & 0 \\ -v & 0 & 0 \end{pmatrix}}_{A_2} \underbrace{\begin{pmatrix} y_{1,t-2} \\ y_{2,t-2} \\ y_{3,t-2} \end{pmatrix}}_{y_{t-2}}$$

Nun wird ein Hilfsvektor für Verzögerung erster Ordnung $z_{1,t} = y_{t-1}$ eingeführt. Es folgt das Gleichungssystem

$$\text{(A-37)} \quad \underbrace{\begin{pmatrix} y_{1,t} \\ y_{2,t} \\ y_{3,t} \end{pmatrix}}_{y_t} = \underbrace{\begin{pmatrix} c+v & 0 & 0 \\ c & 0 & 0 \\ v & 0 & 0 \end{pmatrix}}_{A_1} \underbrace{\begin{pmatrix} y_{1,t-1} \\ y_{2,t.1} \\ y_{3,t-1} \end{pmatrix}}_{y_{t-1}} + \underbrace{\begin{pmatrix} -v & 0 & 0 \\ 0 & 0 & 0 \\ -v & 0 & 0 \end{pmatrix}}_{A_2} \underbrace{\begin{pmatrix} z_{1,t-1}^1 \\ z_{1,t-1}^2 \\ z_{1,t-1}^3 \end{pmatrix}}_{z_{t-1}}$$

mit dem Hilfsvektor:

$$\text{(A-38)} \quad \begin{pmatrix} z_{1,t}^1 \\ z_{1,t}^2 \\ z_{1,t}^3 \end{pmatrix} = \begin{pmatrix} y_{1,t-1} \\ y_{2,t-1} \\ y_{3,t-1} \end{pmatrix}$$

Das System (A-37) beinhaltet ausschließlich Variablen mit einer Verzögerung von einer Periode.

Zusammengefaßt erhält man das System in der Normalform:

(A-31) $Y_t' = AY_{t-1}'$

oder

$$\text{(A-39)}\quad \underbrace{\begin{pmatrix} y_{1,t} \\ y_{2,t} \\ y_{3,t} \\ z_{1,t}^1 \\ z_{1,t}^2 \\ z_{1,t}^3 \end{pmatrix}}_{Y_t'} = \underbrace{\begin{pmatrix} c+v & 0 & 0 & -v & 0 & 0 \\ c & 0 & 0 & 0 & 0 & 0 \\ v & 0 & 0 & -v & 0 & 0 \\ 1 & 0 & 0 & 0 & 0 & 0 \\ 0 & 1 & 0 & 0 & 0 & 0 \\ 0 & 0 & 1 & 0 & 0 & 0 \end{pmatrix}}_{A} \underbrace{\begin{pmatrix} y_{1,t-1} \\ y_{2,t-1} \\ y_{3,t-1} \\ z_{1,t-1}^1 \\ z_{1,t-1}^2 \\ z_{1,t-1}^3 \end{pmatrix}}_{Y_{t-1}'} \quad \text{mit}$$

$$A = \left(\begin{array}{c|c} A_1 & A_2 \\ \hline I & 0 \end{array}\right)$$

Dies entspricht der Darstellung des linearen diskreten Systems in der Normalform aus Abschnitt A 1.3.

B Systemsimulation

B 1 Einführung in die Systemsimulation

B 1.1 Definition eines Systembegriffs

Die (Allgemeine) Systemtheorie stellt eine interdisziplinäre Forschungsrichtung dar, deren Ziel die Suche nach Gesetzmäßigkeiten von Systemen unterschiedlicher Herkunft ist.[133] Trotz der interdisziplinären Ausrichtung der Systemtheorie existiert für den Begriff des Systems bislang aber keine allgemein akzeptierte Definition, die für physikalische, chemische, biologische, soziale oder ökonomische Systeme gleichermaßen Gültigkeit besitzt.[134]

In dieser Arbeit wird unter einem System eine endliche, geordnete Menge von Elementen (Komponenten, Objekte) verstanden, die wiederum Subsysteme darstellen können und über Relationen (Wirkungsverknüpfungen, Rückkopplungen) miteinander verknüpft sind.[135] Die Verbindung der Elemente ist eine notwendige Voraussetzung für die Systemintegrität, da ein System nicht teilbar ist, ohne seine Systemintegrität zu verlieren. Somit ist ein System ein zusammenhängender Teil der Realität, der durch eine Systemgrenze von der Umwelt (Systemumgebung) getrennt wird (vgl. Abbildung B-1).

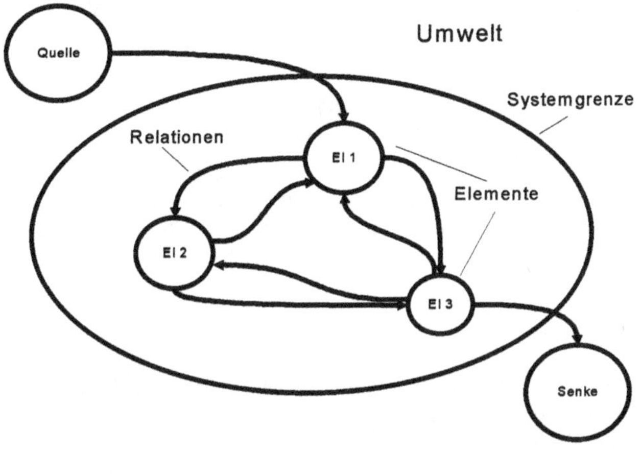

Abbildung B-1: Systemdarstellung[136]

[133] Eine fundierte Einführung in das Konzept der Allgemeinen Systemtheorie findet man bei Klir (1969). Auf unterschiedliche Aspekte der Allgemeinen Systemtheorie wird bei Klir (1972) eingegangen.

[134] Vgl. zu dieser Behauptung die Bemerkungen von Neelamkavil (1986, S.17).

[135] Vgl. Bossel (1989, S.9-11) sowie Bossel (1994, S.16-27, S.346).

[136] Vgl. Bossel (1992, S.11).

Bestehen zwischen der Umwelt und dem System starke Relationen, so spricht man von einem offenen System. Bei geringen Interaktionen des Systems mit der Umwelt handelt es sich um ein geschlossenes System.

Wird das System von einem Element außerhalb des Systems beeinflußt, ohne seinerseits auf dieses Element einzuwirken, so nennt man dieses eine Quelle. Elemente der Umgebung, auf die das System Auswirkungen hat, bezeichnet man als Senken.

An den einzelnen Systemelementen können Attribute gemessen werden. Diese werden auch als Merkmale oder Systemgrößen bezeichnet. Man teilt Systemgrößen in (über die Zeit veränderliche) Systemvariablen und Konstanten ein. Die Messung der Systemgrößen (im Zeitablauf) ist Aufgabe der Systemanalyse, auf die im nächsten Abschnitt vertiefend eingegangen wird.

Die Begriffe der Systemtheorie können auf die im folgenden zu behandelnden ökonomischen Systeme übertragen werden:

Das System einer offenen Volkswirtschaft besteht aus einer großen Anzahl von Systemelementen, die auf vielfältige Weise miteinander verknüpft sind. Eine von mehreren denkbaren Einteilungen, die den makroökonomischen Charakter des Systems hervorhebt, könnte beispielsweise in einen privaten, staatlichen und einen Unternehmenssektor vorgenommen werden. An diesen Systemelementen können Systemgrößen wie Konsum, Investitionen, Arbeitsangebot und -nachfrage gemessen werden. Diese Systemgrößen werden im Rahmen einer Systemanalyse im Zeitablauf untersucht.

Im Kontext des Modells eines kleinen Landes von Kapitel 3 stellt das exogene Ausland eine Quelle dar, da es zwar Auswirkungen auf das System des Inlands hat, selbst aber von diesem nicht beeinflußt wird.

In den Kapiteln 4 und 5 wird das Ausland endogenisiert. Der Wirkungseinfluß erfolgt in beide Richtungen. Somit ist ein neues, erweitertes System mit zusätzlichen Verknüpfungen entstanden.

B 1.2 Abgrenzung zwischen System und Modell

Ein Systemmodell (vereinfachend meist nur Modell genannt) stellt eine idealisierte Vereinfachung eines realen Systems dar.[137] Nach Niemeyer (1977, S.57) sind Modelle „materielle oder immaterielle (geistige, formale) Systeme, die andere Systeme so darstellen, daß eine experimentelle Manipulation der abgebildeten Strukturen und Zustände möglich ist“. Der Zweck eines Modells liegt somit im besseren Verständnis, in der Vorhersage und der Kontrolle des zugrundeliegenden realen Systemverhaltens.[138]

---

[137] So auch die Definition eines Modells von Rubinstein (1981, S.3): “A scientific model can be defined as an abstraction of some real system, an abstraction that can be used for prediction and control.“

[138] Vgl. Neelamkavil (1986, S.30) sowie Rubinstein (1981, S.3).

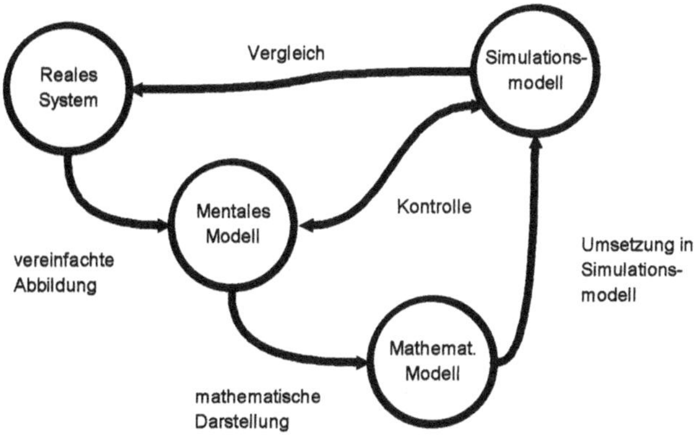

Abbildung B-2: Modellabgrenzung

Modelle können nach unterschiedlichen Kriterien eingeteilt werden.[139] Abgesehen vom 'mentalen Modell', das als gedankliche Abbildung des realen Systems jeder mathematischen Modellierung bzw. Simulation vorausgeht, sind im vorliegenden Kontext vor allem die Begriffe des mathematischen Modells und des Simulationsmodells wichtig (vgl. Abbildung B-2).

In einem Simulationsmodell wird die zeitliche Entwicklung der veränderlichen Systemgrößen (endogene Variablen) nachgeahmt - d.h. simuliert. Die Abbildung eines realen Systems anhand eines Simulationsmodells erfolgt in der Ökonomie üblicherweise über ein mathematisches Modell im Rahmen eines Differenzen- oder Differentialgleichungssystems.[140] Die direkte Umsetzung eines mentalen Modells in Wirkungsgraphen und deren Simulation ist aber ebenso denkbar. Diesen Weg verwendet der system dynamics-Ansatz, auf den im Abschnitt 2.3 genauer eingegangen wird.

In der vorliegenden Arbeit wird der erstgenannte Weg der mathematischen Modelldarstellung eingeschlagen. An den Elementen eines Systems können Systemgrößen gemessen werden. Diese werden in einem mathematischen Modell durch endogene und exogene Variablen dargestellt. Die Wirkungsverknüpfungen zwischen den Systemgrößen werden in einer Anzahl von Strukturgleichungen abgebildet. Diese können in Hypothesengleichungen, Definitionsgleichungen und Gleichgewichtsbedingungen eingeteilt werden.[141]

---

[139] In der Literatur findet man zum Teil unterschiedliche Möglichkeiten der Systematisierung der Modellbegriffe, so beispielsweise Law/Kelton (1991, S.3-7), Niemeyer (1977, S.58-68), Rubinstein (1981, S.3-5) oder Zwicker (1981, S.18-37).

[140] Eine Einführung in Differenzengleichungssysteme erfolgt im Anhang A.

[141] Vgl. zu dieser Einteilung Zwicker (1981, S.38-54).

Im Kontext eines ökonomischen Modells zählen zu den Hypothesengleichungen technologische Gleichungen wie die Produktionsfunktion Y in Abhängigkeit von Arbeit A, Kapital K und technischem Fortschritt T

$$Y = f(A, K, T) \quad ,$$

institutionelle Gleichungen wie eine Steueraufkommensfunktion T mit einem Steuersatz t

$$T = (1-t)Y$$

und Verhaltensgleichungen wie eine Konsumfunktion C mit der marginalen Konsumquote c:

$$C = cY$$

Definitionsgleichungen sind beispielsweise die Fortschreibung des Kapitalbestands K einer Volkswirtschaft als Summe aus Kapitalbestand der Vorperiode zuzüglich den Nettoinvestitionen I:

$$K_t = K_{t-1} + I_{t-1}$$

Eine Gleichgewichtsbedingung wäre die Forderung nach der Identität des Volkseinkommens Y mit dem Vollbeschäftigungsniveau $\overline{Y}$:

$$Y = \overline{Y}$$

B 1.3 Systemsimulation als Ansatz zur Systemanalyse

Die Systemanalyse hat das Ziel, möglichst allgemeingültige Aussagen bezüglich des Verhaltens eines Systems aufzudecken.[142] Dieses Ziel wird mit drei grundlegenden unterschiedlichen Verfahren angestrebt (vgl. Abbildung B-3). Es handelt sich dabei um den

- mathematischen Ansatz, die
- Punktbetrachtung im Rahmen der Ökonometrie oder der Kalibrierung und die
- Systemsimulation.

Den Anspruch auf Allgemeingültigkeit erfüllt nur der mathematisch analytische Ansatz vollständig. Untersucht man beispielsweise die Stabilität eines linearen Differenzengleichungssystems, so unterliegt das System einer mathematischen Bedingung (der Betrag des maximalen Eigenwerts des Systems muß kleiner als Eins sein, vgl. Anhang A), deren Erfüllung zwingend Stabilität zur Folge hat.

Für den analytischen Ansatz gibt es jedoch zweierlei Grenzen. Zum einen ist die Existenz einer analytischen Lösung zumindest für nichtlineare Modelle nicht immer gegeben, zum anderen kann die analytische Lösung eine Komplexität

---

[142] Vgl. die Gegenüberstellung der Ziele von analytischer Auswertung und Simulation bei Law/ Kelton (1991, S.5-6) bzw. bei Schmidt (1985, S.86-87).

aufweisen, die eine Interpretation ohne vereinfachende Annahmen nicht mehr zuläßt.[143]

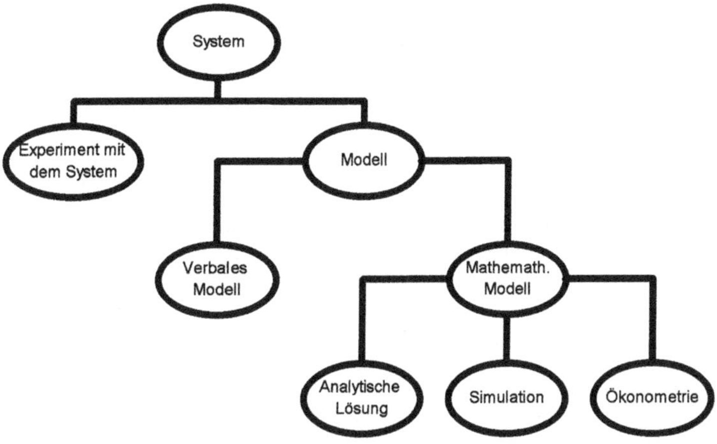

Abbildung B-3: Systemanalyse[144]

Wenn man versucht, ein reales ökonomisches System anhand eines mathematischen Modells möglichst exakt abzubilden, also die resultierenden Gleichungen statistisch zu schätzen, so stellt dies eine Punktbetrachtung im Rahmen der Ökonometrie dar. Die Allgemeingültigkeit der Aussagen wird in diesem Fall zugunsten der realitätsnahen Abbildung beispielsweise einer konkreten Volkswirtschaft in einem festgelegten Zeitabschnitt zurückgestellt.

Mit Hilfe von Kalibrierungstechniken[145] werden insbesondere seit Anfang der achtziger Jahre Modelle für konkrete Volkswirtschaften numerisch spezifiziert. Man spricht in diesem Zusammenhang von Applied General Equilibrium Models (Numerische Gleichgewichtsmodelle), deren bekanntester Vertreter die Real-Business-Cycle-Modelle sind. Der Unterschied der Methode der Kalibrierung zum Ansatz der Ökonometrie besteht in der Ermittlung der numerischen Parameterwerte. Bei einer Kalibrierung eines Modells (vgl. Hoover 1995, S.26-28) werden einige Parameter a priori aus zurückliegenden ökonometrischen Schät-

---

143 Hierzu zählen neben komplizierten nichtlinearen Differenzen- und Differentialgleichungssystemen insbesondere Warteschlangenmodelle aus dem Gebiet der ereignisgesteuerten Zeitführung.

144 Vgl. Law/Kelton (1991, S.4). Die Systemanalyse anhand eines Experiments scheidet für das System einer Volkswirtschaft aus, so daß Modellbetrachtungen unumgänglich sind.

145 Einen Methodenvergleich zwischen Kalibrierung und Schätzung findet man bei Hoover (1995).

zungen übernommen, andere aus Statistiken entnommen bzw. aus diesen berechnet. Die restlichen Parameterwerte, für die bislang keine Werte vorliegen, werden so festgelegt, daß ausgewählte stilisierte Fakten des zu kalibrierenden Modells die empirischen Daten einer festgelegten Zeitperiode möglichst gut approximieren.

Diese Methode, die fast zwangsläufig zu einer guten Übereinstimmung der simulierten Daten mit den stilized facts realer Volkswirtschaften führt, wird aber auch ebenso oft kritisiert: "With enough flexibility in choosing the form of the deterministic model, one can always choose a model so as to fit the data exactly" (Shoven/Whalley 1992, S.6).

Zwischen den beiden Extrempositionen der mathematischen Analyse mit dem Anspruch auf Allgemeingültigkeit und der Ökonometrie als realitätsnahe Darstellung eines Systems im Rahmen einer Punktbetrachtung steht die Systemsimulation.

Sie stellt ein Hilfsmittel dar, um[146]

- mathematische Modelle, deren Komplexität allgemeingültige Aussagen nicht mehr zuläßt, analysieren zu können und
- die punktuellen Aussagen ökonometrischer oder kalibrierter Modelle, die eine realistische Abbildung eines konkreten realen Systems in einem festgelegten Zeitraum darstellen, zu verallgemeinern.

Die Simulation des dynamischen Systemverhaltens einer einzelnen numerischen Parameterkonstellation ist für beliebige mathematische Modelle möglich. Im Rahmen der Systemsimulation wird versucht, diese punktuelle Gültigkeit durch die Simulation einer großen Anzahl Parameterkonstellationen aus dem Parameterraum, dem sogenannten Parameterquader, zu verallgemeinern.

Der Vorteil der Systemsimulation liegt in der Tatsache, daß das zugrundeliegende Modell relativ umfangreich und kompliziert sein kann. Sobald das Modell in eine simulierbare Form überführt ist, können die Zeitpfade der Modellvariablen für mögliche Parameterkonstellationen berechnet werden. Ob eine Lösung auch in *parametrischer* Form berechnet werden kann, spielt dabei keine Rolle.[147] Als Einschränkung muß jedoch berücksichtigt werden, daß der notwendige Stichprobenumfang mit der Zahl der zu variierenden Parameter exponentiell anwächst. Selbst bei heutigen Computern sind der Simulation somit Grenzen gesetzt.

Es darf weiterhin nicht übersehen werden, daß die Simulation nur ein Hilfsmittel ist, um das Verhalten analytisch nicht mehr lösbarer Modelle zu erfassen. Dazu bemerkt Mitchell (1969, S.60):

---

[146] Die Frage nach Entscheidungskriterien zwischen analytischen bzw. simulationsgestützten Lösungsverfahren für ökonomische Probleme behandelt in einer Vielzahl von Beiträgen der Tagungsband von Goldberg (1973). Die selbe Fragestellung behandeln auch Howrey/Kelejian (1971, S.299-319).

[147] Vgl. die ähnliche Argumentation von Heinemann (1996, S.292).

"It is well to be clear from the start that simulation is something of a sledgehammer technique. It has neither elegance nor power as these terms would be understood in a mathematical context. In a practical context it can, however, be an extremely powerful way of understanding and modelling a system. More importantly from the practical point of view, it can be the only way of deriving an adequate model of a system."

B 2 Einzelne Simulationstechniken

B 2.1 Szenariotechnik

Um die Aussagen einer einzelnen Punktbetrachtung eines Systems zu erweitern bzw. zu verallgemeinern, werden in Simulationsstudien die Verfahren der Szenariotechnik und der Monte-Carlo-Simulation eingesetzt.

Unter einem Szenario versteht man die Zusammenfassung von widerspruchsfreien und plausiblen Parameterkonstellationen und exogenen Größen zur Gegenüberstellung extremen und wahrscheinlichen Systemverhaltens.[148] Zu den üblicherweise verwendeten Begriffen unterschiedlicher Szenarien zählen

- Referenz-, Standard- oder Status-quo-Szenario,
- Worst-case-Szenario und
- Best-case-Szenario.

Meist werden die drei Szenarien mit einer pessimistischen, optimistischen und wahrscheinlichen Tendenz einander gegenübergestellt.

Mit dem Aufkommen leistungsstarker Computer begann für die Szenariotechnik im Bereich der Wirtschaftswissenschaften ein Aufschwung, der in den Publikationen des Club of Rome in den siebziger Jahren einen vorläufigen Höhepunkt fand.[149] Aber auch heute wird die Szenariotechnik in vielen Untersuchungen verwendet, wenn auch selten als alleiniges Analyseinstrument. Sie dient entweder der Veranschaulichung komplexer mathematischer Zusammenhänge oder - wie in dieser Arbeit - als zusätzliches Hilfsmittel, falls die analytische Behandlung umfangreicher Systeme nicht mehr oder nur unter stark vereinfachenden Annahmen möglich ist.

Damit die Aussagen des mathematischen Modells nicht nur für einzelne Parameterkonstellationen, sondern für (enggefaßte) Parameterbereiche ihre Gültigkeit bewahren, werden in einigen Untersuchungen zusätzlich zu den gewählten Szenarien Sensitivitätsanalysen durchgeführt. Darunter versteht man eine geringfügige Variation einzelner Parameter um den gewählten Szenariowert. Sobald eine leichte Änderung der angenommenen Parameter das Systemverhalten nicht grundlegend ändert, ist zumindest ein gewisser Verallgemeinerungsgrad erreicht

---

[148] Vgl. Bossel (1994, S.220-224).

[149] Vgl. Abschnitt 2.3 zum system dynamics-Ansatz.

(Neelamkavil 1987, S.247): "*Sensitivity analysis* of simulation models can also be of some help in validation; this method relies on the fact that, in general, *reasonable changes* in model parameters or operating conditions should not lead to *unreasonable changes* in model performance."[150]

Der Nachteil der Sensitivitätsanalyse besteht darin, daß nur einzelne Parameterwerte unabhängig voneinander variiert werden. Eine elegante Alternative mit simultaner Variation der Parameter und somit einem höheren Verallgemeinerungsgrad stellt die Monte-Carlo-Simulation dar.

B 2.2 Monte-Carlo-Simulation

Unter dem Begriff der Monte-Carlo-Simulation wird die Lösung einer deterministischen Problemstellung mit stochastischen Mitteln verstanden.[151] Während man im Rahmen der Szenariotechnik Parameter zu einzelnen plausiblen Konstellationen zusammenfaßt, werden im Gegensatz dazu in einer Monte-Carlo-Simulation eine große Anzahl von unabhängigen Parameterkombinationen nach einer vorgegebenen Verteilung erzeugt und das Modell mit dem jeweiligen Parametersatz simuliert. Die Simulationsergebnisse werden anschließend je nach Untersuchungsgegenstand mit verschiedenen statistischen Verfahren ausgewertet.

Es existiert eine Vielzahl an unterschiedlichen Monte-Carlo-Methoden. Die häufigste Anwendung ist das Hit-or-Miss-Monte-Carlo-Verfahren, das näherungsweise Flächenberechnungen ohne Integration ermöglicht. Schon bei relativ geringem Stichprobenumfang und somit Rechenzeit werden hierbei Genauigkeiten erreicht, die für übliche Fragestellungen ausreichen. Eine Übersicht über weitere Monte-Carlo-Verfahren bieten Hammersley/Handcomb (1964).

In der vorliegenden Arbeit werden ebenfalls deterministische Probleme wie das Stabilitäts- oder Schwingungsverhalten linearer Systeme über das stochastische Verfahren der Monte-Carlo-Methode gelöst. Aus einem festgelegten Parameterquader wird eine Vielzahl unabhängiger gleichverteilter Stichprobenrealisationen gezogen.

Für jeden Parametersatz werden die Zeitpfade der Modellvariablen berechnet und die Resultate auf

- zulässig/unzulässig bzw.
- stabil/instabil

überprüft (vgl. Abbildung B-4). Unzulässige Lösungen in bezug auf die Modellergebnisse wären negative Werte für die makroökonomischen Größen. Betrachtet man die Parameterkonstellationen, so darf beispielsweise die Summe aus Spar-

---

[150] Hervorhebungen im Original.

[151] Zu einer Übersicht zu Monte-Carlo-Techniken siehe Fishman (1996) oder Rubinstein (1981). Ein weiteres Standardwerk stammt von Hammersley/Handcomb (1964).

und Konsumquote den Wert Eins nicht überschreiten. Der Parameterquader muß in solchen Fällen durch zusätzliche Nebenbedingungen eingegrenzt werden.

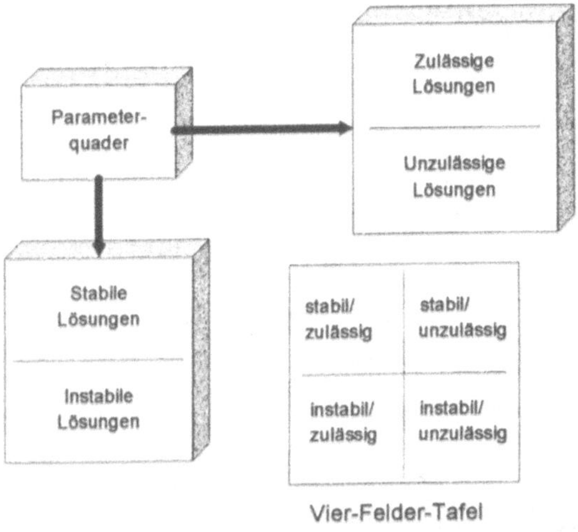

Abbildung B-4: Vorgehensweise der Simulation

Zusammen mit der zweiten Einteilung in stabile bzw. instabile Parameterkonstellationen ergibt sich das Vier-Felder-Schema in Abbildung B-4.

Für die meisten Untersuchungszwecke konzentriert man sich auf den ersten Quadranten der stabilen und zulässigen Parameterkombinationen.[152]

Die Abgrenzung der einzelnen Bereiche kann auch anhand Abbildung B-5 dargestellt werden.

Abbildung B-5 zeigt in einem zweidimensionalen Venn-Diagramm innerhalb des Parameterquaders die stabilen und instabilen bzw. die zulässigen und unzulässigen Parameterkonstellationen sowie deren Schnittmengen. Die ökonometrische Punktschätzung für dieses System führt zu einer stabilen und zulässigen Lösung. Um die Aussagen verallgemeinern zu können, werden um diesen Punkt ausreichend große Parameterintervalle festgelegt und hieraus weitere gleichverteilte Stichprobenrealisationen gezogen. Die Ausdehnung des simulierten Parameterquaders hat demnach die Verallgemeinerung der Aussagen zum Ziel, die Einengung des Quaders hingegen führt zur ökonometrischen Punktbetrachtung des Systems.

[152] Zu einer Diskussion über das Stabilitätsverhalten dynamischer Systeme sowie die Unzulässigkeitsannahme instabiler Parameterkonstellationen vgl. Anhang A.

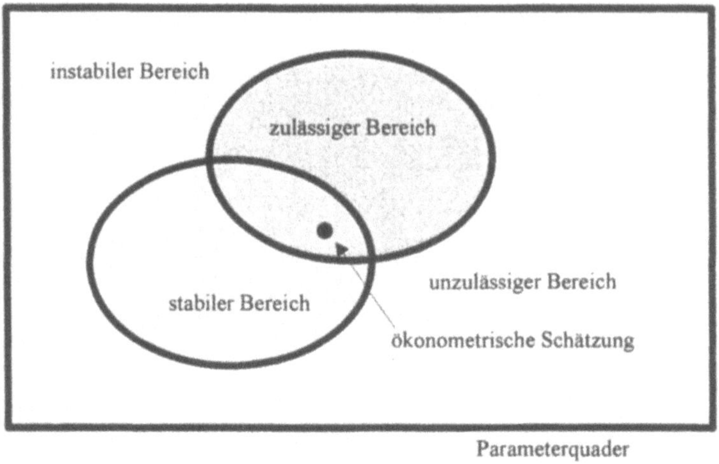

Abbildung B-5: Bereichsabgrenzung

B 2.3 Ein einfaches Anwendungsbeispiel

Als Beispiel sei eine Stabilitätsanalyse des grundlegenden Konjunkturmodells von Hicks (1950) mit den drei endogenen Variablen des Einkommen Y, des Konsum C, und den Investitionen I dargestellt ('elementary case'):

(B-1) $Y_t = C_t + I_t$

(B-2) $C_t = cY_{t-1}$, $0 < c < 1$

(B-3) $I_t = v(Y_{t-1} - Y_{t-2}) + I_0^{aut}$, $v > 0$

Das lineare Differenzengleichungssystem enthält zwei Parameter, die Konsumquote c und den Akzelerationskoeffizienten v. Mit I_0^{aut} werden die konstanten autonomen Investitionen bezeichnet.

Um das dynamische Verhalten dieses dynamischen, linearen Konjunkturmodells einer geschlossenen Volkswirtschaft mit Multiplikatorprinzip (Gleichung B-2) und Akzeleratorprinzip (Gleichung B-3) zu analysieren, stehen die drei bereits genannten Verfahren der mathematischen Herleitung, der Ökonometrie und der Systemsimulation zur Verfügung:

Der allgemeine, analytische Ansatz zur Ermittlung des Stabilitätsverhaltens besteht in der Herleitung der charakteristischen Gleichung[153]

$$\lambda^2 - (c+v)\lambda + v = I_0^{aut}$$

mit der anschließenden Überprüfung der Eigenwerte.

Da sich in diesem einfachen Fall das System (B-1) bis (B-3) auf eine Einkommensentwicklungsgleichung zweiter Ordnung der Form

$$Y_t + a_1 Y_{t-1} + a_2 Y_{t-2} = b_t$$

$$\text{mit } a_1 = -(c+v) \;\;,\;\; a_2 = v \;\;,\;\; b_t = I_0^{aut}$$

zusammenfassen läßt, kann auf die Schurschen Bedingungen zurückgegriffen werden, deren Erfüllung Stabilität zur Folge hat (vgl. Abschnitt A 2.3):

1. $1 + a_1 + a_2 = 1 - (c+v) + v = 1 - c > 0$ erfüllt für $0 < c < 1$
2. $1 - a_1 + a_2 = 1 + (c+v) + v = 1 + c + 2v > 0$ erfüllt für $c, v > 0$
3. $1 - a_2 = 1 - v > 0$ erfüllt <=> $v < 1$

Dies führt zu der allgemeingültigen Aussage, daß dieses Modell für alle Parameterkonstellationen mit einem Akzelerationskoeffizienten $v < 1$ stabil ist. Die Höhe der Konsumquote ist in bezug auf das Stabilitätsverhalten irrelevant.

In einer ökonometrischen Analyse würden die beiden Parameter geschätzt werden. Die Güte der Anpassung des Modells an Zeitpfade realer Volkswirtschaften ist allerdings gering, da das Modell zu stark reduziert ist, um auch nur annähernd als umfassende realistische Abbildung einer Volkswirtschaft zu gelten. Dies zeigt eine ökonometrische Untersuchung der Bundesrepublik Deutschland mit Daten zwischen 1970 und 1984 anhand eines (im Vergleich zum elementary case geringfügig erweiterten) Multiplikator-Akzelerator-Modells von Kuhbier/Wolters (1988).

Im Rahmen der Systemsimulation werden zunächst Parameterbereiche für die Konsumquote und den Akzelerationskoeffizienten bestimmt. Im zweidimensionalen Fall handelt es sich um eine Parameterfläche, beim Auftreten weiterer Parameter um einen (mehrdimensionalen) Parameterquader, auch Punktewolke genannt.

Negative Zeitpfade der Variablen stellen unzulässige Lösungen dar. Somit werden negative Konsumquoten oder Akzelerationskoeffizienten ausgeschlossen. Da ohne die Möglichkeit der Kreditaufnahme der Konsum das Einkommen nicht überschreiten darf, gilt als zusätzliche Beschränkung des Parameterquaders, daß die Konsumquote unter 1 liegt. Der Akzelerationskoeffizient soll einen maximalen Wert von 4 annehmen dürfen. So erhält man als zulässigen Parameterbereich die Intervalle [0 ; 1] für die Konsumquote und [0 ; 4] für den Akzelerations-

---

[153] Im Anhang A wird vertiefend auf den Stabilitätsbegriff sowie verschiedene analytische und simulationsgestützte Methoden der Stabilitätsanalyse eingegangen.

koeffizienten. Eine Monte-Carlo-Simulation mit dem Stichprobenumfang *n* führt zu *n* über den zulässigen Bereich gleichverteilten Punkten (Parameterkonstellationen). Diese werden einzeln auf Stabilität geprüft und anschließend einer der beiden Teilmengen (stabil/instabil) zugeordnet. Schraffiert man den Bereich der stabilen Konstellationen, so erhält man Abbildung B-6.

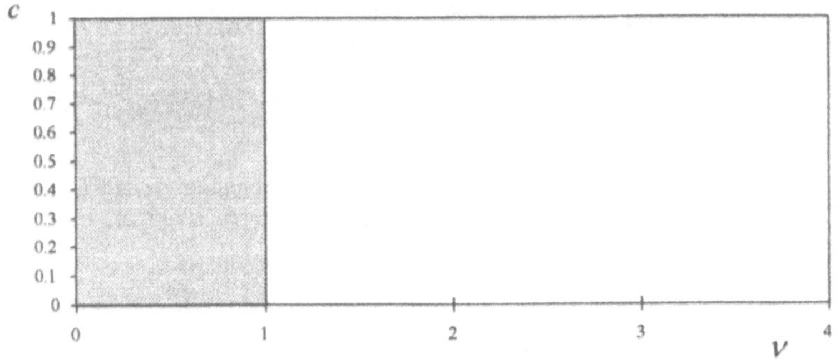

Abbildung B-6: Parameterbereiche des Hicks-Modells

Man erkennt auch in der Simulationsstudie, daß im Hicks-Modell die stabile Teilmenge eine Fläche ist, für die gilt, daß der Akzelerationskoeffizient unter 1 liegt.

Mit zunehmender Komplexität der Modelle können auch gekrümmte Trennlinien auftreten. Weiterhin wird der stabile Bereich, bei dem es sich hier um eine konvexe Fläche handelt, zu einer mehrdimensionalen Punktewolke, deren Konvexitätseigenschaft jedoch erhalten bleibt. Ein Beweis für die Konvexität der stabilen Punktewolke erfolgt im Abschnitt A 3.1.

B 2.4 Eine Anmerkung zum Parametereinfluß auf die Stabilität

In dieser Arbeit soll anhand charakteristischer Modellbeispiele überprüft werden, ob und gegebenenfalls in welchem Ausmaß die Globalisierung der Weltwirtschaft eine Destabilisierung des Gesamtsystems zur Folge hat. Die Analyse wird unter Verwendung von Monte-Carlo-Simulationen durchgeführt, bei denen die Verhaltensparameter in bestimmten Intervallen zufällig variiert werden. Anhand von Abbildung B-7 der stabilen und instabilen Teilbereiche eines hypothetischen Modells mit zwei Parametern $a \in [0\,;\,1]$ und $b \in [0\,;\,4]$ kann deren Einfluß auf das Stabilitätsverhalten des Systems dargestellt werden. In Abbildung B-7 stellt die konvexe schraffierte Fläche stabile, die weiße Fläche instabile Parameterkonstellationen dar.

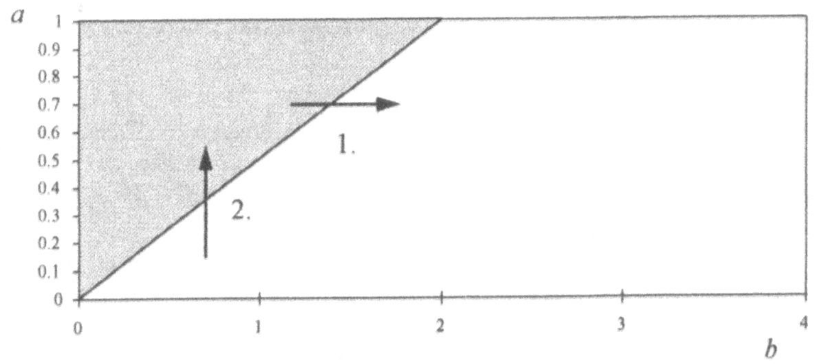

Abbildung B-7: Stabilisierende und destabilisierende Parameter

1. Fixiert man den Parameter *b* auf den Wert 0 und überprüft im Rahmen einer Monte-Carlo-Simulation für den Parameter *a* die Stabilität des Systems, so erhält man ausschließlich stabile Parameterkonstellationen. Ein Parameterwert $b = 1$ führt bei einer gleichverteilten Stichprobe für *a* aus dem Intervall [0 ; 1] im statistischen Mittel zu 50% stabilen bzw. instabilen Fällen. Die Erhöhung des Parameters *b* hat demnach eine Destabilisierung des Systems zur Folge. Ab dem Wert 2 treten unabhängig von der Höhe des Parameters *a* ausschließlich instabile Fälle auf.

2. Demgegenüber handelt es sich bei *a* um einen stabilisierenden Parameter. Dies bedeutet, daß im Durchschnitt bei Variation des anderen Parameters eine Erhöhung von *a* zu einer Zunahme der relativen Häufigkeit stabiler Fälle führt.

Zusätzlich erkennt man, daß ein entgegengesetzter Wirkungseinfluß durch eine positive Korrelation innerhalb der stabilen Punktewolke gekennzeichnet ist (das Vorzeichen des Korrelationskoeffizienten entspricht dem Vorzeichen des Regressors einer linearen Regressionsgeraden). Eine gleichgerichtete Wirkung führt zu einer negativen Korrelation.

Diese Vorgehensweise ist nicht auf Systeme mit zwei Parametern beschränkt. Sie ist auf einen mehrdimensionalen Parameterquader übertragbar, wenn auch eine grafische Darstellung für mehr als drei Parameter nicht mehr möglich ist. Daher müssen statistische Maßzahlen der stabilen und instabilen Teilmengen ermittelt und mit einem geeigneten Instrumentarium verglichen werden. Einfache Testmethoden zur Ermittlung des Einflusses einzelner Parameter auf die Stabilität werden in Kapitel 3 vorgestellt und dort sowie in den folgenden Kapiteln für drei alternative Systeme offener Volkswirtschaften angewendet.

B 3 Systemtheoretische Bestimmung von Totalmultiplikatoren

B 3.1 Einleitung

Bei der Herleitung der Multiplikatoren geht man von einem stationären Anfangsgleichgewicht aus. Wirkt auf diesen ungestörten Zustand ein exogener Schock, d.h. eine Änderung einer exogenen Größe, so variieren die Zeitpfade und (eventuell) die Gleichgewichtswerte der endogenen Variablen.

Man unterscheidet verschiedene Arten von Schocks, wobei hier nur die wichtigsten angesprochen werden sollen. Die dauerhafte Änderung einer exogenen Größe zu einem Zeitpunkt wird als 'step' bezeichnet. Eine lineare Erhöhung (bzw. Absenkung) bis zu neuen Niveau nennt man einen 'ramp'. Eine weitere Variante ist der 'pulse' als einmaliger Impuls in einer Periode. Im weiteren Verlauf wird unter einem Schock immer ein 'step' verstanden.

Bei den Multiplikatoren wird eine Einteilung in Direkt-(auch Sofort-), Interims-(auch kumulative) und Total-(auch langfristige oder Gesamt-)Multiplikatoren vorgenommen.[154] Bei Interimsmultiplikatoren will man die Wirkung des Schocks zu einem beliebigen Zeitpunkt ermitteln. Der Sonderfall der Direktmultiplikatoren bestimmt den unmittelbaren Einfluß eines exogenen Schocks auf eine endogene Variable in der Folgeperiode. Bezieht man die Änderung der endogenen Variable zwischen Anfangs- und Endgleichgewicht auf die Änderung der exogenen Größe, so erhält man den Totalmultiplikator. Auf Totalmultiplikatoren soll im folgenden genauer eingegangen werden, da diese die Gesamtwirkung des exogenen Schocks wiedergeben und somit ein wichtiges Instrument der komparativ-statischen Analyse darstellen.

Für die Herleitung der Totalmultiplikatoren kann man auf drei alternative Methoden zurückgreifen:

- Reduktion des Gleichungssystems auf eine Gleichung
- Anwendung der Cramer-Regel
- Herleitung der Multiplikatoren aus dem Systemdiagramm

Statt den bekannten ersten beiden Methoden wird hier die systemtheoretisch orientierte Variante vorgestellt. Diese alternative Möglichkeit der Herleitung der Multiplikatoren geht von der grafischen Darstellung des Systems in Form eines Systemdiagramms aus.

Systemdiagramme können sowohl für statische als auch für dynamische Systeme aufgestellt werden. Der Aufbau dynamischer Systeme folgt dem selben Schema wie bei statischen Systemen. Zusätzlich werden jedoch Lagoperatoren eingeführt, mit denen ein quasi statisches System generiert wird, in dem die Lagoperatoren wie Koeffizienten behandelt werden. Mit dieser Darstellung und den im folgenden Abschnitt vorgestellten Reduzierungsvorschriften können lineare Differen-

---

[154] Vgl. Zwicker (1981, S.210-213) und Richter/ Schlieper/Friedmann (1981, S.290-295).

zengleichungssysteme höherer Ordnung auf eine einzelne Differenzengleichung reduziert werden.[155]

Im folgenden Abschnitt wird das Aufstellen eines statischen Systemdiagramms beschrieben. Es dient zum einen der grafischen Darstellung der komparativ-statischen Wirkungszusammenhänge und zum anderen der Berechnung von Multiplikatoren. Dies wird im Abschnitt B 3.3 beschrieben.

B 3.2 Das Konzept des Systemdiagramms

Das Konzept eines Systemdiagramms läßt sich am besten an einem Anwendungsbeispiel erläutern. Als Beispiel wird ein lineares Gleichungssystem vierter Ordnung untersucht. Die Pfeile hinter jeder Gleichung bedeuten die unterschiedlichen Zuordnungsmöglichkeiten (a), (b) und (c) für die Umsetzung des Gleichungssystems in ein Systemdiagramm:

$$
\begin{array}{llllll|lll}
(B-4) & 2y_1 & +y_2 & +4y_3 & & =0 & \to y_1 & \to y_2 & \to y_3 \\
(B-5) & & -2y_2 & & +8y_4 & =10x_1 & \to y_2 & \to y_4 & \to y_2 \\
(B-6) & 4y_1 & & -4y_3 & & =0 & \to y_3 & \to y_1 & \to y_1 \\
(B-7) & & & 4y_3 & +6y_4 & =2x_1+8x_2 & \to y_4 & \to y_3 & \to y_4 \\
 & & & & & & (a) & (b) & (c)
\end{array}
$$

Um das (komparativ-statische) Systemdiagramm aufzustellen, ordnet man jeder der Gleichungen einen endogenen Gleichgewichtswert zu (siehe obige Zuordnung). Falls es mehrere Zuordnungmöglichkeiten gibt, existieren auch ebenso viele alternative Systemdiagramme. Die daraus berechneten Multiplikatoren sind identisch. Es handelt sich bei den unterschiedlichen Systemdiagrammen nur um verschiedene Interpretationen der Wirkungsrichtung der Variablen untereinander.

Löst man das lineare Gleichungssystem (B-4) bis (B-7) nach den betreffenden Variablen der Zuordnung (a) auf, so erhält man:

$$
\begin{array}{lllll}
(B-8) & y_1 = & -\frac{1}{2}y_2 \quad -2y_3 & & \\
(B-9) & y_2 = & & +4y_4 & -5x_1 \\
(B-10) & y_3 = & y_1 & & \\
(B-11) & y_4 = & & -\frac{2}{3}y_3 & +\frac{1}{3}x_1+\frac{4}{3}x_2
\end{array}
$$

Im Systemdiagramm der Abbildung B-8 nimmt das Gleichungssystem folgende Gestalt an, wobei die Zahlen über den Pfeilen die Direktwirkungen (Koeffizienten) und die Zahlen in Klammern die dazugehörigen Gleichungsnummern darstellen:

---

[155] Vgl. Zwicker (1981, S.221-232). Zwicker bezeichnet die Lagoperatoren als Verschiebungs- oder Rückwärtsoperatoren.

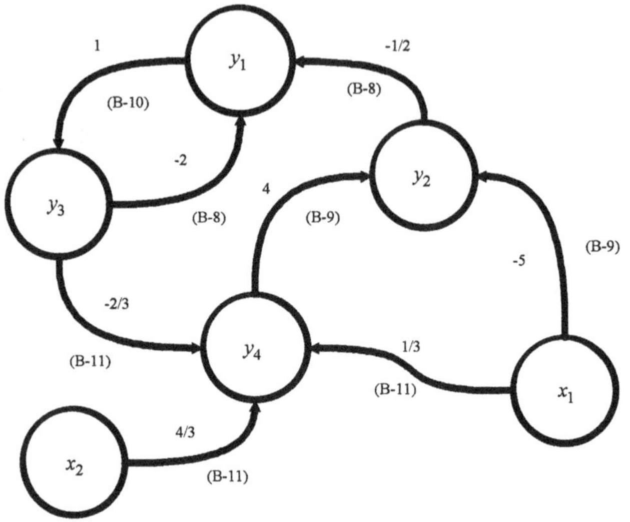

Abbildung B-8: Systemdiagramm für Zuordnung (a)

B 3.3 Direkte Berechnung der Multiplikatoren

Die Multiplikatoren können entweder durch eine schrittweise Reduktion des Systemdiagramms gewonnen werden (dies entspricht der schrittweisen Elimination der Variablen bei der analytischen Herleitung) oder durch die folgende Formel bestimmt werden:[156]

$$\frac{dy}{dx} = \frac{\text{Summe der ersten Ankünfte}}{1 - \text{Summe der Rückkopplungsfaktoren}}$$

Unter einer ersten Ankunft versteht man die direkte Wirkung einer exogenen Größe auf die interessierende endogene Variable. Bei einer Rückkopplung wirkt eine Variable über eine oder mehrere Variablen auf sich selbst. Bei der ersten Ankunft müssen Rückkopplungsschleifen ebenso berücksichtigt werden, so daß eine geschachtelte Formel entstehen kann.

Zur Veranschaulichung soll die Herleitung zweier Multiplikatoren vorgestellt werden:

Zur Bestimmung des langfristigen Einflusses der exogenen Größe x_2 auf den Gleichgewichtswert der Variable y_4 benötigt man die Summe der ersten Ankünf-

[156] Die Formel zur Bestimmung der Multiplikatoren folgt direkt aus der Cramer-Regel.

te, also die direkten Wege von x_2 auf die endogene Größe y_4 . In diesem Fall existiert nur ein direkter Weg, die Summe der ersten Ankünfte ist $\frac{4}{3}$.

Weiterhin gibt es nur eine Rückkopplung von y_4 auf sich selbst. Der Einfluß läuft über y_2 , y_1 und y_3 zurück nach y_4, wobei eine weitere Rückkopplungsschleife zwischen y_3 und y_1 berücksichtigt werden muß.

Daher ist die Summe der Rückkopplungsfaktoren gleich:

$$4 \cdot \left(-\frac{1}{2}\right) \cdot \frac{1}{1-1\cdot(-2)} \cdot \left(-\frac{2}{3}\right) = \frac{4}{9}$$

Der Multiplikator ergibt sich daher als:

$$\frac{dy_4}{dx_2} = \frac{4/3}{1-4/9} = \frac{5}{12}$$

Die exogene Größe x_1 hat mehrere direkte Wirkungen auf die endogene Größe y_1. Diese werden im Zähler additiv zusammengefaßt. Der Multiplikator lautet:

$$\frac{dy_1}{dx_1} = \frac{(-5)\cdot\left(-\frac{1}{2}\right) + \frac{1}{3}\cdot 4 \cdot \left(-\frac{1}{2}\right)}{1-\left[1\cdot(-2) + 1\cdot\left(-\frac{2}{3}\right)\cdot 4 \cdot \left(-\frac{1}{2}\right)\right]} = \frac{11/6}{10/6} = \frac{11}{10}$$

Dieses grafische Verfahren ist für kleine Systeme mit nicht vollbesetzter Matrix A sehr effizient und anschaulich. Für größere Systeme jedoch kann die Methode äußerst aufwendig werden. In diesem Fall ist eine teilweise Reduzierung des Systemdiagramms (die Elimination einer oder mehrerer Variablen) empfehlenswert. Die zugrundeliegenden Reduktionsvorschriften werden im folgenden Abschnitt vorgestellt.

B 3.4 Reduktionsregeln linearer Systemdiagramme

Das Systemdiagramm von Abbildung B-8 kann schrittweise reduziert werden, d.h. einzelne Rückkopplungen und Elemente werden sukzessive eliminiert. Das Ziel ist eine vereinfachte Darstellung des Systems, in dem nur noch die als wichtig erachteten Elemente auftreten.

Die hierfür erforderlichen Reduktionsregeln sollen kurz dargelegt werden. Die jeweils linke und rechte Seite der Abbildungen sind äquivalent. Zu einer ausführlichen Erläuterung sei auf Zwicker (1981, S.232-237) verwiesen. Der Beweis für die jeweiligen Regeln ergibt sich, indem man das Teilsystem in mathematischer Schreibweise aufstellt und analytisch reduziert. Die reduzierte Form entspricht der rechten Seite der jeweiligen Abbildung.

1. Multiplikationsregel

Bei einer Aneinanderreihung von Elementen können die mittleren Elemente eliminiert werden, indem die Wirkungsverknüpfungen miteinander multipliziert werden:

(1) $x_2 = ax_1$ (1) einsetzen in (2)

(2) $x_3 = bx_2$ => $x_3 = abx_1$

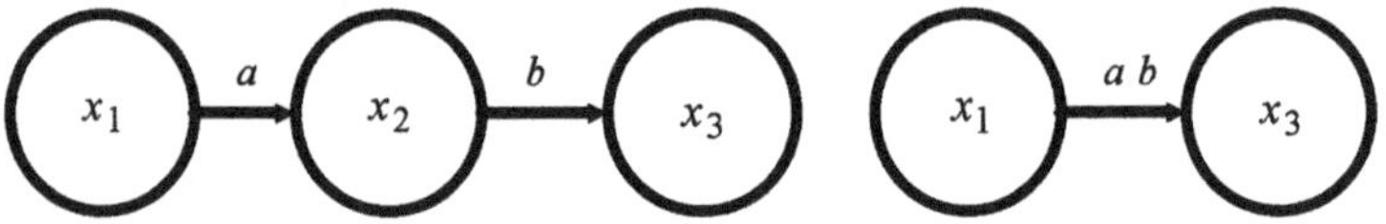

Abbildung B-9: Multiplikationsregel

2. Additionsregel

Zwei gleichgerichtete Relationen können durch die Summe der Verknüpfungen dargestellt werden:

$x_2 = ax_1 + bx_1$ => $x_2 = (a+b)x_1$

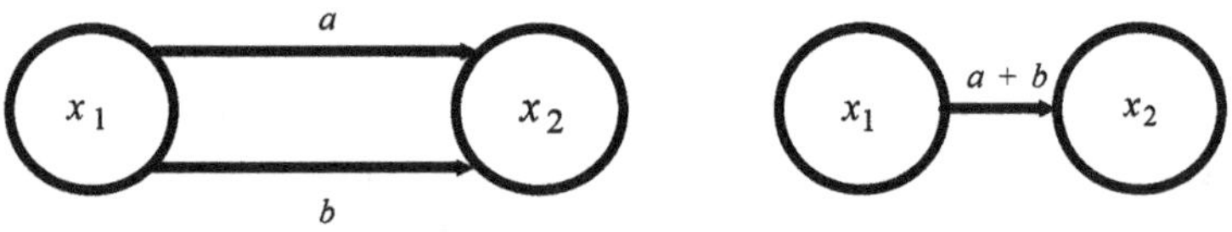

Abbildung B-10: Additionsregel

3. Rückkopplungsschleifenregel

Eine Rückkopplungsschleife einer Variablen auf sich selbst kann nach der folgenden Methode aufgelöst werden:

$x_2 = ax_1 + bx_2$ => $x_2 = \frac{a}{1-b}x_1$

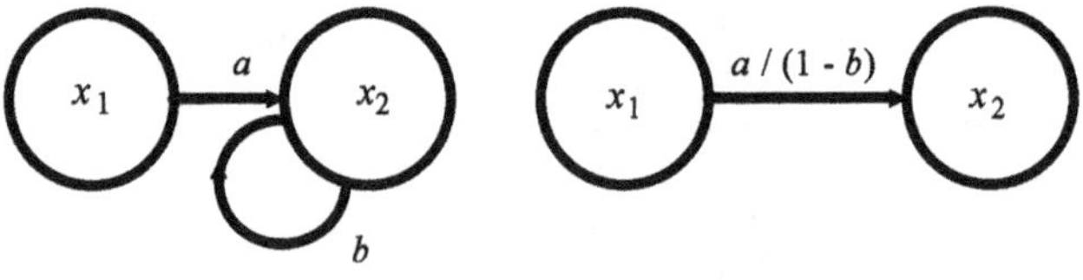

Abbildung B-11: Rückkopplungsschleifenregel

4. Schleifenregel

Eine Rückkopplung über ein anderes Element kann in eine einfache Rückkopplungsschleife überführt werden:

(1) $x_2 = ax_1 + cx_3$ (2) einsetzen in (1)

(2) $x_3 = bx_2$ => $x_2 = ax_1 + bcx_2$

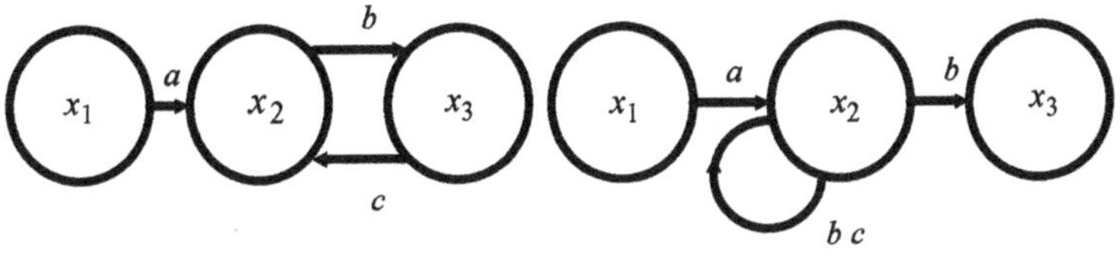

Abbildung B-12: Schleifenregel

Das lineare Gleichungssystem von Abbildung B-8 wird nun nach den genannten Reduzierungsregeln in vier Schritten auf die Variable y_1 sowie die beiden exogenen Größen x_1 und x_2 reduziert:

Zuerst wird y_4 eliminiert. Nach der Multiplikationsregel werden die neuen Wirkungen ermittelt:

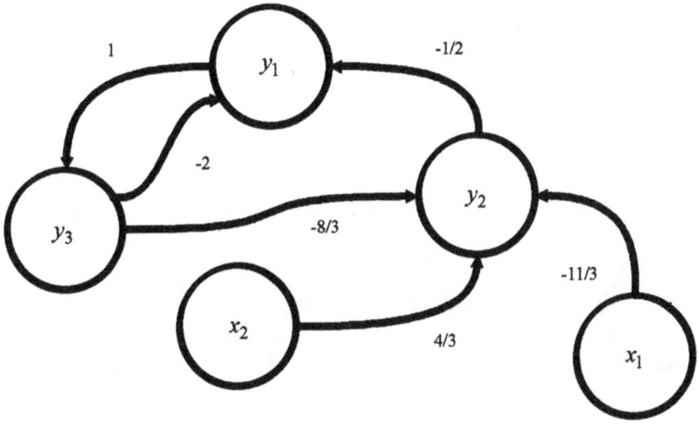

Abbildung B-13: Reduziertes System (1)

In einem weiteren Schritt wird y_2 nach der Multiplikationsregel eliminiert:

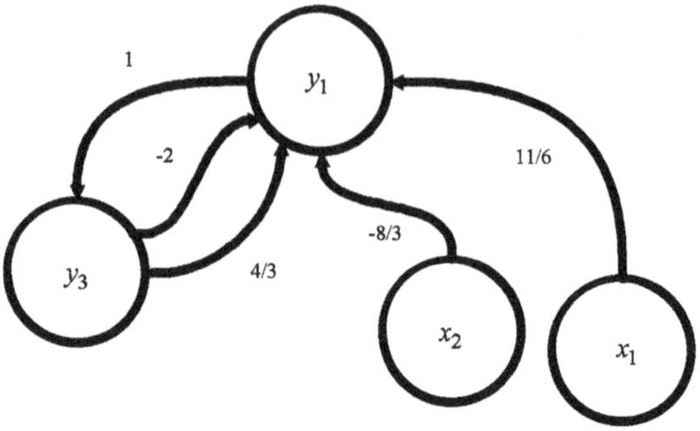

Abbildung B-14: Reduziertes System (2)

Die Additionsregel erlaubt die Zusammenfassung gleichgerichteter Pfeile von y_3 auf y_1:

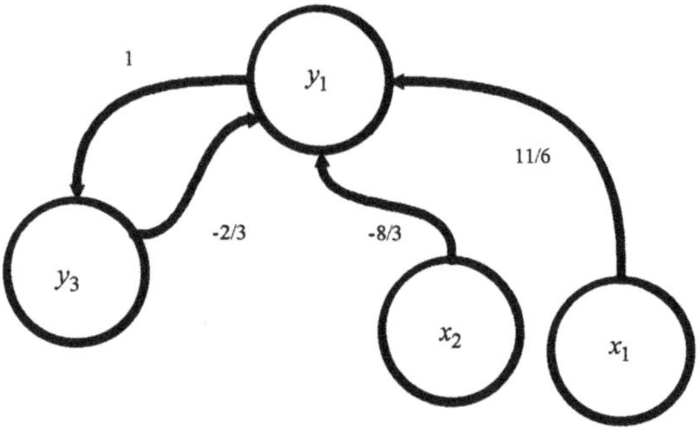

Abbildung B-15: Reduziertes System (3)

In einem letzten Schritt wird y_3 über die Schleifenregel eliminiert:

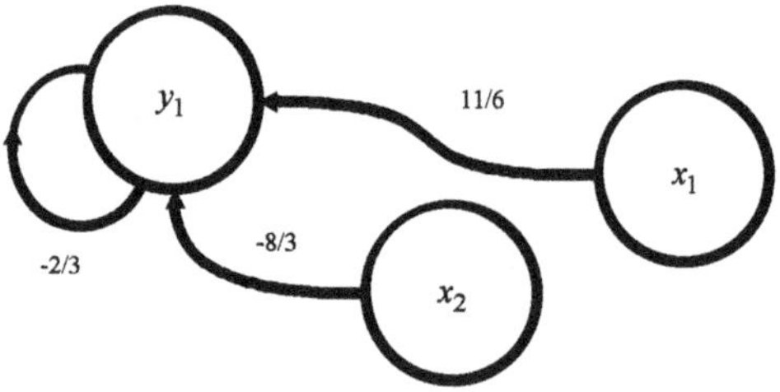

Abbildung B-16: Reduziertes System (4)

Die Multiplikatoren können nun direkt abgelesen werden, wobei die Rückkopplung von y_1 auf sich selbst im Nenner berücksichtigt werden muß:

$$\frac{dy_1}{dx_1} = \frac{11/6}{1-\left(-2/3\right)} = \frac{11}{10}$$

$$\frac{dy_1}{dx_2} = \frac{-8/3}{1-\left(-2/3\right)} = -\frac{8}{5}$$

Jedes lineare System(-diagramm) kann auf diese Weise reduziert werden. Die Multiplikatoren können mit der oben angegebenen Formel aus dem ursprünglichen oder einem der reduzierten Systemdiagramme hergeleitet werden. Wenn man - wie gezeigt - eine Reduktion auf eine einzelne Variable vornimmt, so können die Multiplikatoren unter Berücksichtigung der Rückkopplungen direkt an den Pfeilen von den exogenen Größen auf die endogene Variable abgelesen werden.[157]

---

[157] Ein weiteres Beispiel findet man bei Zwicker (1981, S.236-237).

Literaturverzeichnis

Allen, R.G.D. (1968): Macro-economic theory. New York

Aoki, M. (1981): Dynamic analysis of open economics. New York

Assenmacher, W. (1991): Konjunkturtheorie. 5. A. München

Backus, D.K. and P.J. Kehoe (1992): International evidence on the historical properties of business cycles, in: American Economic Review 82, S.864-888

Backus, D.K., Kehoe, P.J. and F.E. Kydland (1994): Dynamics of the trade balance and the terms of trade: The J-curve? in: American Economic Review 84, S.84-103

Backus, D.K., Kehoe, P.J. and F.E. Kydland (1995): International business cycles: theory and evidence, in: Cooley, T.F. (1995): Frontiers of business cycle research. New Jersey, S.331-356

Barens, I. und V. Caspari (Hrsg.) (1994): Das IS-LM-Modell. Entstehung und Wandel. Marburg

Baumol, W.J. (1961): Pitfalls in contracyclical policies: Some tools and results, in: The Review of Economics and Statistics 43, S.21-26

Baxter, M. (1991): Business cycles, stilized facts, and the exchange rate regime: evidence from the United States, in: Journal of International Money and Finance 10, S.71-88

Becker, O. (1982): Erwartungsbildung aus gesamtwirtschaftlicher Sicht, in: Streißler, E.: Informationen in der Wirtschaft. Schriften des Vereins für Socialpolitik 126. Berlin, S.315-319

Becker, O. und B. Fippel (1998): Außenhandel und Beschäftigung - Ein RBC-Modell für eine offene Volkswirtschaft, in: Farmer, K. und H.-W. Wohltmann (Hrsg.) (1998): Quantitative Wirtschaftspolitik in offenen Volkswirtschaften: Theoretische Ansätze und aktuelle Entwicklungen. Münster, S.93-107

Bender, D. (1977): Die Übertragung konjunktureller Impulse bei flexiblen Wechselkursen, in: Beihefte der Konjunkturpolitik. Zeitschrift für angewandte Konjunkturforschung 24: Die konjunkturpolitischen Lehren des letzten Jahrzehnts, S.119-150

Bender, D. (Hrsg.) (1995): Vahlens Kompendium der Wirtschaftstheorie und Wirtschaftspolitik, Band 2. 6. A. München

Bettendorf, L. (1994): A dynamic applied general equilibrium model for a small open economy. K.U. Leuven, Leuven

Biskup, R. (Hrsg.) (1996a): Globalisierung und Wettbewerb. Bern, Stuttgart

Biskup, R. (1996b): Globalisierung und Wettbewerb, in: Biskup, R. (Hrsg.) (1996a): Globalisierung und Wettbewerb. Bern, Stuttgart, S.13-38

Blanchard, O.J. (1981): What is left of the multiplier accelerator? in: American Economic Review 71, S.150-154

Bombach, G., Gahlen, B. und A.E. Ott (Hrsg.) (1984a): Perspektiven der Konjunkturforschung. Tübingen

Bombach, G., Ramser, H.-J. und M. Timmermann (Hrsg.) (1984b): Der Keynesianismus V: Makroökonomik nach Keynes. Berlin

Borges, A.M. (1986): Applied general equilibrium models: An assessment of their usefulness for policy analysis, in: OECD Economic Studies 7, S.7-43

Bossel, H. and M. Strobel (1978): Experiments with an 'intelligent' world model, in: Futures 10, S.191-212

Bossel, H. (1989): Simulation dynamischer Systeme. Grundwissen, Methoden, Programme. Braunschweig

Bossel, H. (1992): Die neuen Grenzen des Wachstums. Einführung zum Simulationsprogramm World3-91 für MS-DOS mit SimPaS. Stuttgart

Bossel, H. (1994): Modellbildung und Simulation: Konzepte, Verfahren und Modelle zum Verhalten dynamischer Systeme: Ein Lehr- und Arbeitsbuch. 2. A. Braunschweig, Wiesbaden

Brandner, P. and K. Neusser (1992): Business cycles in open economies: Stilized facts for Austria and Germany, in: Weltwirtschaftliches Archiv 128, S.67-87

Bratley, P., Fox, B.L. and L.E. Schrage (1987): A guide to simulation. 2. A. New York

Brock, W.A. and A.G. Malliaris (1989): Differential equations, stability and chaos in dynamic economics. Amsterdam

Brunner, K. and A.H. Meltzer (eds.) (1977): Stabilization of the domestic and international economy. Amsterdam, New York, Oxford

Burns, A.F. and W.C. Mitchell (1946): Measuring business cycles. New York

Byrknes, A.-H. (1996): Powersim tutorial 1: A beginner's guide to modeling and simulation with Powersim. Powersim Press

Byrknes, A.-H. and M. Myrtveit (1996): Learning dynamic modeling: A beginner's textbook in System Dynamics. Powersim Press

Canova, F. (1995): Sensitivity analysis and model evaluation in simulated dynamic general equilibrium economies, in: International Economic Review 36, S.477-501

Cantor, R. and N.C. Mark (1988): The international transmission of real business cycles, in: International Economic Review 29, S.493-507

Caspary, W. und K. Wichmann (1994): Lineare Modelle. Algebraische Grundlagen und statistische Anwendungen. München

Cassel, D. und H.J. Thieme (1995): Stabilitätspolitik, in: Bender, D. (Hrsg.) (1995): Vahlens Kompendium der Wirtschaftstheorie und Wirtschaftspolitik, Band 2. 6. A. München

Chipman, J.S. and C.P. Kindleberger (1980): Flexible exchange rates and the balance of payments. Amsterdam, New York

Christodoulakis, N., Dimelis, S.P. and T. Kollintzas (1995): Comparisons of business cycles in the EC: Idiosyncracies and regularities, in: Economica 62, S.1-27

Collar, A.R. and A. Simpson (1987): Matrices and engineering dynamics.

Cooley, T.F. (1995): Frontiers of business cycle research. New Jersey

Correia, I., Neves, J.C. and S. Rebelo (1995): Business cycles in a small open economy, in: European Economic Review 39, S.1089-1113

Dalziel, P. (1996): The Keynesian multiplier, liquidity preference, and endogenous money, in: Journal of Post Keynesian Economics 18, S.311-331

Daniel, B.C. (1981): The international transmission of economic disturbances under flexible exchange rates, in: International Economic Review 22, S.491-509

Danthine, J.P. and J.B Donaldson (1993): Methodological and empirical issues in RBC theory, in: European Economic Review 37, S.1-35

Dore, M.H. (1993): Macroeconomics of business cycles

Dornbusch, R. (1976): Exchange rate dynamics, in: Journal of Political Economy 84, S.1161-1176

Farmer, K. und H.-W. Wohltmann (Hrsg.) (1998): Quantitative Wirtschaftspolitik in offenen Volkswirtschaften: Theoretische Ansätze und aktuelle Entwicklungen. Münster

Fehr, H. und W. Wiegard (1996): Numerische Gleichgewichtsmodelle: Grundstruktur, Anwendungen und Erkenntnisgehalt, in: Ökonomie und Gesellschaft, Jahrbuch 13, S.296-339

Ferri, P. and E. Greenberg (1989): The labor market and business cycle theories. Berlin

Fishman, G.S. (1972): Principles of discrete event simulation. New York

Fishman, G.S. (1996): Monte Carlo. Concepts, algorithms, and applications. 2. A. New York

Flaschel, P. and M. Krüger (eds.) (1988): Recent approaches to economic dynamics. Frankfurt

Fleming, J.M. (1962): Domestic financial policies under fixed and under floating exchange rates, in: IMF Staff Papers 9, S.369-379

Forrester, J.W.(1961): Industrial dynamics. Cambridge Mass.

Forrester, J.W. (1968a): Principles of systems. Cambridge Mass.

Forrester, J.W. (1968b): Urban dynamics. Cambridge Mass.

Forrester, J.W. (1971a): World dynamics. Cambridge Mass.

Forrester, J.W. (1971b): Der teuflische Regelkreis. Stuttgart

Forrester, J.W. (1975):Collected papers of Jay W. Forrester. Cambridge Mass.

Frenkel, J. and A. Razin (1987): The Mundell-Fleming model a quarter century later: A unified exposition, in: IMF Staff Papers 34, S.567-620

Frohn, J. (1995): Grundausbildung in Ökonometrie. 2. A. Berlin, New York

Fullerton, D. and A.B. Lyon (1986): Uncertain parameter values and the choice among policy options, in: Journal of Public Economics 30, S.109-116

Gandolfo (1996): Economic dynamics. 3. A. Heidelberg, New York

Gavin, M. (1991): Tariffs and the current account. On the macroeconomics of commercial policy, in: Journal of Economic Dynamics and Control 15, S.27-52

Gerlach, S. (1988): World business cycles under fixed and flexible exchange rates, in: Journal of Money, Credit and Banking 20, S.621-632

Goldberg, S. (1958): Introduction to difference equations. New York

Goldberg, W. (1973): Computer simulation versus analytical solutions for business and economic models. Gothenburg

Goldstein, M. and W.R. Dillon (1978): Discrete discriminant analysis. New York

Gordon, R.J. (1990): What is New Keynesian Economics, in: Journal of Economic Literature 28, S.1115-1171

Greenwood, J. and G. Huffman (1991): Tax analysis in a real-business-cycle model. On measuring Harberger triangles and Okun gaps, in: Journal of Monetary Economics 27, S.167-190

Haase, R. (1996): Globalisierung versus Protektionismus, in: Biskup, R. (Hrsg.) (1996a): Globalisierung und Wettbewerb. Bern, Stuttgart, S.285-327

Haberler, G. (1955): Prosperität und Depression. Eine theoretische Untersuchung der Konjunkturbewegungen. 2. A. Tübingen

Hammersley, J.M. and D.C. Handcomb (1964): Monte Carlo methods. New York

Hannon, B. and M. Ruth (1994): Dynamic modeling. New York

Hartung, J. (1995): Statistik. Lehr- und Handbuch der angewandten Statistik. 10. A. München, Wien

Hartung, J. und B. Elpelt (1984): Multivariate Statistik: Lehr- und Handbuch der angewandten Statistik. München, Wien

Heinemann, M. (1996): Künstliche Experimente und Konjunkturforschung: Eine exemplarische Betrachtung des wissenschaftlichen Erkenntnisfortschritts, aus: Ökonomie und Gesellschaft, Jahrbuch 13, S.273-295

Hering, E. und U. Mühleisen (1987): Marketing mit dem PC. BASIC-Programme für IBM PC und Kompatible. Braunschweig

Heubes, J. (1991): Konjunktur und Wachstum. München

Hicks, J.R. (1949): Mr. Harrod's dynamic theory, in: Economica 16, S.106-121

Hicks, J.R. (1950): A contribution to the theory of the trade cycle. Oxford

Hirschhäuser, K.-H. (1981): Konjunkturanalyse mit Hilfe von System Dynamics-Simulationsmodellen. Göttingen

Hoover, K.D. (1995): Facts and artifacts: Calibration and the empirical assessment of real-business-cycle models, in: Oxford Economic Papers 47, S.24-44

Howrey, E.P. (1967): Stabilization policy in linear stochastic systems, in: The Review of Economics and Statistics 49, S.404-411

Howrey, E.P. and H.H. Kelejian (1971): Simulation versus analytical solutions, in: Naylor, T.H. (ed.) (1971): Computer simulation experiments with models of economic systems. New York, S.299-311

Hugger, W. (1974): Weltmodelle auf dem Prüfstand. Stuttgart

Johansen, L. (1960): A multi-sectoral study of economic growth. Amsterdam

Jury, E.I. (1962): A simplified stability criterion for linear discrete systems, in: Proceedings of the Institut of Radio Engineers 50, S.1493-1500

Kenkel (1974): Dynamic linear economic models. New York

Kimbrough, K.H. (1983): Price, output, and exchange rate movements in the open economy, in: Journal of Monetary Economics 11, S.25-44

Klepper, G., Lort, J.-O., Stähler, F., Thiele, R. und M. Wiebelt (1994): Empirische allgemeine Gleichgewichtsmodelle - Struktur und Anwendungsmöglichkeiten, in: Jahrbücher für Nationalökonomie und Statistik 213, S.513-544

Klir, G.J. (1969): An approach to general systems theory. New York

Klir, G.J. (ed.) (1972): Trends in general systems theory. New York

Kromphard, J. (1989): Konjunkturtheorie heute: Ein Überblick

Kuhbier, P. and J. Wolters (1988): A comparison of simple business cycle models. Empirical evidence for the Federal Republic of Germany, in: Flaschel, P. and M. Krüger (eds.) (1988): Recent approaches to economic dynamics. Frankfurt, S.313-331

Kydland, F.E. and E.C. Prescott (1982): Time to build and aggregate fluctuations, in: Econometrica 50, S.1245-1370

Law, A.M. and W.D. Kelton (1991): Simulation modeling and analysis, 2. A. New York

Lebart, L., Morineau, A. und J.-P. Fénelon (1984): Statistische Datenanalyse. Frankfurt

Lehmann, G. (1975): Wirtschaftswachstum im Gleichgewicht: Eine System-Dynamics-Studie sozio-ökonomischer Entwicklungen in der Bundesrepublik Deutschland bis zum Jahr 2000. Stuttgart

Leipholz, H. (1968): Stabilitätstheorie. Stuttgart

Liebl, F. (1995): Simulation: problemorientierte Einführung. 2. A. München, Wien

Long, J.B. and C.I. Plosser (1991): Real business cycles, in: Journal of Political Economy 91, S.1345-1370

Lucas, R.E. (1977): Understanding business cycles, in: Brunner, K. and A.H. Meltzer (eds.) (1977): Stabilization of the domestic and international economy. Amsterdam, New York, Oxford, S.7-29

Lucke, B. (1997): Evaluation von Real-Business-Cycle Modellen mit Burns-Mitchell-Methodologie, in: Zeitschrift für Wirtschafts- und Sozialwissenschaften 117, S.167-196

Majer, H. und A. Wagner (1974): Der internationale Konjunkturzusammenhang. Gutachten im Auftrag des Bundesministeriums für Wirtschaft. Tübingen

Marinell, G. (1986): Multivariate Verfahren: Einführung für Studierende und Praktiker. 2. A. München, Wien

Matz, V. (1986): Entwicklungsländer im internationalen Konjunkturzusammenhang: Eine spektralanalytische Untersuchung am Beispiel der Wirkung außenhandelsinduzierter Nachfrageveränderungen der USA auf Brasilien, Kolumbien und Mexiko

Maussner, A. (1994): Konjunkturtheorie. Berlin

Meadows, D.H., Meadows, D.L., Randers, J. and W.W. Behrens (1972): The limits to growth. Washington

Meadows, D.H., Meadows, D.L. and J. Randers (1993): Beyond the limits: Global collapse or a sustainable future. 2. A. London

Mendoza, E.G. (1991): Real business cycles in a small open economy, in: American Economic Review 81, S.797-818

Mendoza, E.G. (1995): The terms of trade, the real exchange rate, and economic fluctuations, in: International Economic Review 36, S.101-137

Mitchell, G.H. (1969): Simulation, in: Institute of Mathematics and Its Applications, Bulletin 5, S.59-62

Morgenstern, O. (1927): International vergleichende Konjunkturforschung, in: Zeitschrift für die gesamte Staatswissenschaft 83

Morgenstern, O. (1959): International financial transactions and business cycles, NBER Research Studies in Business Cycles. Princeton

Mundell, R.A. (1963): Capital mobility and stabilization policy under fixed and flexible exchange rates, in: The Canadian Journal of Economics and Politics Science 29, S.475-485

Naylor, T.H. (ed.) (1971): Computer simulation experiments with models of economic systems. New York

Neary, P. (1990): Neo-Keynesian Macroeconomics in an open economy, in: Ploeg, F. v. d. (ed.) (1990): Advanced lectures in quantitative economics. London, S.3-60

Neelamkavil, F. (1986): Computer simulation and modelling. Chichester, New York

Niemeyer, G. (1977): Kybernetische System- und Modelltheorie: system dynamics. München

Obstfeld, M. (1985): Floating exchange rates: Experience and prospects, in: Brooking papers and economic activity 2, S.369-464

Obstfeld, M. and K. Rogoff (1995): Exchange rate redux, in: Journal of Political Economy 103, S.624-660

Pentecost, E.J. (1993): Exchange rate dynamics: A modern analysis of exchange rate theory and evidence. Aldershot

Pestel, E. und M. Mesarovic (1974): Menschheit am Wendepunkt. Stuttgart

Pestel, E., Bauerschmidt, R., Gottwald, M., Hübl, L., Möller, K.-P., Oest, W. und W. Ströbele (1978): Das Deutschland-Modell. Herausforderungen auf dem Weg ins 21. Jahrhundert. Stuttgart

Ploeg, F. v. d. (ed.) (1990): Advanced lectures in quantitative economics. London

Plosser, C.I. (1989): Understanding real business cycles, in: Journal of Economic Perspectives 3, S.51-77

Ramser, H.-J. (1984a): Konjunkturtheorie auf der Grundlage temporären Gleichgewichts bei Mengenrationierung, in: Bombach, G., Gahlen, B. und A.E. Ott (Hrsg.) (1984a): Perspektiven der Konjunkturforschung. Tübingen, S.63-84

Ramser, H.-J. (1984b): Perspektiven einer Neuformulierung der makroökonomischen Theorie, in: Bombach, G., Ramser, H.-J. und M. Timmermann (Hrsg.) (1984b): Der Keynesianismus V: Makroökonomik nach Keynes. Berlin, S.3-100

Rauch, H. (1985): Modelle der Wirklichkeit: Simulation dynamischer Systeme mit dem Mikrocomputer. Hannover

Richmond, B.M. and S. Peterson (1988): A user´s guide to STELLAstack. New York

Richmond, B.M., Peterson, S. and P. Vescuso (1988): An academic user's guide to STELLA. New York

Richter, R., Schlieper, U. und W. Friedmann (1981): Makroökonomik. Eine Einführung. 4. A. Berlin

Rivera, F.L. and L. Batiz (1985): International finance and open economy macroeconomics. New York

Rubinstein, R.Y. (1981): Simulation and the Monte Carlo method. New York

Ruth, M. and B. Hannon (1997a): Modeling dynamic economic systems. New York

Ruth, M. and B. Hannon (1997b): Modeling biological systems. New York

Sachs, J.D. (1990): Prospects for global trade imbalances: A simulation approach, in: Ploeg, F. v. d. (ed.) (1990): Advanced lectures in quantitative economics. London, S.61-89

Sachs, J.D. and F. Larrain B. (1993): Macroeconomics in the global economy. Englewood Cliffs, New Jersey

Sachs, L. (1997): Angewandte Statistik. Anwendung statistischer Methoden. 8. A. Heidelberg, New York

Samuelson, P.A. (1983): Foundations of economic analysis. 2. A. Cambridge

Sandefur, J.T. (1990): Discrete dynamical systems. Theory and applications. Oxford

Schebeck, F. und G. Tichy (1984): Die „Stilized Facts" in der modernen Konjunkturdiskussion, in: Bombach, G., Gahlen, B. und A.E. Ott (1984a): Perspektiven der Konjunkturforschung. Tübingen, S.207-224

Schmidt, B. (1985): Systemanalyse und Modellaufbau. Grundlagen der Simulationstechnik. Berlin

Schönfeld (1969a): Methoden der Ökonometrie, Band I: Lineare Regressionsmodelle. Berlin, Frankfurt

Schönfeld (1969b): Methoden der Ökonometrie, Band II: Stochastische Regressoren und simultane Gleichungen. Berlin, Frankfurt

Shoven, J.B. (1983): Applied general equilibrium tax modelling, in: IMF Staff Papers 30, S.394-420

Shoven, J.B. and J. Whalley (1984): Applied general-equilibrium models of taxation and international trade: An introduction and survey, in: Journal of Economic Literature 22, S.1007-1051

Shoven, J.B. and J. Whalley (1992): Applying general equilibrium. Cambridge

Smeets, H.-D. (1988): Die Bundesrepublik Deutschland als internationale „Konjunkturlokomotive". Hamburg

Smirnow, W.I. (1954): Lehrgang der höheren Mathematik, Teil III. 4. A. Berlin

Smirnow, W.I. (1966): Lehrgang der höheren Mathematik, Teil II. 7. A. Berlin

Sommer, M. (1981): System Dynamics und Makroökonomie. Dynamische makroökonomische Modellierung in multimethodologischer Sicht. Bern

Stadler, G.W. (1994): Real business cycles, in: Journal of Economic Literature 32, S.1750-1283

Stockman, A.C. (1986): Open-economy implications of two models of business fluctuations, in: The Canadian Journal of Economics 19, S.23-34

Stockman, A.C. and L.L. Tesar (1995): Tastes and technology in a two-country model of the business cycle: Explaining international comovements, in: American Economic Review 85, S.168-185

Streißler, E. (1982): Informationen in der Wirtschaft. Schriften des Vereins für Socialpolitik 126. Berlin

Thorp, W. L. (1926): Business annals. Publications of the National Bureau of Economic Research 8. New York

Tichy, G. (1994): Konjunktur: Stilisierte Fakten, Theorie, Prognose. Berlin

Tobin, J. and J.B. De Macedo (1980): The short-run macroeconomics of floating exchange rates: An exposition, in: Chipman, J.S. and C.P. Kindleberger (1980): Flexible exchange rates and the balance of payments. Amsterdam, New York, S.5-28

Tong, H. (1990): Non-linear time series. A dynamical system approach. Oxford

Turnovsky, S.J. (1986): Monetary and fiscal policy under perfect foresight: A symmetric two-country analysis, in: Economica 53, S.139-157

Turnovsky, S.J. (1993): The intertemporal optimizing approach to international macroeconomics, in: Zeeuw, A.J. de (ed.) (1993): Advanced lectures in quantitative economics II. London, S.113-149

Varga, R.S. (1962): Matrix iterative analysis. Englewood Cliffs

Vartia, P. (1970): A theoretical model for international transmission of business cycles, in: Swedish Economic Journal 72, S.78-83

Vosgerau, H.-J. (1988): Probleme internationaler Konjunkturtransmission, in: ifo-Studien: Zeitschrift für empirische Wirtschaftsforschung 34, S.133-145

Weber, W.E. (1981): Output variability under monetary policy and exchange rate rules, in: Journal of Political Economy 89, S.733-751

Weissinger, J. (1984): Numerische Mathematik auf Personalcomputern, Teil 1. Mannheim

Willems, J.L. (1973): Stabilität dynamischer Systeme. München

Williamson, J. (1983): The open economy and the world economy. New York

Willms, M. (1995): Internationale Währungspolitik. 2. A. München

Wohltmann, H.-W. (1993): Die Auswirkungen inländischer Geld- und Fiskalpolitik sowie ausländischer Preisschocks bei importierten Rohstoffen: eine dynamische Analyse, in: Zeitschrift für Wirtschafts- und Sozialwissenschaften 113, S.557-577

Woitek, U. (1997): Business cycles: An international comparison of stilized facts in a historical perspective. Berlin

Wolter, J., Kuhbier, P. und H. Buscher (1990): Die konjunkturelle Entwicklung in der Bundesrepublik. Ergebnisse von Schätzungen alternativer aggregierter Konjunkturmodelle. Frankfurt, New York

Zeeuw, A.J. de (ed.) (1990): Advanced lectures in quantitative economics II. London

Zimmermann, C. (1997): International real business cycles among heterogenous countries, in: European Economic Review 41, S.319-355

Zurmühl, R. (1964): Matrizen und ihre technischen Anwendungen. 4. A. Berlin

Zwicker, E. (1981): Simulation und Analyse dynamischer Systeme in den Wirtschafts- und Sozialwissenschaften. Berlin

Zwintz, R. (1983): Probleme einer komparativ-dynamischen Analyse in einem einfachen Zwei-Regionen-Konjunkturmodell, in: Jahrbücher für Nationalökonomie und Statistik 198, S.409-424

FSC
www.fsc.org
MIX
Papier | Fördert gute Waldnutzung
FSC® C083411

Kolibri 360 GmbH
Ferdinand-Jühlke-Straße 7
99095 Erfurt, Deutschland
produktsicherheit@kolibri360.de

Druck:
CPI Druckdienstleistungen GmbH
im Auftrag der
Kolibri 360 GmbH
Ferdinand-Jühlke-Str. 7
99095 Erfurt